EMM. DE CURZON

FRÉDÉRIC LE PLAY

SA MÉTHODE

SA DOCTRINE, SON ŒUVRE, SON ESPRIT

D'APRÈS SES ÉCRITS ET SA CORRESPONDANCE

LIBRAIRIE RELIGIEUSE H. OUDIN

PARIS — 10, RUE DE MÉZIÈRES

ET A POITIERS

1899

FRÉDÉRIC LE PLAY

a

EMM. DE CURZON

FRÉDÉRIC LE PLAY

SA MÉTHODE
SA DOCTRINE, SON ŒUVRE, SON ESPRIT

D'APRÈS SES ÉCRITS ET SA CORRESPONDANCE

LIBRAIRIE RELIGIEUSE H. OUDIN

POITIERS
4, RUE DE L'ÉPERON, 4

PARIS
10, RUE DE MÉZIÈRES, 10

1899

Parmi les nombreux et intéressants papiers, correspondances et manuscrits dont mon père m'a institué le dépositaire et le légataire, se trouvait un travail sur Le Play qu'il apprécie en ces termes dans son testament :

« Après la mort de M. Le Play et sur le désir « qu'il en avait exprimé lui-même (1), Mme Le « Play me demanda l'autorisation de publier la « longue correspondance (2) que j'avais entrete- « nue avec son mari. Je m'y suis refusé, ne vou-

(1) « Si l'opinion continue à accepter les vérités que nous propageons avec votre concours, ces lettres pourront un jour, pour le fond comme pour la forme, devenir, avec votre approbation, l'objet d'une publication intéressante au point de vue de la science sociale. » (Lettre du 31 juillet 1881.)

(2) Ces lettres sont au nombre de 423, et la correspondance de F. Le Play avec mon père ne datait que de dix ans.

H. DE C.

« lent pas être mis en scène de mon vivant. Si ce « projet se réalise, je recommande à Hilaire de « ne pas permettre que cette publication ait lieu « sans qu'il y soit fait les retranchements et cor- « rections nécessaires.

« En prévision de cette publication, j'ai rédigé « un écrit intitulé : F. Le Play, son *œuvre*, sa « *méthode*, sa *doctrine*, son *esprit*, d'après ses « *écrits* et sa *correspondance*... Hilaire jugera, « s'il y a lieu, de publier cet écrit. En ce cas, « il faudrait le revoir ; car ce n'est qu'un pre- « mier jet, un brouillon improvisé... »

Dans un autre manuscrit, il déclare qu'il a tenu à faire connaître à ses enfants les qualités et les vertus de son éminent ami, et qu'il laisse de lui dans les archives de la famille un souvenir fidèle, et pour ainsi dire vivant, de cette grande et noble figure.

Je viens donc accomplir ce que je considère comme un devoir envers la mémoire de celui qui fut lié d'une intimité si parfaite avec F. Le Play. J'ajoute qu'en présence de la fausse interprétation dont sa méthode a été l'objet de la part de quelques-uns de ses anciens disciples, cette publication devient aujourd'hui nécessaire, pour montrer sous son vrai jour Le Play et sa doctrine.

Quelle voix était plus autorisée pour louer et défendre son œuvre, que celle d'un ami avec lequel il vivait dans une conformité de vues absolue : « Notre correspondance de vues sur la situation actuelle de la France, lui écrivait-il le 6 avril 1874, est plus complète que celles qui me lient avec mes autres contemporains. » Et depuis cette époque il le remercie fréquemment de son *bienveillant* et *amical concours*, et le prie, avec cette modestie qui caractérise le vrai mérite, « de lui adresser ses critiques avec un redoublement d'énergie ». (Lettre du 25 août 1881.)

Cet ouvrage est aussi le témoignage des efforts tentés par deux hommes de cœur, dont l'unique but a été de chercher le remède le plus efficace pour guérir une société empoisonnée par l'erreur et le vice, et la ramener à la pratique de la vertu et à la reconnaissance des vérités éternelles, en proclamant et en démontrant, par un enseignement appuyé sur les *faits*, que la loi de Dieu, premier besoin de l'humanité et principe essentiel de la *science sociale*, est la condition indispensable du relèvement et du salut de toutes les sociétés.

HILAIRE DE CURZON.

Poitiers, 12 juin 1899.

INTRODUCTION [1]

Le 17 mars 1896, s'éteignait à Poitiers, après une longue existence vouée aux plus nobles travaux et entourée de la considération universelle, M. Emmanuel de Curzon. Ceux qui ont assisté à la naissance de l'école de la Paix sociale n'ont certainement pas perdu le souvenir de la sympathie chaleureuse avec laquelle, en toute occasion, Le Play parlait de cet ami de province qu'un de ses collaborateurs de la première heure, le comte de Butenval, lui avait fait découvrir. Dans quelques semaines, paraîtra un ouvrage posthume, signé de ce nom, déjà un peu oublié du public (2). Une communication bienveillante m'a permis d'en détacher dès à présent quelques pages où l'auteur étudie les conséquences de ce que Le Play a si bien nommé — d'un nom qui est une trouvaille et qui restera — *La Constitution essentielle de l'humanité*.

(1) Notice lue au congrès de la *Société d'économie sociale* et des *Unions de la paix sociale*, le 2 juin 1899.

(2) *Frédéric Le Play, sa méthode, sa doctrine, son œuvre, son esprit, d'après ses écrits et sa correspondance*, 1 vol. in-12.

Il y a deux choses dans l'œuvre de notre fondateur : une méthode et une doctrine. La méthode continue d'être pratiquée chaque jour sous nos yeux par une élite de travailleurs consciencieux, qui, mettant à profit les conseils du maître, explorent dans tous les sens, à l'aide du merveilleux moyen d'investigation qu'est la monographie, le domaine si étendu de l'économie sociale. Peut-être donne-t-on moins d'attention à la doctrine. Et pourtant, jamais il ne fut plus nécessaire de la faire connaître et de l'affirmer en présence du désordre des idées, du trouble et de la confusion qui règnent dans les intelligences. M. de Curzon était fortement pénétré de cette nécessité. Lorsque la mort eut interrompu la correspondance qu'il entretenait depuis dix ans avec son illustre ami, il résolut de composer l'ouvrage que son fils, fidèle exécuteur de ses volontés dernières, se dispose à offrir au public. Dans une lettre à son frère (1), datée du 9 avril 1883, il donne le motif qui le détermine à se mettre à l'œuvre :

Les écrits de Le Play sont trop volumineux ; ils effraient et ils ne sont lus que par des hommes très sérieux. En outre, les principes y sont noyés dans les détails.

Le Play avait compris cela lui-même. Quelques mois avant sa mort, alors qu'il ne pouvait plus travailler, il m'avait demandé d'extraire de la *Réforme sociale en France* toutes les

(1) Le peintre Alfred de Curzon, grand prix de Rome, au talent si fin et si distingué.

questions principales, pour en faire des brochures spéciales à chaque question.

Le 26 février 1886, il écrit au même correspondant :

Je me suis mis à faire le travail dont je t'avais parlé, sur Le Play et sa doctrine. Cela pourra faire un volume de la grosseur de la *Constitution essentielle*. J'en ai déjà écrit, à bâtons rompus, la moitié. Ce travail m'intéresse, et je le continuerai, si Dieu me prête vie. La doctrine de Le Play est comme perdue au milieu des développements considérables de ses gros volumes. Peu de personnes les lisent, et ceux qui les lisent ne peuvent en saisir l'esprit sans un grand travail de tête, dont il était lui-même fatigué et dont peu de lecteurs sont capables. Il est donc très certain que ni Le Play ni sa doctrine ne sont connus comme ils mériteraient de l'être. Je crois que ce que j'écris serait de nature, non seulement à honorer sa mémoire, mais à la faire aimer et bénir.

L'ouvrage composé sous cette inspiration est divisé en huit chapitres dont voici les titres :

I. La Réforme sociale. — II. La Méthode d'observation. — III. La Doctrine de Le Play. — IV. Conséquences de la Constitution essentielle de l'humanité. — V. Principales erreurs sociales signalées par Le Play. — VI. — Les Applications de la Doctrine de Le Play. — VII. Les Objections. — VIII. Les Adhésions. — Conclusion.

Avant de vous donner connaissance de cet ouvrage, qu'il me soit permis, Messieurs, de rappeler en peu de mots, d'après mes souvenirs personnels et les indications recueillies dans les papiers de M. de Curzon, ce que fut cet homme excellent, l'amitié très vive qui l'unit à Le Play, la confiance entière que celui-ci avait en lui, enfin sa part de collaboration très grande, très active, dans l'œuvre des *Unions*, qui lui donne une autorité particulière pour parler au nom de l'école qu'il a puissamment contribué à fonder.

I

Il naquit à Poitiers, le 28 novembre 1811, d'une famille d'origine parisienne, qui posséda en Vendée la terre d'où elle tira son nom. Sa mère était fille du marquis de Lambertye, maréchal des camps et armées du roi et député de la noblesse aux États généraux. Il fit ses études au collège de la Grand'Maison, à Poitiers, puis à Paris, dans l'institution dirigée par M. l'abbé Poiloup, rue de Vaugirard. Ses débuts comme écolier furent médiocres, — du moins c'est lui qui le raconte dans ses mémoires, — mais lorsqu'il fut parvenu au terme de sa carrière scolaire, de nombreuses couronnes vinrent attester le développement de son intelligence. Ses parents songèrent à l'envoyer à l'école polytechnique : il s'y préparait quand éclata la révolution de 1830. Fermement attaché, comme tous les siens, à la cause de la royauté tombée, il prit la résolution de se retirer à la campagne et de renoncer à toute fonction publique. On vit naître alors et se fortifier en lui deux passions auxquelles il demeura invariablement fidèle, le goût des livres et celui de l'agriculture. Son union avec Mlle Favre, fille d'un chef d'escadron, aide de camp du général Rivaud de la Raffinière, avait été prématurément brisée par la mort : en 1837, il se remaria avec une cousine germaine de sa première femme, et de ce second mariage naquirent dix-neuf enfants. La simplicité de ses goûts et l'ordre rigoureux qui régnait dans son ménage lui permirent d'élever sans trop de peine cette nombreuse famille, malgré la modicité de ses revenus. L'agriculture enrichit rarement ses adeptes, mais elle leur permet de vivre honorablement. Les vrais observateurs y marquent leur supériorité. Tel fut le cas de M. de Curzon, qui réussit à tirer de terres maigres et pauvres, par des améliorations sagement combinées, des rendements inconnus avant lui. Sa réputation d'agronome s'étendit au loin ; de toutes parts on venait lui demander des conseils. En même temps, l'estime et la considération étaient acquises à une existence aussi digne, où tous les devoirs étaient simplement et noblement remplis.

L'occasion était favorable pour entrer dans la vie publique. Mais M. de Curzon avait une antipathie invincible pour les fonctions électives. Une seule fois, en 1842, il consentit à se laisser porter au Conseil général pour le canton de Vivonne. Il fut élu à une grosse majorité. Parvenu au terme de son mandat, ayant rendu le service spécial qu'il avait en vue, — il s'agissait, je crois, d'un chemin de fer, — il refusa de se représenter et désigna son successeur. Ce n'est pas ici le lieu d'insister sur la participation de M. de Curzon à la politique de son temps. Je ne puis cependant me dispenser de dire qu'il fut le représentant du comte de Chambord en Poitou, et qu'il eut une grande situation dans le parti légitimiste, comme l'atteste la correspondance qu'il entretint avec des hommes tels que Berryer, Montalembert, M. de Genoude, Henri et Charles de Riancey, Donoso Cortès, etc Jusqu'en 1846, ses talents littéraires s'étaient révélés presque exclusivement dans des rapports faits aux sociétés d'agriculture. A cette date, il crut devoir à son parti de fonder à Poitiers un journal, *l'Abeille de l'Ouest*, dont le succès fut tel, qu'il ne devait pas survivre à l'établissement du gouvernement impérial. On eut alors la primeur de cette prose claire et limpide, semée de traits mordants et toujours remarquablement justes, qui devait être plus tard si fort appréciée des lecteurs de l'*Annuaire d'économie sociale*, puis de ceux de *la Réforme sociale*. La qualité principale en était la netteté qui, au dire de Vauvenargues, est *le vernis des maîtres*.

Rendu à la vie des champs et à ses chères études par la suppression de son journal qui suivit le coup d'État du 2 décembre, M. de Curzon revint aux lettres et à la philosophie, ces consolatrices de toutes les déceptions, continuant à amasser le trésor de connaissances où il devait puiser plus tard d'une main si libérale pour répondre à l'appel de Le Play et de ceux qui s'intéressaient à l'œuvre de la réforme.

Sa collaboration à cette œuvre fut aussi active que brillante. De 1875 à 1883, je ne relève pas moins de trente et un articles sortis de sa plume. En voici les titres :

Correspondance de l'Union, n° 6 : *La Presse périodique et la Méthode, à propos de l'œuvre de M. Le Play* (Lettre et Conférence, 1873).

Bulletin de la Société d'Économie sociale : *La vie rurale en Poitou* (séance du 11 mars 1877).

Annuaire de l'Économie sociale : *Le Mensonge et l'abus des mots*, (1875). — *Le Décalogue base des mœurs et de la législation en Chine*, (1876). — *Les Bocages du Poitou*, (1877). — *La Coutume et la Loi*, (1877). — *Le Gouvernement familial*, (1878). — *Le Suffrage universel*, (1879). — *La Corruption et la contrainte dans les sociétés malades*, (1879). — *L'Instruction publique en Chine*, (1879). — *La Méthode d'observation*, (1880). — *La Clef de la science sociale*, (1880).

Revue de France : *Les Ouvriers européens et la science sociale*, (1er *décembre* 1879). — *Confucius, Le Play*, (1880).

Réforme sociale : *Les Libertés communales avant la Révolution*, (août 1881). — *Le Mouvement réformiste*, (octobre 1881). — *Un nouveau Livre sur la famille*, (novembre 1881). — *La Foi catholique et la réforme sociale*, (décembre 1881). — *L'Agriculture et la propriété*, (janvier 1882). — *L'Assistance en Chine*, (février 1882). — *La Science sociale et les Épîtres de saint Paul*, (mars 1882). — *Le Progrès moderne*, (avril 1882). — *Le Péril national*, (juillet 1882). — *Le Devoir et le rôle des propriétaires ruraux*, (mai 1882). — *La Philosophie positiviste*, (août 1882). — *La Religion positiviste*, (septembre

1882). — *La Politique positiviste*, (octobre 1882). — *L'Enseignement social positiviste*, (novembre 1882). — *L'Enseignement officiel de la morale, d'après le nouveau programme universitaire*, (mars 1883). — *Les Lycées de jeunes filles*, (mai 1883). — *L'éducation nationale en Chine*, (septembre 1883).

II

Mais c'est surtout par sa correspondance avec Le Play que l'on peut juger du rôle important de M. de Curzon dans la fondation des *Unions de la Paix sociale* et de sa collaboration à l'œuvre de la réforme. Cette correspondance est fort étendue ; elle comprend deux cent neuf lettres écrites par Le Play de 1872 à 1882 (1). Les réponses de M. de Curzon sont au nombre de deux cent quatorze. Toutes ces lettres attestent l'intimité affectueuse qui régnait entre deux hommes si bien faits pour se comprendre l'un et l'autre. Rien n'est plus touchant que de voir une amitié aussi sincère et aussi profonde naitre et grandir entre eux, à un âge où l'on n'en contracte plus guère.

Avec une rare modestie, le grand penseur sollicite les avis et les corrections de son correspondant, et cela, dès sa première lettre :

J'ose vous prier, Monsieur, d'avoir la bonté de noter, en me lisant, les passages que vous n'approuverez pas. Signalez-moi

(1) La plupart sont inédites : quelques-unes paraîtront dans l'ouvrage annoncé.

seulement la page et les quelques lignes, comme dans un *errata*; ne prenez aucunement la peine de rien développer. Je comprendrai, non pas seulement à demi-mot, mais sans notes et seulement avec vos chiffres. (30 août 1872.)

J'attache un très grand prix aux critiques que vous voulez bien m'adresser au sujet du nº 2. (4 octobre 1872.)

En analysant vos impressions, je trouve que la satisfaction dérivant de vos lettres appartient surtout à l'ordre moral. Je dirai plus précisément encore qu'elle tient à l'identité, ou tout au moins à la ressemblance de nos caractères. (3 novembre 1872.)

Dieu a été clément en me rapprochant de vous. (15 novembre 1872.)

J'ai ressenti vivement et ressens plus que jamais ce que vous dites sur l'amitié. Vous conviendrez que je suis compétent quand vous saurez que sur les soixante-dix mille lieues de mes voyages, j'en ai fait vingt-deux mille avec un ami (Albert de Saint-Léger, de la Nièvre), sans jamais avoir une minute de difficulté. Combien je regrette que le sort m'empêche de jouir davantage des sentiments que vous voulez bien me témoigner et que chaque jour développe en moi ! (5 décembre 1872.)

Ces extraits sont tous de la première année qui suivit leur rencontre. Plus tard, Le Play s'exprimera avec plus d'énergie encore :

Vous êtes un sage et un saint. Béni est le jour où Butenval vous a rencontré. Je ne suis pas, de mon côté, trop indigne du désintéressement qui vous inspire. (28 août 1879.)

Et enfin, dans l'année qui a précédé sa mort :

Mon cher ami, chaque jour je rends grâces à Dieu de m'avoir assuré votre amitié. Vos lettres exhalent un parfum de paix, qui, dans ce temps de discorde, est d'un prix inestimable. C'est la sagesse qui s'exprime par votre bouche. (1er juin 1881.)

Certes, l'homme qui inspirait de tels sentiments devait avoir de grandes qualités d'esprit et de cœur. De son côté, il ressentait vivement l'honneur et le prix de l'amitié de Le Play. Quand celui-ci fut atteint de l'attaque de paralysie qui fit concevoir de sérieuses inquiétudes pour sa vie, M. de Curzon écrivit à son frère :

Je suis tout attristé de cette prévision de la mort de M. Le Play dans un délai plus ou moins rapproché ; il est un des derniers liens qui m'attachent à la vie. Nos peines nous sont insensiblement devenues communes par l'échange fréquent que nous en avons fait ; j'ai pris part à ses travaux ; j'ai aidé à leur diffusion ; je les ai commentés, expliqués. Quand il aura disparu, il me semble que ma vie n'aura plus de raison d'être ; je serai comme dans un désert. (21 octobre 1880.)

M. de Curzon avait une prise singulière sur ceux qui l'approchaient, témoin l'attachement que lui voua le comte de Butenval (1), au sortir de l'entrevue qu'il appelait plaisamment *le colloque de Poitiers* (7 octobre 1872). Peu de temps après être rentré à Paris, il lui écrivait ce charmant billet qu'il serait dommage, en vérité, de laisser dans l'ombre :

(1) Le comte His de Butenval, ministre plénipotentiaire, sénateur de l'Empire.

Paris, 9 novembre 1872.

MONSIEUR,

Je ne laisserai point partir le billet de M. Le Play sans vous confier que votre lettre, lue sans qu'on sût qu'elle fût de vous et de qui vous parliez, a été prise pour du Pascal, et sans vous avertir que M. Le Play regrette sérieusement (ce qui vous fera un peu sourire) de n'avoir pas le temps, en s'adressant à vous, de faire la toilette de son style. Il m'a rappelé cette lettre où Machiavel raconte qu'après s'être encanaillé le matin avec les paysans, il revêtait son habit de cour l'après-midi, pour entrer dans sa bibliothèque.

A bientôt, Monsieur.

Veuillez agréer l'hommage de sentiments dont la date m'étonne, tant ils me semblent déjà enracinés chez moi.

BUTENVAL.

Ce fut lui qui mit M. de Curzon en relations directes avec Le Play, après lui avoir fait connaître ses ouvrages. Voici d'autres lettres qui en font foi :

J'ignorais, Monsieur, quand je prenais, il y a quelques jours, la liberté de vous dire « que vous apparteniez à l'école de M. Le Play », j'ignorais combien je rencontrais juste ; mais ce n'est pas parmi les disciples qu'est votre place, c'est à la tête des maîtres. (22 août 1872.)

Je sais par ses lettres (il ne me renvoie les vôtres qu'après s'en être *imbibé* à la façon de M. de Montalembert), que M. Le Play est aussi charmé de vous, que vous l'êtes de lui. Il a bien probablement répondu déjà à l'ouverture que vous m'annonciez lui avoir faite, et vous voici tous deux en mesure de vous passer de mon intermédiaire : ce dont je désire que vous n'abusiez ni l'un ni l'autre. (2 septembre 1872.)

Plus je pénètre dans votre pensée, Monsieur, plus je suis étonné et touché de sa conformité avec celle de M. Le Play; ce sont les chapitres de *la Réforme sociale* que vous avez écrit de votre côté : vous vous apparteniez l'un et l'autre sans vous connaître, et j'admire toujours que ce soit moi qui me permets, en quelques points, de différer avec vous deux, qui vous ai rapprochés. (14 décembre 1872.)

La première lettre de Le Play à M. de Curzon est datée du 30 avril 1872. Il le remercie de l'envoi d'un certain nombre de brochures et d'articles traitant *de l'Enquête agricole*, *de l'École primaire des campagnes*, *de la Suppression des octrois*, *de l'Interdiction du remplacement dans l'armée*, etc.

Cette lecture, écrit-il, confirme les impressions qu'avaient fait naître vos deux lettres à M. de Butenval. Il est certain que nous nous comprenons sur tous les points... Je ne suis absolument pour rien dans la découverte de la vérité que je recommande. Mon succès et mon mérite se fondent sur un fait qui me dispense de toute modestie : c'est que je n'ai rien inventé.
C'est simplement l'observation, corroborée par l'opinion unanime des autorités sociales, qui m'a conduit aux idées que vous défendez avec talent.

Le 27 juillet 1874, après une visite de M. de Curzon à Ligoure, M. Le Play lui écrit :

Vos succès dans l'intérêt de l'*Union* vous placent assurément au premier rang de nos correspondants, et je vous adresse à ce sujet les remerciements sincères du comité de Paris.

Nous faisons des vœux pour que le colloque de Ligoure devienne pour nous chaque année une institution fondamentale. (29 juillet 1874.)

On pourrait multiplier à l'infini les extraits de cette correspondance, poursuivie sans interruption pendant dix ans, qui attestent les sentiments d'estime et de confiance de Le Play pour celui qu'il appelait l'un de ses meilleurs collaborateurs. En voici du moins quelques-uns :

Vous faites allusion à votre *inutile vie*. Je proteste, pour ma part, contre cette expression, car j'ai largement profité de votre collaboration. (8 novembre 1874.)

Votre lettre d'hier et son annexe démontrent une fois de plus la complète conformité de vues qui existe entre nous. (25 août 1875.)

C'est vous qui faites le mieux les articles sur mes gros livres. Je viens vous prier de m'en fabriquer. (14 janvier 1881.)

Mon cher ami, j'accepte avec enthousiasme votre conception nouvelle ; je ne tarde pas à vous le dire. La tradition vous accordera un haut rang dans l'*Ecole de la paix sociale*... Votre lettre a fait la joie du ménage, elle est admirable. Votre bien dévoué et affectionné. (14 août 1880.)

La mémoire de M. de Curzon était prodigieuse ; de vastes et profondes lectures, conduites avec la méthode rigoureuse qui était, en quelque sorte, innée en lui, l'avaient abondamment pourvu de souvenirs qu'il produisait avec un singulier à propos. Son ami le comte de Butenval le plaisantait sur cette manière de faire des citations qui, disait-il, « flagellaient son ignorance », mais il n'en faisait pas fi, loin de là...

Vous me pardonnerez mon pédantisme à propos de citations, Monsieur ; c'est pour mieux prendre la mesure de la niche que je leur réserve dans ma mémoire, que je tiens tant à connaître les endroits d'où elles sont détachées. J'écrivais à M. Le Play que les vôtres sont presque toujours des pierres précieuses, qu'il faudrait enchâsser. (12 septembre 1872.)

Quant à Le Play, il se montrait charmé et reconnaissant. La plupart des maximes et sentences qui servent d'épigraphes aux chapitres de la *Réforme sociale*, lui ont été fournies par M. de Curzon.

Votre texte de Pope est admirable. Quand vous m'envoyez de si belles paroles, ayez la bonté de faire le cadeau complet : donnez-moi l'indication de l'ouvrage, de l'édition et de la page. (3 novembre 1872.) — Je vous remercie particulièrement de l'ample moisson d'épigraphes que vous avez bien voulu m'adresser. (30 novembre 1873.) — Tout vous est possible en fait de citations. (1er avril 1874.) — Je suis maintenant, grâce à vous, muni d'une grande provision de sentences. J'y trouverai, j'espère, les dix textes qui doivent être mis en tête des dix livres de la Constitution anglaise. (6 octobre 1874.)

Parmi les auteurs ainsi mis à contribution, les encyclopédistes du dernier siècle, Voltaire et Rousseau en tête, paraissaient en bon rang, car M. de Curzon éprouvait un malin plaisir à noter les contradictions de ses adversaires; puis venaient les littérateurs anglais, Pope, Swift, Bolingbroke, Burke, etc. Mais c'était aux auteurs latins et grecs qu'il s'adressait de préférence.

Vous voyez que j'exploite toujours, par préférence, le monde païen : je suis convaincu que c'est le seul moyen efficace pour remettre quelques idées saines dans la tête de nos lettrés... Pour ma part, plus j'étudie les auteurs latins, même les plus légers, et plus j'admire, à travers les erreurs et les dissolutions qui leur venaient du paganisme, les magnifiques débris de la révélation primitive du Décalogue éternel que Tertullien qualifiait si justement : *testimonium animæ naturaliter christianæ*. Notre clergé contemporain ne sait pas de quels auxiliaires puissants il se prive en négligeant d'exploiter cette mine féconde. Ses devanciers en avaient mieux compris l'utilité, et l'on trouve dans l'*Imitation* beaucoup de pensées et de phrases entières empruntées à Sénèque, tandis qu'on rencontre, avec bien plus d'étonnement encore, dans Cicéron, des pensées et des expressions qu'on retrouve identiques dans le livre de Job. (10 novembre 1874.)

Les lettres de Le Play qu'il m'a été donné de parcourir sont presque toujours assez brèves ; beaucoup visent des détails matériels concernant l'impression de ses ouvrages ou l'organisation des *Unions*. Quelques-unes cependant contiennent l'expression de vues générales ; on en trouvera des extraits dans l'ouvrage qui est sous presse. En voici une que je crois inédite et dans laquelle notre fondateur s'exprime avec une singulière énergie sur la nécessité de restaurer la liberté communale, en prenant pour base la coutume.

Permettez-moi, Monsieur, de ne pas aborder la question de la commune dans notre correspondance. Je me borne à affirmer que la France est, sur ce point, en contradiction formelle avec la tradition nationale et avec la politique actuelle de tous les peuples civilisés. La conception révolutionnaire qui constitue la commune en dehors de la coutume, qui soumet à une même loi écrite toutes les villes et vingt sortes de campagnes différentes par leurs mœurs et par les conditions de leur existence matérielle, excite justement :

LE MÉPRIS (*sic*)

de tous les penseurs et de toutes les classes dirigeantes des peuples prospères. J'ai entendu, pendant trente ans, du centre de l'Asie jusqu'à l'océan Atlantique, l'expression de ce mépris ; et l'un de mes plus grands chagrins est de voir la majorité de nos gens de bien placer dans la conservation de ce régime la condition première de notre vie publique. (18 septembre 1872.)

Les lettres de M. de Curzon sont presque toujours des réponses aux questions posées par Le Play ; elles sont par conséquent plus développées (1). Que de pensées on pourrait glaner dans ces lettres si remarquables ! j'en citerai au hasard quelques-unes.

Le fameux mot : « l'homme s'agite et Dieu le mène », n'est qu'un sophisme ; l'homme a toujours le pouvoir de se sauver au point de vue social aussi bien qu'au point de vue individuel. Mais s'il a la liberté de ses propres œuvres, il n'a pas le pouvoir de détruire l'œuvre de Dieu ; il est enfermé dans l'œuvre Providentiel ; il n'est libre et puissant que dans les limites de son domaine et, s'il tente d'en sortir en s'insurgeant contre les principes qui sont l'immuable loi de ce monde,

(1) Elles sont conservées précieusement dans les archives de la famille Le Play. Des raisons de haute convenance ne permettent pas de les publier intégralement à cause de leur caractère d'intimité.

semblable aux géants légendaires, il est écrasé par l'écroulement des montagnes d'erreur par lui amoncelées. Voilà où nous en sommes, et personne ne le sait mieux que vous, qui faites de si généreux efforts pour déblayer ce chaos. (18 octobre 1874.)

***

L'assimilation de vos œuvres à de vieilles briques peut être vraie en ce qui concerne les faits collectionnés, mais les conséquences que vous en tirez ne vieilliront pas. D'autres gens que vous ont vu ces petits faits; vous en avez fait sortir au profit de la société un enseignement indiscutable. Cet enseignement restera éternellement applicable parce qu'il est conforme à l'éternelle vérité. Voilà le vrai mérite de votre œuvre : il n'est pas seulement dans le collectionneur, il est surtout dans le penseur. (23 mars 1878.)

***

Je considère comme absolument impossible en France la reconstitution d'un corps de noblesse. Mais si, comme je le pense, cette institution a disparu pour jamais, il n'est pas impossible de lui trouver des équivalents.

Les principaux devoirs de la véritable noblesse étaient : la gratuité des services, « noblesse oblige à servir l'État de sa personne et de ses biens » ; — l'esprit de tradition, — le patronage des inférieurs, — la défense des libertés publiques, — l'enseignement par le conseil et par l'exemple, — le renoncement à la passion de l'enrichissement.

Tous ces devoirs incombent aujourd'hui à ceux que vous appelez les *autorités sociales*. C'est à eux de devenir réellement gentilshommes, *gentis homines*, en servant la société avec un véritable dévouement.

Le plus difficile sera de réfréner la pernicieuse passion de l'enrichissement. L'ancienne institution de la noblesse y avait pourvu efficacement en interdisant le gain sous peine de déchéance. Il est évident que l'État n'a pas le droit de fixer des bornes à la fortune des citoyens, mais il a très certainement celui d'interdire à tous les fonctionnaires publics les spéculations lucratives et de les mettre en demeure d'opter entre le soin de leur propre fortune et la gestion des affaires publiques (3 juillet 1871.)

***

Quand les riches et surtout les industriels seront revenus à leur devoir de patronage et quand les corporations religieuses auront la liberté de faire le bien, il y aura toujours des pauvres, mais ils seront efficacement secourus. La pauvreté sera toujours une privation, mais elle n'ira plus jusqu'à la souffrance. Alors on pourra dire avec Burke : « Il faut recommander la patience, la frugalité, le travail, la sobriété et la religion. Le reste n'est que fraude et mensonge. » (23 novembre 1880.)

***

Ce sont les *autorités sociales*, et non le peuple, qui sont responsables de tout le mal social. Il en a été ainsi dans tous les temps : *vulgus contagione insanit*. Ce n'est pas tant de l'éducation du suffrage universel qu'il importe de s'occuper que de la nôtre propre, puisque c'est nous, les lettrés, qui dirigeons le suffrage universel, qui l'entraînons dans nos erreurs, qui en faisons l'agent de nos haines et de toutes nos convoitises. (26 juillet 1881.)

***

Vous vous étonnez que la religion, même catholique, n'ait pas réussi à empêcher le progrès de la corruption chez les grandes races dont les mœurs sont compliquées. Vous oubliez que Dieu n'agit sur l'homme pendant sa vie terrestre que par voie d'induction ou de conseil ; il lui laisse toute liberté, s'abstient de toute contrainte; *patiens quia æternus*.

Or, la prospérité enfle l'orgueil et surexcite la passion des jouissances sensuelles : le corps domine alors de plus en plus toutes les facultés intellectuelles et tous les sentiments moraux ; l'âme étouffe sous la matière. Aussi M. Urquhart a-t-il pu dire avec trop de raison que « l'homme moderne est dépourvu de jugement et d'intégrité ». Cela ne s'applique qu'aux civilisés. (31 octobre 1881.)

***

La meilleure religion, quand on ne la pratique pas, n'a pas plus d'efficacité au point de vue social que n'a d'utilité le trésor enfoui par l'avare. (10 février 1881.)

***

Vous vous plaignez de l'indifférence que vous rencontrez, dans certains milieux, pour la vérité.

La vérité, c'est de la métaphysique, et les hommes de notre temps ne font compte que de ce qui est matériel, palpable, saisissable avec les mains. Voilà pourquoi la raison n'a pas prise sur eux ; toutes leurs discussions finissent par des luttes violentes. Ils ne connaissent pas les voies morales ; tout se résume pour eux en voies de fait. Ce ne sont que chocs violents et réactions plus violentes encore. Leur politique est un jeu de billard ; le pouvoir reste à celui qui est le plus fort en carambolage, à moins qu'il ne se blouse, ce qui finit toujours par arriver.

Enfin vous êtes content de votre santé ! Dieu en soit béni ! Mais ménagez-vous et faites vie qui dure.

Moi, je suis assez torturé par mes rhumatismes, mais ils n'endommagent pas le cœur, qui est bien à vous. (15 janvier 1881.)

***

Chez nos contemporains, l'égoïsme étouffe le dévouement, et le positivisme a brisé les fibres de l'enthousiasme : on acceptera le salut, non pas avec l'enthousiasme de nouveaux convertis, mais avec la satisfaction contenue de créanciers qui touchent, dans une banqueroute, un dividende sortable. (2 août 1879.)

***

Les républicains convaincus et honnêtes accepteront une bonne partie de vos idées. Malheureusement ils seront et ils sont déjà débordés par les *prêtrophobes lettrés* et par les *anthropophages illettrés* des bas-fonds de la civilisation moderne. (21 août 1879.)

***

La violence ne fonde rien de durable. Comme l'a dit J.-J. Rousseau : « Le plus fort n'est jamais assez fort pour être toujours le maître. » (18 novembre 1880.)

***

Ce qui fait le véritablement honnête homme, c'est la justesse de l'esprit et la droiture du cœur. La justesse de l'esprit nous fait connaître le vrai ; la droiture du cœur nous le fait mettre en pratique.

Or, les honnêtes gens étant écartés en ce moment (1881) de toutes les fonctions publiques et n'ayant aucun moyen officiel d'exercer leur influence, c'est pour eux un devoir d'autant plus étroit d'user de leur influence personnelle pour propager, par leurs discours et par leurs exemples, la diffusion de tout ce qui est juste et vrai. Ils sont la santé de la société, ils peuvent, en se multipliant, la réformer dans les idées et dans les mœurs, même malgré ce qu'il peut y avoir de démoralisateur dans son gouvernement.

Chacun de nous a une atmosphère morale qui lui est propre et qui pénètre toujours plus ou moins ceux qui l'approchent. L'homme de bien exerce par là, même sans y penser, une influence heureuse sur l'ordre social. Il propage les saines doctrines et il les fait estimer, non seulement par ses discours, mais encore par la régularité de ses mœurs et par la dignité de sa vie. (26 juillet 1881.)

*
* *

La science sociale est immense et éternelle (1) ; nous sommes dans la nécessité de l'étudier toujours, et nous ne la saurons complètement que quand, (ici je laisse la parole à Cicéron), *Corporibus relictis, videbimus quale quidque sit.*

Notre vie durant, nous ne serons jamais que des étudiants ; la science n'est acquise que dans l'autre vie. Mais alors notre savoir ne servira qu'à nous, nous n'en pourrons pas faire profiter ceux de ce monde. Voilà pourquoi je vous supplie, par charité pour nos contemporains, de vous laisser vivre, et de ne pas vous faire mourir par un travail excessif ; ce serait, à notre grand dommage, tuer la poule aux œufs d'or.

Je souhaite de grand cœur la bienvenue à votre nouvelle *Revue ;* je m'assure qu'elle sortira de votre cerveau bien armée pour votre campagne réformiste.

Vous ne me dites pas ce que va devenir l'*Annuaire*, ni quel rôle vous avez résumé à notre excellent ami M. D. Mais je m'en rapporte à votre sagesse et je ne puis mieux faire que de m'endormir sous vos ailes. (6 décembre 1880.)

*
* *

Quelle stérilité dans les débats parlementaires ! C'est un moulin à paroles ; on n'y entend que trop le bruit de la meule, mais on ne voit pas sortir de farine... En vérité, les politiciens de notre temps ne sont que de grands enfants qui passent leur vie à se faire des niches et qui appliquent toute leur intelligence à en inventer de nouvelles. Le malheur, c'est que la société périt, tandis qu'ils se chamaillent.

(1) Cette lettre fut écrite après une grave maladie qui avait mis les jours de Le Play en danger et qui avait été attribuée à l'excès de travail.

Nous, suivons ce conseil de Lamartine : « Faisons le bien, disons le vrai, cherchons le juste et attendons. » (28 novembre 1880.)

On a pu voir avec quelle hauteur de vue de M. de Curzon jugeait les hommes et les événements. Quoique fort intransigeant sur certains points de politique pure, il avait l'esprit le plus large, le plus compréhensif dans tout ce qui ne heurtait pas le parti pris intraitable qu'il avait adopté depuis la révolution de 1830 (1). Je trouve la preuve de cette largeur de conception dans une lettre du 29 septembre 1872.

Le Play l'avait consulté sur une critique venue d'un correspondant anonyme qui trouvait mauvais que l'école de la paix sociale ne prît point d'étiquette religieuse, protestante ou catholique.

M. de Curzon lui répond :

L'assimilation que vous faites des clergés est civile et nullement dogmatique ; il me semble qu'il n'y a rien autre chose à répondre; il s'agit de tolérance civile et nullement dogmatique. Pour donner satisfaction aux critiques qui vous sont adressées à ce sujet, il faudrait effacer *Décalogue* et mettre à la place les *Commandements de Dieu et de l'Église*, ce qui vous transporterait en pleine théocratie, avec ses conséquences, l'intolérance absolue et dogmatique. Il me semble de la plus haute

(1) Il ne put jamais, du reste, amener Le Play à partager sa manière de voir sur ce sujet. C'est peut-être le seul point sur lequel ils ne se soient pas mis d'accord, sans que la cordialité de leurs relations ait été le moins du monde altérée.

importance pour votre œuvre que vous n'arboriez aucun drapeau, ni politique ni religieux, au moins quant à présent. Que vous laissiez percer avec discrétion et peu à peu vos préférences, je le trouverai bon ; mais à la condition de vous montrer d'autant plus tolérant, d'autant plus bienveillant pour les dissidents et d'autant plus sévère pour lès fautes de notre clergé et de nos amis.

Son intransigeance en matière politique ne l'empêchait pas de reconnaître qu'on pouvait faire une œuvre bonne et utile en s'unissant au point de vue social.

Un sage de l'antiquité dont le nom me fuit en ce moment disait que : « tout bon citoyen doit porter, sur son front, ce qu'il pense de la chose publique. » Cela est vrai et je suis loin d'y contredire. J'ajouterai même que tout homme qui a une conviction politique doit la faire prévaloir pour le bien de son pays.

Mais il s'agit ici d'une œuvre sociale et non pas politique. Le but que vous poursuivez, c'est la restauration de la véritable constitution sociale, constitution unique, primitive et permanente, créée avec l'homme social, base essentielle de toutes les constitutions politiques, et sur laquelle peuvent venir s'asseoir les constitutions les plus diverses.

Tous les partis ont donc intérêt à la constitution de cette grande et universelle base.

Dans une lettre du 18 novembre 1880, il revient encore sur cette pensée qui lui tenait évidemment au cœur :

Cher et éminent ami,

Que votre proposition de réaliser une entente entre les hommes éclairés des partis honnêtes soit considérée comme une utopie, cela ne me surprend pas ; a perversion des esprits et des cœurs est parvenue à un point tel, que le retour à ce qui est vrai, juste et bon, doit, au premier abord, paraître impossible.

Mais il me paraît impossible aussi que les esprits éclairés et affranchis du joug des préjugés, que les hommes dévoués à leur pays n'entrent pas dans vos idées et n'en jugent pas la réalisation désirable et possible, dès que vous serez parvenu à le leur faire comprendre.

Vous ne leur demandez pas de s'entendre sur les questions qui touchent à la forme du gouvernement. A ce point de vue, chacun reste, malheureusement, enfermé dans son camp. et la pression des événements pourra seule vaincre ce parti pris.

Ce que vous demandez, c'est qu'il s'établisse une entente, une union, une ligue pour procurer la réalisation des réformes en tout ce qui est de l'essence même de l'ordre social, sans lequel aucune forme de gouvernement ne peut subsister.

Y a-t-il un gouvernement honnête qui puisse refuser d'obéir à la loi morale ? de reconnaître les droits du pouvoir paternel ? de s'incliner devant la liberté de la conscience et de régler sur ce principe les rapports de l'Église et de l'État ? de respecter les franchises locales, les libertés publiques et privées qui sont de droit naturel ?

Sur toutes ces questions et sur bien d'autres encore qui sont de nécessité sociale, on peut s'entendre sans abdiquer ses préférences pour telle ou telle forme politique. Puisqu'on le peut, on le doit...

Ainsi, dès 1880, Le Play se sentait pris de découragement à la vue de la grandeur de sa tâche et de l'inutilité apparente de ses efforts. Qu'eût-il dit aujourd'hui en présence des passions déchaînées qui menacent si gravement la paix sociale? Il y aurait vu sans doute un motif de plus pour travailler à l'œuvre, puisqu'elle est bonne en soi et qu'elle répond à une idée juste. Cette œuvre, nul ne l'a définie avec plus de netteté que M. de Curzon.

Le grand but de Le Play (1), dit-il, sa préoccupation constante, fut de procurer la paix sociale. Mais cette paix ne peut se produire que par l'union des esprits et des cœurs dans une action commune.

Il dut donc borner provisoirement ses efforts à procurer l'union sur le seul terrain où elle lui parut alors possible, celui des principes essentiels, universels, permanents, constitutifs de toute société humaine, abstraction faite des formes gouvernementales et des dogmes religieux. « Comme les particuliers sont profondément divisés au sujet des débats nationaux, politiques et religieux, il faut, dit-il, que notre enseignement ne s'étende jamais jusqu'à ces questions. » (*Les Ouv. europ.*, I, p. 594.)

Mais « la constitution essentielle n'est spéciale à aucun lieu, à aucune race, à aucune forme de religion et de souveraineté ». (*Ibid.*, p. 616.)

Elle est essentielle dans tous les lieux, pour toutes les races, quelle que soit la forme de la souveraineté et quelles que soient les institutions religieuses. Or, le premier, le principal, *le principe*, enfin, des éléments de cette constitution, c'est, selon Le Play, « la loi de Dieu, les prescriptions du Décalogue, avec les interprétations établies, chez les peuples fidèles à la constitution essentielle, par la religion, la coutume et les lois écrites ».

Il a donc pris pour principe fondamental de l'Union : *le Décalogue éternel.* (Lettre du 20 février 1875.) Il l'a pris pour base de l'union, parce qu'il a constaté que : « Toutes les races modèles ont cru et croient encore qu'il a été révélé par Dieu

(1) *Frédéric Le Play, sa méthode, sa doctrine*, etc., p. 210.

aux hommes » (*Ouv. europ.*, I, p. 450), et que, par conséquent, il ne pouvait pas asseoir son œuvre sur une base plus solide, ni qui fût mieux à l'abri de toute discussion. Il élargissait ainsi la base de l'union en y donnant accès à tous ceux qui croient en Dieu et à une loi morale d'origine divine, et il écartait toute contestation contraire à ce grand fait d'ordre surnaturel.

Nous trouverons en commun, écrivait-il, les formules qui excluront absolument de nos écrits les matières politiques, philosophiques et religieuses qui depuis deux siècles ont, chez nous, le déplorable résultat de diviser les hommes. (Lettre du 3 décembre 1874.)

Le Play invitait donc tous les gens de bien à faire abstraction de ces grandes causes de division, et à s'unir dans des efforts communs pour restaurer la paix sociale. Il ne leur proposait aucune capitulation de conscience : il ne leur demandait le sacrifice, ni de leurs principes, ni de leurs convictions, ni de leurs intérêts ; il ne leur déniait pas la liberté de travailler, chacun de son côté et selon ses convenances, au triomphe de leurs doctrines religieuses et politiques : il leur démontrait qu'il était de leur intérêt à tous de sauvegarder l'ordre social et de s'unir dans ce but supérieur, parce qu'il est évident qu'aucun régime politique n'est possible en dehors d'une société constituée et stable, et que, dans notre état d'anarchie matérielle, intellectuelle et morale, aucune doctrine saine en matière politique, philosophique et religieuse n'a chance de se faire accepter.

Et comme à cette union il fallait une base, un programme accepté d'avance sans conteste, il leur proposait le Décalogue, qui est la loi de Dieu réduite à son minimum, incomplète, mais qui, ayant suffi à élever les hommes primitifs jusqu'à la connaissance des vérités plus complètes et à les rendre capables de recevoir une loi plus parfaite, peut encore ramener les hommes de nos jours, par son observance, à la connaissance des vérités sociales, politiques et religieuses qu'ils ont perdues.

Après avoir défini le but des *Unions*, M. de Curzon examine les critiques dont elles ont été l'objet.

La base d'union proposée par Le Play (1), dit-il, a soulevé l'opposition de deux groupes radicalement ennemis entre eux : les libres-penseurs repoussent le Décalogue, parce qu'ils n'admettent aucune restriction à la liberté de penser ; certains catholiques, faute d'avoir compris le but poursuivi par Le Play, ont refusé d'entrer dans l'union, estimant que la base simplement *décaloguère* était insuffisante et serait inefficace. Il est très évident qu'entre ces deux groupes radicalement opposés aucune union doctrinale n'est possible ; mais il ne s'agissait pas d'une telle union ; il était simplement question de travailler ensemble, *salva doctrina et conscientia*, à rétablir la paix sociale.

Les faits eux-mêmes, nous écrivait Le Play, mettent en pleine lumière l'efficacité du principe sur lequel repose l'enseignement de notre Ecole, à savoir : la fécondité de la pratique adoptée par les races d'hommes qui, étant attachés à des croyances religieuses fondées sur des rites rigoureusement définis, n'exigent pas que leurs voisins, même ceux qui sont soumis à leur domination, renoncent aux rites positifs d'un culte différent. C'était la situation des Français sous Louis XIII et Richelieu. (Lettre du 10 septembre 1881.)

Il ne s'agissait donc pas de fonder l'union sur l'indifférence *doctrinale*, mais sur une tolérance mutuelle, impartiale et bienveillante, non quant aux erreurs, mais quant aux personnes.

Pour préparer l'union des volontés, il faut commencer par réaliser l'union des esprits. Le Play souhaitait

(1) *Loc. cit.*, p. 214.

que l'accord se fit sur les cinq points suivants, qu'il considérait comme les éléments de la *constitution essentielle* : 1° la loi de Dieu ; 2° l'autorité paternelle ; 3° la religion ou le pouvoir spirituel ; 4° la souveraineté ou le pouvoir temporel ; 5° la propriété, avec les devoirs et les droits qui en résultent. Elargissons ce programme, ou plutôt dépouillons-le de sa forme synthétique. Qu'y trouvons-nous ?

Le respect de Dieu et le culte qui lui est dû, le respect du pouvoir, les droits de la conscience, le respect du père, l'intégrité des mœurs, la sainteté et l'indissolubilité du lien conjugal, le culte du foyer domestique, la loi du travail, avec son corollaire le repos du dimanche, l'esprit de devoir et de sacrifice, la pratique du patronage, le devoir d'assistance.

Quel cadre magnifique et comme on comprend qu'il ait attiré tant de généreux dévouements !

III

Les résultats acquis ainsi, grâce à la méthode d'observation, ont-ils un caractère provisoire, ou doivent-ils être regardés comme définitifs ? M. de Curzon les tenait pour définitifs. Il n'admettait pas qu'on pût reléguer le Décalogue à l'état d'hypothèse, voire de sublime hypothèse, mais inutile, comme on a osé le dire de Dieu lui-même. Et, en cela, il interprétait fidèlement la pensée de Le Play, qui considérait comme la plus belle récompense de ses travaux d'avoir pu démontrer scientifiquement, à l'aide d'un procédé de démonstration emprunté aux sciences exactes, la réalité de la loi divine et son efficacité, pour le bonheur temporel des hommes réunis en société. La science sociale, telle que Le Play la comprenait, n'a donc rien de commun avec les sociologies plus ou moins naturalistes qui prennent pour point de départ la doctrine de l'évolution. Non qu'il fermât les yeux à une vérité aussi évidente que la lumière du jour, à savoir que les sociétés se transforment. Sans doute elles se transforment, surtout par le progrès des sciences qui modifient la physionomie de notre planète et les conditions d'existence matérielle de ses habitants, mais en dépit de tous les changements, l'homme, en tant qu'être moral et sociable, demeure soumis à une règle suprême, qu'il n'a pas faite, qu'il n'est pas en son pouvoir de modifier, ni de détruire, et qu'il doit observer s'il veut accomplir la fin pour laquelle il est en ce monde. C'est ce qui faisait dire à Démosthènes : « La loi est une conception de Dieu, entrevue par les sages, réalisée ici-bas par l'assentiment commun de la société » (1). Donc tout ce qui nous ramène à l'observation de la loi est fait pour

(1) Cité par M. Gaston David, dans son *Rapport à l'assemblée générale de la Ligue pour le repos du dimanche*, 14 mars 1899. — Notre éminent confrère fait suivre la citation des réflexions suivantes auxquelles nous nous associons pleinement : « Cette loi dit à l'homme : Tu ne mentiras pas, tu ne voleras pas, tu ne commettras pas l'homicide, ni l'adultère, tu ne travailleras pas le dimanche. — Est-ce que cette loi n'est pas visiblement la charte tutélaire de l'humanité ? Est-ce que le respect et l'application intégrale de cette loi ne feraient pas cesser le désordre

le bien de l'humanité. Tout ce qui nous en éloigne est fait pour son malheur.

Est-ce à dire que la science sociale une fois reconnue et fixée ne soit pas perfectible ? Ici l'on doit répondre par une distinction : Non, quant aux principes, oui quant aux applications. « Il faut faire, en effet, dans les travaux de Le Play, deux parts bien distinctes : celle qui a trait à la découverte, par sa méthode, des vrais principes sociaux, et celle qui a pour but leur mise en pratique.

La première constitue sa doctrine, ce qu'il appelle la *Constitution essentielle de l'humanité* : celle-là, nous dit-il, est immuable, universelle, essentielle dans tous les lieux et dans tous les temps ; aucune société humaine ne peut s'en écarter sans souffrir, se corrompre et finalement périr.

Il n'en est pas de même de la mise en pratique des principes; elle varie selon les temps et les lieux, à la condition pourtant que, dans son élasticité, la mise en pratique n'ira pas jusqu'à l'infraction des principes.

Il faut donc d'abord conquérir la connaissance de la *Constitution essentielle* sans laquelle aucune nation n'a prospéré. Il faut ensuite en concilier les éléments avec les idées, les mœurs et les institutions de son pays (1).

moral où notre société se débat avec angoisse et n'aideraient pas puissamment à rétablir l'harmonie sociale ? Ce n'est pas la vie ni la société qui sont mal faites. C'est l'usage que nous faisons de l'une et le trouble que nous apportons dans l'autre qui les rendent mauvaises et font retomber sur nous le poids de nos fautes quand nous violons la loi. »

(1) De Curzon, *loc. cit.*, p. 208.

C'est à cette recherche que Le Play s'est appliqué dans tous ceux de ses écrits qui ont pour but la *pratique* de la réforme. Il a toujours considéré cette partie de ses écrits comme inachevée, et il a provoqué lui-même la critique. « Nous mettrons à profit, dit-il, dans les éditions suivantes, toute observation indiquant le moyen de mieux atteindre le but que nous nous sommes proposé. (*La Réforme en Europe*, p 244.)

Cette distinction entre la science sociale qui est immuable parce qu'elle s'alimente à la source de vérités éternelles et l'économie sociale qui est perfectible, parce qu'elle se meut dans le domaine des applications, paraissait très importante à M. de Curzon. Avec sa pénétration habituelle, il voyait dans l'assimilation complète de la science sociale aux autres sciences naturelles la source de graves mécomptes pour l'avenir.

Je vois s'introduire dans les écrits sur la science sociale une expression qui me semble fort dangereuse : c'est celle de politique *expérimentale*, *méthode expérimentale*. Je ne sache pas que vous vous soyez jamais servi de ce terme ; vous dites méthode d'observation ; vous voulez que l'on tienne compte de l'expérience acquise, et qu'on se garde bien d'en tenter de nouvelles, de chercher des nouveautés.

Or, le terme *expérimental* est amphibologique et s'applique aussi souvent à ce qu'on veut expérimenter qu'à ce qu'on a expérimenté. Je crois qu'il devrait être exclu de votre école.

Les expressions mal définies et à double entente introduisent l'erreur dans les idées, et l'erreur dans les idées est bien plus pernicieuse que la violence dans les actes. Les violences de 93 sont passées et leur souvenir fait horreur. Les faux dogmes de 1789 subsistent ; ils infectent encore de bien bons esprits, et ils peuvent encore servir de prétexte à de nouveaux 93. (Lettre du 2 août 1881.)

Quand M. de Curzon écrivait ces lignes, il était certainement d'accord avec Le Play. Celui-ci n'a-t-il pas en effet formulé les pensées suivantes qu'on ne saurait trop méditer :

Le mot science sociale est une nouveauté et l'on doit peut-être regretter qu'il ait été introduit dans notre langue, car il a pu quelquefois *stimuler mal à propos l'esprit d'invention*. (*Les Ouv. europ.*, I, p. 15.)

Je tiens pour condamnée *à priori* toute conclusion qui ne serait pas conforme aux indications de la raison et de la loi morale, et c'est précisément pour obtenir ce contrôle que je me suis sans cesse adressé à la recherche des vraies autorités sociales. (*La Réforme sociale*, I, p. 90.)

Sur les points fondamentaux de la science sociale, il n'y a rien à inventer : le nouveau est simplement ce qui a été oublié. (*La Méthode*, pp. 389 et 392.)

N'est-ce pas, en d'autres termes, la vérité qu'a exprimée le penseur vigoureux qui donne, depuis quelque temps, un si bel exemple de courage intellectuel, et que Le Play eût été heureux, certainement, de saluer comme un précieux auxiliaire pour notre école ? — vous avez compris, Messieurs, que j'ai nommé M. Brunetière, — quand il a dit : « La question sociale est surtout une question morale » (1).

(1) *Après une visite au Vatican*; *Revue des Deux-Mondes* du 1er janvier 1895, M. Brunetière a développé cette thèse dans son admirable conférence sur *les Ennemis de l'âme française*. Voyez la *Réforme sociale* du 1er avril 1899.

La sociologie, dans ses manifestations variées, a de grandes prétentions. Peut-être agirait-elle sagement, en ne prenant pas au pied de la lettre le conseil donné par Renan : « Tâchez d'organiser scientifiquement l'humanité ». — Quelle que soit la perfection de la méthode d'observation créée par Le Play, ayons la modestie de reconnaître qu'elle ne saurait avoir pour résultat de conduire à une nouvelle révélation capable de rivaliser avec celle du Sinaï. Aussi bien Le Play n'a-t-il jamais voulu donner une portée semblable à ses travaux. Comme le dit très heureusement M. de Curzon : « Le Play a voulu *limiter son enseignement aux vérités révélées par les faits*, mais non pas du tout *limiter la vérité à ce que lui ont révélé les faits observés* (1) ». Il a donné ainsi un exemple qui aurait gagné à être imité par quelques-uns de ses anciens disciples, trop peu fidèles.

M. de Curzon gémissait de la déviation qu'ont tenté d'imprimer à l'école de la paix sociale, d'imprudents novateurs. Il y voyait la perversion d'une œuvre qui ne demeurera bienfaisante et féconde qu'autant qu'elle sera fidèle à l'esprit qui animait son fondateur. Que de fois ne m'a-t-il pas confié ses appréhensions à ce sujet ! Il donnait, comme toujours, la raison philosophique de son jugement. Puisque j'ai recueilli ses *novissima verba*, permettez-moi, Messieurs, de les résumer en terminant :

« La science, disait M. de Curzon, dans son accepta-

(1) De Curzon, *loc. cit.*, p. 238.

tion la plus générale, peut être définie « la connaissance des causes. » — Le Play, grâce à sa méthode, a bien pu constater avec certitude que les sociétés prospèrent quand elles pratiquent la loi de Dieu et qu'elles souffrent quand elles s'en éloignent. Il n'est jamais allé plus loin en fait de recherche des causes, et il a eu raison de ne pas aller plus loin. En effet, ce serait une grande présomption que de vouloir déterminer, à l'aide de la méthode d'observation, les lois inconnues qui président à l'évolution des sociétés humaines, avec la même certitude que s'il s'agissait des lois qui régissent le monde physique. A cela, il y a plusieurs raisons. D'abord, les phénomènes sociaux sont très difficiles à bien observer, à raison de leur infinie complexité, et très souvent l'on doit être exposé à prendre pour des faits scientifiques des apparences qui n'en sont point. Ensuite, rien ne prouve que ces phénomènes se reproduisent selon un ordre invariable, attendu que l'on ne saurait ne pas tenir compte, en cette matière, d'un facteur très important, le libre arbitre dont l'intervention est de nature à déranger tous les calculs. Or, la solidarité des phénomènes, leur enchaînement nécessaire est la vérité première qu'il faut admettre si l'on veut procéder à la façon du chimiste et du physicien. Il y a plus. Le chimiste dans son laboratoire, le physicien dans son cabinet d'expérience ont un avantage marqué sur le sociologue. Ils peuvent reproduire artificiellement, autant de fois que cela leur convient, le phénomène qu'ils étudient afin de vérifier la loi qu'ils présentent et qu'ils cherchent à découvrir. Il est à peine besoin de dire que ce moyen de contrôle échappe et échappera toujours au sociologue. — Pour tous ces motifs, l'assimilation *complète* qu'on voudrait établir entre la sociologie et les sciences physiques est inexacte. Cela n'affaiblit pas la valeur du procédé de démonstration que Le Play a mis à la disposition de ses contemporains pour retrouver les grandes vérités sociales oubliées ou méconnues, mais cela condamne les tentatives qui auraient pour but de substituer de nouvelles vérités sociales aux vérités anciennes, telles que nous les trouvons conservées dans la tradition du genre humain. »

IV

M. de Curzon, je l'ai dit, avait la passion de la vie rurale. En 1876, il vint s'établir dans sa propriété de Moulinet, près Poitiers ; ce fut là qu'il passa, de son propre aveu, les dix meilleures années de sa vie. Quand sa santé l'obligea à rentrer dans sa ville, ses regrets s'exhalèrent, en termes touchants, dans une lettre à son frère.

Le départ de Louis — l'un de ses fils qui l'aidait dans ses travaux — va faire un grand changement dans ma vie. Depuis Noël, je ne suis pas sorti de la maison, pas même pour aller à la messe. Il est évident que je ne puis pas rester à Moulinet dans ces conditions. Or quitter Moulinet est désormais le plus grand sacrifice que je puisse faire ; car, très certainement, je déménagerai plus volontiers de mon corps que de ma maison. (10 février 1886)

Et pourtant la raison me commande de faire ce sacrifice. Quand le temps sera devenu plus clément, je planterai pour la dernière fois. Je maintiendrai la propreté dans les sentiers que je ne devrai plus parcourir. Et puis, quand viendra l'automne, je dirai à tout ce que j'ai bâti, à tout ce que j'ai planté, un adieu éternel !... *Linquenda tellus et domus*... c'est la condition de notre vie terrestre.

Déjà je ne puis plus penser sans tristesse aux dix années de paix complète que j'ai vécues ici : car je ne trouverai plus cette paix que dans ma tombe, et je sens bien que mon cœur restera saignant jusqu'à ce qu'il y soit enfoui. (10 février 1886.)

Cette vie rurale qu'il aimait tant, il la prit pour texte d'une conférence faite à Paris (1). Précédemment il avait traité le même sujet à Poitiers.

On m'a demandé d'écrire quelque chose pour la séance publique de la *Société d'Agriculture* ; j'ai pris pour texte et pour titre : *La vie rurale*.

Elle est la plus naturelle : la base de la prospérité et de la grandeur des peuples ; elle assure le mieux l'autonomie, la stabilité, la moralité de la famille. L'agglomération dans les villes est une cause de démoralisation ; elles sont le rendez-vous des oisifs : c'est là que devient extrême le contraste et par conséquent l'hostilité entre la richesse et la pauvreté ; c'est là que naît et se recrute le paupérisme. — La propriété rurale oblige aux devoirs ruraux ; elle est une fonction sociale, une adscription à la glèbe. L'intérêt social et l'intérêt personnel du propriétaire rural exigent son séjour à la campagne.

Telle est la théorie que je développe. Je me suis inspiré de

(1) *La vie rurale en Poitou. Annuaire de l'économie sociale* 1877.

cette pensée de Sénèque : *Non tantum corpori sed etiam moribus salubrem locum eligere debemus... Id agere debemus ut irritamenta vitiorum quam longissime profugiamus.* (Epist. L. 1.) — (Lettre du 10 novembre 1874.)

Ce fut peut-être grâce à cette circonstance qu'il dut d'avoir conservé une intelligence aussi remarquablement saine. Parmi ceux qui vivent dans l'effervescence du milieu parisien, combien peuvent se flatter d'échapper toujours à la contagion de certaines idées ambiantes, plus ou moins infestées d'erreur? Ayant passé la plus grande partie de son existence aux champs, il avait gardé au fond de son cœur et de son intelligence, comme le reflet des spectacles paisibles qu'il avait eus sous les yeux. Il y avait quelque chose du patriarche des temps bibliques dans ce chef de famille entouré d'une nombreuse postérité, qui donnait à ses enfants l'exemple de tous les devoirs simplement et virilement remplis. Aussi ne suis-je point étonné que Le Play l'ait distingué comme étant de cette rare espèce d'hommes où se recrutent les autorités sociales, que l'antiquité nommait « des sages » et Platon « des hommes divins ».

Quand je le connus, c'est-à-dire dans les trois dernières années de son existence, M. de Curzon, bien qu'ayant atteint les limites de l'extrême vieillesse, — il est mort âgé de quatre-vingt-quatre ans, — avait conservé toute la fraîcheur de ses facultés, toute la vigueur de son intelligence. Son abord était digne et réservé, mais d'une courtoisie parfaite ; on sentait en lui l'homme fidèle à toutes les traditions qui ont fait le bon renom de notre race. Il me semble encore le voir dans cette bibliothèque, où s'écoulait sa vie, assis devant une petite table, près d'une large fenêtre donnant sur un jardin solitaire, un jardin de ville, enclos de hautes murailles tapissées de lierre, qu'égayait seulement le chant des oiseaux. Tout autour de lui s'étendaient les rayons chargés de livres, — de bons vieux livres aux reliures fatiguées, — que surmontaient les bustes de Fénelon et de Bossuet. Dans un angle de l'appartement, un petit lit de fer attestait les habitudes exemptes de mollesse du maître du logis. C'était là que, levé de grand matin, M. de Curzon se mettait chaque jour au travail. Sa plume agile courait sur le papier et couvrait d'une fine écriture, sans une seule rature, sans une surcharge, quatre ou cinq pages de ce qu'il nommait « ses cahiers », vaste répertoire où il consignait ses impressions sur les hommes, les choses, les idées, les événements. Le reste de son temps appartenait à la lecture, à ses visiteurs, à sa famille, à ses amis. Préoccupé de maintenir constamment l'équilibre entre l'âme et le corps, il donnait quotidiennement — pourquoi tairai-je ce détail ? — une heure environ à un travail manuel. Il réussit ainsi à conserver une excellente santé jusque dans l'extrême vieillesse. Quand la plume lui tomba littéralement des mains, à la suite de la première atteinte du mal qui devait l'emporter, il ne voulut plus avoir sous les yeux que deux objets, sa bible et son crucifix, parfaitement résigné à l'arrêt de la Providence, et tout entier à l'attente des joies éternelles. Il avait médité souvent sur la mort. Dès 1867, il écrivait ces belles pensées (1) :

... En vérité, la mort n'est effrayante que pour les enfants et pour les gens légers qui ne cessent jamais d'être des enfants. Fuyez ce fantôme, il vous poursuit ; allez à lui, il s'évanouit ; et, derrière cette horrible fantasmagorie, vous découvrez des horizons vraiment admirables, dont votre imagination s'étonne et dont votre cœur goûte les providentielles beautés.

Voulez-vous savoir mon remède contre toutes les douleurs et tous les maux de cette vie, la cause de cette froideur apparente qu'on me reproche, le mobile qui me fait braver toutes les menaces et toutes les déceptions ? C'est la contemplation de la mort. Dès qu'il me vient une douleur, une contrariété vive, je lis l'office des morts et surtout la messe des morts ; je pourrais dire que je les récite, car, à force de les avoir lus, je les sais par cœur. Or, il n'y a pas d'impression douloureuse de l'âme qui ne s'évanouisse ou qui ne s'adoucisse après cette lecture attentive. Alors, on n'a plus d'autres soucis que de *s'endormir*, comme dit saint Paul, que de *retourner* vers la patrie, comme dit le prophète, et on attend avec Job : *Donec veniat immutatio.*

Telles étaient les pensées dont il nourrissait habituellement son âme et qui le préparèrent à voir venir sans effroi le suprême passage. Entouré d'une légion d'enfants et de petits-enfants, à qui il avait inculqué au plus haut degré l'esprit de famille, et bien qu'il eût donné deux de ses fils à l'émigration, il ne connut pas

(1) Lettre au comte de Touchimbert.

les tristesses de l'isolement, fruit amer du *particularisme*. Aussi sa vie s'acheva-t-elle, sous les bénédictions de la religion qu'il avait fidèlement pratiquée, « comme le soir d'un beau jour ».

Arnold MASCAREL.

AVANT-PROPOS

Dans son intéressant volume, *Le Play d'après sa correspondance*, notre ami, M. Ch. de Ribbe, s'exprimait ainsi : « Seuls ont connu Le « Play tout entier ceux qui ont pu l'approcher « de près, le voir et l'entendre dans le cercle « de la famille, au sein d'une intimité que sa « bonté rendait si douce, et se placer en quelque « sorte sous son rayon. »

Il était donc constaté, par ceux qui avaient approché Le Play de plus près, que le public ne connaissait bien, ni son œuvre, ni son esprit, ni sa doctrine, ni sa méthode. Sans aucun doute, nos honorables devanciers ont commencé, avec le talent dont ils ont donné tant de preuves, à verser la lumière sur cette grande figure désormais historique, et il faut les en remercier ; mais ils ne l'ont pas mise encore dans tout son jour.

J'aurai à dire en quoi et pourquoi Le Play, de son propre aveu, « n'a pas pu achever l'œuvre dont il avait conçu la pensée », et comment cette œuvre alla toujours se mûrissant et se perfectionnant dans cette intelligence éminente et droite, jusqu'au jour où sa vie terrestre prit fin. Pour connaître Le Play tel qu'il fut, c'est donc dans les temps les plus prochains de son achèvement qu'il faut l'étudier.

Or, la très intéressante correspondance publiée par M. Ch. de Ribbe s'arrête à l'année 1871, et celle de M. Le Play avec moi commence l'année suivante, 1872, et s'est continuée jusqu'au 31 mars 1882 ; le 7 avril, veille de sa mort, Le Play recevait ma réponse à cette dernière lettre. Dans cet espace des dix dernières années de sa vie, j'ai reçu de lui 209 lettres et je lui en ai répondu 214. J'ai conservé avec soin ses lettres, mais je n'ai gardé aucune copie des miennes, auxquelles je n'attachais pas d'importance ; ce n'est qu'après sa mort que j'ai su qu'elles avaient été conservées par Mme Le Play, qui m'écrivit : « Il me confiait vos lettres. « Mets-« les en ordre, me disait-il. Tu les reliras tou-« jours avec joie, et tu les transmettras à tes « enfants. » On comprend quels progrès Le Play a dû faire pendant ces dix dernières années dans la recherche des vérités sociales, progrès qui ont nécessairement modifié ou complété plusieurs des idées qu'il avait émises dans ses écrits précédents. Cette considération m'a paru rendre utile, et même nécessaire, le travail que j'ai cru devoir consacrer à sa mémoire.

La nécessité en est devenue surtout évidente après les dissensions qui ont éclaté depuis sa mort parmi ses disciples, et il m'a semblé que je me trouvais, vis-à-vis de son Ecole, dans une situation particulière, qui me mettait à même de m'acquitter de ce devoir avec impartialité.

Je ne suis pas, en effet, l'un des disciples de Le Play. Lorsque, en 1872, il me fit demander par un de nos amis communs, le comte de Butenval, de prêter mon concours à son œuvre, mes convictions en matière sociale étaient faites depuis bien longtemps. Les véritables principes sociaux m'avaient été inculqués dès mon enfance dans ma famille, et l'enseignement que j'avais reçu en dehors d'elle n'avait fait que les confirmer. Quand, à l'occasion de la révolution de 1830, je renonçai à la carrière que je m'étais proposé de suivre, je me livrai à l'étude des questions sociales, et cela dans le même but que s'était proposé Le Play, précisément à la même époque : « celui de me rendre capable de combattre l'erreur et d'enseigner la vérité. »

Ainsi, nous avions commencé nos études sociales à la même époque; nous leur avions donné le même but : le bien public ; nous les avions persévéramment continuées; nous n'étions pas très distants par l'âge; il y avait une certaine analogie entre nos caractères, remarque qu'il avait faite lui-même : « En analysant mes « impressions, m'écrivait-il, je trouve que la satis« faction dérivant de nos lettres appartient sur« tout à l'ordre moral. Je dirai plus précisément « encore qu'elle tient à l'identité ou tout au

« moins à la ressemblance de nos caractères. » (Lettre du 3 septembre 1872.) Toutes ces circonstances tendaient à nous rapprocher.

Cependant elles n'auraient pas suffi à me déterminer à m'associer à son œuvre si, après une étude attentive de ses écrits, je n'y avais pas trouvé, malgré certaines réticences préméditées et dont j'aurai à expliquer les causes, les principes essentiels de l'ordre social chrétien. Il y avait sans doute, entre nous, quelques divergences; l'objet de notre longue et active correspondance fut de les faire disparaître, et il a constaté lui-même que ce résultat avait été obtenu: « Nous avons été préparés, m'écrivait-il, « par des études entièrement séparées et par des « existences très distinctes, à une communauté « de vues presque complète. Cela me confirme « de plus en plus que nous devons nous rappro- « cher tant que nous pourrons, pour faire con- « courir cette conformité de vues au salut social. » (Lettre du 31 août 1874.)

A part quelques rares et courts séjours que je fis près de lui, soit à Ligourre, soit à Paris, ce rapprochement ne pouvait avoir lieu, et ne se fit que par correspondance. Mais l'échange de nos lettres devint à la fin si actif, que je fus dans la nécessité de lui faire observer qu'il en résultait pour moi un travail excessif. Il me répondit :

« Mon cher ami, vous avez mille fois raison « dans les critiques que vous adressez à ma « correspondance des deux derniers mois... « J'ai pour unique pensée la réforme sociale en « Europe, entretenue par les nombreux souve- « nirs que m'ont laissés mes voyages. Privé par « l'état de ma santé de tout moyen d'action, je « n'ai guère pour diversion à cette oisiveté for- « cée que la bonté extrême avec laquelle vous « accueillez les idées que mon entourage, faute « de temps disponible, ne peut mettre en pra- « tique. Je me laisse donc aller facilement à vous « les communiquer tant que vous ne les repous- « sez pas. » (Lettre du 12 janvier 1882.)

Malgré la répugnance que j'éprouvais à citer des lettres qui me présentent sous un jour trop favorable, j'ai dû le faire dans l'intérêt de la grande mémoire que je veux honorer. Elles prouvent, en effet, que j'ai été à même de bien connaître Le Play, non seulement par une étude attentive de ses écrits, mais surtout par les commentaires, par les explications intimes qu'il m'en a données dans sa correspondance. Elles prouvent que je l'ai bien compris, et que l'exposé que je vais faire de son *œuvre*, de sa *méthode*, de sa *doctrine*, de ses *écrits*, est tel qu'il aurait pu le faire lui-même, ayant lui-même constaté d'avance que nous nous étions toujours réciproquement bien compris.

Ayant été, je puis le dire, son confident le plus intime pendant les dix dernières années de sa vie terrestre, et jusqu'à son dernier jour, il m'a semblé qu'au moment où va se terminer ma longue existence je manquerais à mon devoir, si je ne laissais pas après moi un témoignage de mon respect et de mon affection pour cette grande mémoire dont on ne se souvient pas assez, faute d'en connaître tout le prix.

Emm. DE CURZON.

Poitiers, 27 mai 1887.

FRÉDÉRIC LE PLAY

SA MÉTHODE
SA DOCTRINE, SON ŒUVRE, SON ESPRIT

D'APRÈS SES ÉCRITS ET SA CORRESPONDANCE

CHAPITRE Ier

LA RÉFORME SOCIALE.

§ 1er. — *La réforme sociale fut la préoccupation constante de Le Play.*

> « Malgré votre amical concours, je n'ai pas réalisé l'œuvre dont j'avais conçu la pensée. »
>
> (LE PLAY, Lettre du 27 octobre 1881.)

C'est ainsi que, cinq mois avant sa mort, alors qu'il n'était plus en état de continuer ses travaux, Le Play constatait mélancoliquement que le succès n'avait pas répondu à ses longs et consciencieux efforts.

Grand exemple de modestie de la part de ce penseur puissant, de cet observateur sagace, de cet éminent savant.

Non, il n'a pas réalisé la réforme sociale, mais il en a démontré la nécessité, et il en a indiqué les bases ; il n'a pas créé la science sociale, mais il en a retrouvé les principes, oubliés ou méconnus ; il n'a pas inventé la méthode d'observation, mais il a tracé des règles sûres pour s'en servir utilement dans les questions qui intéressent l'ordre social.

En voilà assez pour illustrer sa vie et pour lui mériter la reconnaissance de ses contemporains et de la postérité ; car ses écrits fourniront, dans tous les lieux et dans tous les temps, des règles certaines pour le maintien de la paix sociale.

La méthode d'observation appliquée à la recherche du bonheur est aussi vieille que la première société d'hommes. Elle a reçu, selon les lieux et les temps, des formes innombrables. « J'avais aperçu, dès 1829, la forme spéciale adoptée dans cet ouvrage ; et je n'ai pas cessé, pendant un demi-siècle, d'en perfectionner les détails. Toutefois, je ne m'attribue pas le principal des résultats donnés par cette méthode. Je viens de déclarer, dans l'Avant-propos, que mes travaux n'ont ajouté aucune vérité aux principes fondamentaux de la science sociale. » (*Les Ouvriers européens*, t. Ier.)

Le Play constate donc lui-même qu'il n'a pas inventé la méthode d'observation ; qu'il n'a ajouté aucune vérité nouvelle aux principes fondamentaux de la science sociale ; qu'il n'a fait que donner à la méthode ancienne une forme spéciale, forme qu'il n'a pas cessé de perfectionner. La préoccupation constante de perfectionnement de son œuvre est un des caractères les plus saillants de l'esprit de Le Play : s'il se plaignait, à la fin de sa vie, de n'avoir pas réalisé l'œuvre dont il avait conçu la pensée, c'est que, dans sa pensée, il y avait encore des projets de perfectionnement ; il n'avait pas dit, il n'avait pas écrit tout ce qu'il avait l'intention de dire.

« J'ai vu naître en 1827, à l'époque où je quittais l'Ecole polytechnique, les souffrances sociales qui ont pris aujourd'hui un caractère si dangereux ; et, comme mes condisciples les plus éminents, j'ai tout d'abord songé aux moyens d'y porter remède... Dès que l'occasion se présenta, je commençai à demander la science des sociétés à la connaissance des faits sociaux... Je suis arrivé tout naturellement à une précieuse découverte : c'est que, pour guérir les souffrances sociales, il n'y a rien à inventer. Je dus entreprendre de nombreux voyages et me livrer à de longues méditations pour découvrir une vérité aussi simple. »

« Tous les âges du monde social revivent au temps actuel ; et, pour les divers états de simplicité ou de complication, les conditions fondamentales du bonheur n'ont pas plus changé que la nature de l'homme... La question de la réforme, qui préoccupe si justement les contemporains, s'est donc posée à toutes les époques, et l'on peut en trouver la solution dans les faits de notre temps comme dans ceux du passé. »

« Le mot « science sociale » est une nouveauté, et l'on doit peut-être regretter qu'il ait été introduit dans notre langue, car il a pu quelquefois stimuler mal à propos l'esprit d'invention. Mais, si le mot est nouveau, la chose est ancienne ; et, au fond, elle constitue la plus vieille des connaissances. »

Voilà donc la grande œuvre à laquelle Le Play avait consacré sa vie : la réforme sociale. Dès 1827, au moment où il sortait de l'Ecole polytechnique, il avait été frappé et attristé de l'état de souffrance des sociétés modernes, et il se préoccupa de chercher le moyen d'y porter remède. Cette noble pensée de dévouement social ne le quitta plus un seul jour : elle fut comme le dernier lien qu'il eût à briser en quittant cette terre. Il nous écrivait en effet le 12 janvier 1882 :

« J'ai pour unique pensée la réforme sociale en Europe, pensée entretenue par les nombreux souvenirs que m'ont laissés mes voyages. Privé par l'état de ma santé de tout moyen d'action, je n'ai guère pour diversion à cette oisiveté forcée que la bonté extrême avec laquelle vous accueillez les idées que mon entourage, faute de temps disponible, ne met point en pratique. Je me laisse donc aller facilement à la pensée de vous les communiquer tant que vous ne les repousserez pas. »

Nous allons dire comment, pendant 55 ans, il a poursuivi cette œuvre immense ; sur quels principes il en a établi les bases ; quels moyens il a indiqué pour sa réalisation. Si, comme il en gémissait dans ses derniers jours, il ne lui a pas été donné de la voir réalisée, c'est que les efforts d'un seul homme, si éminent soit-il, ne suffisent pas pour une telle tâche ; c'est qu'il n'est pas donné à la sagesse humaine de sauver une société démoralisée, qui ne veut pas concourir elle-même à son salut ; c'est qu'en pareil cas, comme le disait Bolingbroke : « une réformation réelle ne saurait être produite par des moyens ordinaires ; elle en exige de puissants, qui servent à la fois de châtiment et de leçon : c'est par des calamités nationales qu'une corruption nationale doit se guérir. »

§ 2. — *Comment Le Play avait été préparé à son insu à l'étude de la science sociale.*

Le tome premier de la seconde édition des *Ouvriers européens* est, en quelque sorte, l'autobiographie de Le Play. Ce volume doit donc servir de base et de cadre à notre travail ; aussi lui emprunterons-nous presque identiquement les titres de ses divisions. Les premières années de sa vie se passent à la campagne, en Normandie, sur les bords de la basse Seine. Le luxe au milieu duquel il vécut ensuite chez un de ses oncles, à Paris, « ne lui fit jamais oublier le charme de la forêt, des vergers et des rivages du pays natal. » Par contre, « l'école où on l'envoyait, fut pour lui, pendant quatre hivers, un supplice dont le souvenir ne l'a jamais quitté. »

Mais son séjour chez son oncle ne fut pas sans profit pour sa vocation de réformateur. Un des commensaux habituels de la maison, revenu de l'émigration, « se plaisait à démontrer l'influence souveraine exercée par la religion sur le bonheur individuel et la prospérité publique..... Ces enseignements revenaient constamment, dans un langage gai et spirituel, à propos des incidents du jour : ils déposèrent dans mon esprit les premières notions de l'instruction morale et littéraire que ne me donnait pas l'école. » (*Ouv. europ.*, t. Ier, p. 23.)

Son instruction religieuse fut complétée, en 1816, par un prêtre, « dont la cendre repose aujourd'hui dans le tombeau de sa famille. » A cette époque, il était retourné au pays natal. « Je travaillais, dit-il, en toute liberté, près de ma bonne mère, dans une maison rustique, sans l'aide d'aucun précepteur. Nous trouvions, pendant la belle saison, une hospitalité généreuse chez d'admirables familles rurales dont l'habitation, nommée familièrement la maison du Bon Dieu, était le rendez-vous habituel, le lien et l'instrument de paix du voisinage. Je vis bien que les principales conditions du bonheur se rencontraient dans la religion, la paix et la coutume nationale. »

Souvenirs touchants ! Précieuses impressions de son jeune âge ! Impressions fécondes, qui profondément gravées dans son âme, devaient lui inspirer plus tard les importants travaux qu'il nous a légués pour servir de bases à la réforme sociale. C'est à cette première éducation reçue dans la vie rurale, que Le Play dut ce caractère ferme, droit, exempt de préjugés, qu'on admirait en lui. Il eut l'avantage de naître dans « la meilleure patrie de la vertu. »

« Ceux de mes amis qui ont acquis la renommée par leurs talents avaient été élevés dans les agglomérations urbaines et dans les internats scolaires, où s'accumulent en France toutes les formes de l'erreur ; et ils y avaient puisé les idées préconçues dont j'ai signalé la funeste influence. La dure contrainte exercée dans ces écoles par les maîtres, et surtout par les camarades, avait affaibli en eux cette force de caractère qui permet à une âme droite de résister à la pression d'une erreur dominante..... En reportant mes souvenirs vers mon éducation première, je crois remarquer que mon caractère a été moins déformé par ce genre de contraintes, sous le poids des préjugés contemporains. L'isolement rural, l'externat scolaire et les enseignements de plusieurs sages m'ont permis d'aborder, avec un esprit plus libre, l'étude des phénomènes sociaux. Je romps, pour deux motifs, le silence que j'ai gardé à ce sujet jusqu'à ce jour. En premier lieu, j'offre au lecteur une garantie d'impartialité, en montrant comment, éclairé de bonne heure sur les questions soulevées aujourd'hui touchant la religion et la politique, j'ai pu observer et conclure sans céder à des sentiments exclusifs. En second lieu, fondé sur ma propre expérience, j'espère que mon récit appellera l'attention publique sur l'utilité des réformes qui soustrairont la jeunesse française à l'uniformité et à l'oppression des enseignements scolaires. » (*Ouv. europ.*, t. Ier, p. 16.)

Le moment était venu pour Le Play de choisir un état (1823); il se décida pour l'Ecole polytechnique. Il y fut préparé par un ancien ami de sa famille, M. Dan de la Vauterie, alors ingénieur en chef à Saint-Lô, qui le garda près de lui et le traita comme un fils.

« Il disposa notre vie journalière de telle sorte, dit Le Play, qu'après l'avoir secondé dans le service qui lui était confié, je puisse consacrer cinq heures aux lettres et aux sciences ayant pour objet l'étude des sociétés. Nous vivions solitaires à Saint-Lô, dans une maison contiguë à un vaste jardin. Le travail professionnel commençait à quatre heures du matin au bureau, et finissait à deux heures. Les études littéraires, sociales et scientifiques avaient lieu de quatre à neuf heures du soir, dans la bibliothèque qui était le salon commun de nos deux chambres. »

Ces habitudes d'un travail matinal et persévérant, Le Play les a conservées jusqu'aux derniers jours de sa vie. Sauf une promenade qu'il faisait au Luxembourg, au milieu du jour, pendant une heure environ, tout son temps était consacré au travail, ou à des conversations qui avaient pour sujet la science sociale.

Les excursions qu'il fit avec M. de la Vauterie étaient, elles-mêmes, mises à profit pour la science. « Nos voyages dans le Cotentin et la Vendée nous exerçaient à observer chez les contemporains les vices et les vertus des temps passés. Nous nous plaisions à découvrir les espérances de paix sociale que semblaient garantir, après tant de discordes, la disposition des esprits, et surtout la prospérité matérielle rétablie depuis 1815.

« J'admirai le magnifique spectacle qu'offrit à cette époque la Vendée, lorsque l'auguste fille de l'infortuné Louis XVI traversa ce pays. Habitué, à Paris et en Normandie, aux contradictions, mêlées de calme ou d'indifférence, que faisait naître le principe du gouvernement, je me sentis transporté dans un monde nouveau. En voyant le témoignage du sentiment énergique des familles du Marais et du Bocage, je compris pour la première fois la puissance que donne à une race d'hommes la communauté du dévouement à la religion et à la souveraineté. Sous cette impression toute nouvelle, j'improvisai un projet de rapport que je proposai au maître pour qu'il l'adressât, en son nom, au Directeur général. Ce projet comprenait implicitement la critique du scepticisme religieux et politique, qui m'avait tant affligé. Le maître adopta avec bonté cette propositien ; mais, en corrigeant dans mon texte des expressions trop enthousiastes, il m'apprit à garder plus de mesure, et me donna sous ce rapport la meilleure leçon de prudence que j'eusse encore reçue. Cet épisode provoqua des lectures et surtout des entretiens qui laissèrent une utile empreinte sur mon éducation, et me préservèrent des exagérations contraires, propres aux écoles où j'allais entrer. » (*Ouv. europ.*, t. Ier, p. 30.)

Le souvenir de son séjour en Vendée lui était toujours resté présent à l'esprit. Il écrivait à ce sujet le 10 janvier 1878 :

« J'ai vécu six mois en Vendée en 1823. J'étais secrétaire d'un ingénieur en chef, M. Dan de la

Vauterie, ami de ma famille. C'était précisément à l'époque où la duchesse d'Angoulême vint séjourner à Bourbon-Vendée, à l'hôtel du préfet, M. de Curzay. Je remplis près de la princesse la fonction de secrétaire confidentiel, et auprès du préfet, notre ami, celle de commissaire du grand bal donné aux familles du Bocage. C'est là que je vis l'un des traits de mœurs indiqués pour le Morvan. Les marquises arrivaient au bal à cheval, à califourchon, les jambes dans deux paniers, couvertes d'une ample couverture qui recevait les éclaboussures de la rivière de boue qui remplissait les chemins creux... J'ai revu depuis le Bocage vendéen, et j'ai constaté *de visu* que les voies de communication perfectionnées qui enrichissent le propriétaire rural, ont souvent ruiné, même en Vendée, le respect des meilleures traditions. »

Le Play constate qu'à cette époque de sa vie, les convictions qui lui avaient été inculquées par ses premiers maîtres comprenaient en germe des vérités qu'il n'aurait pas su alors exprimer nettement, mais qu'il croit pouvoir résumer ainsi : « A l'époque d'erreur et de discorde que nous traversons, le devoir de toute âme droite et honnête est de savoir comment on doit penser et agir touchant la religion et la souveraineté. » Il ajoute qu'il se sentait « froissé dans le patriotisme inculqué à son enfance par la destruction de la coutume, poursuivie, depuis 1789, par l'association des lettrés, des violents et des hommes de proie ». (*Ouv. europ.*, t. Ier, p. 31.) Il y a loin de là au prétendu indifférentisme en matière religieuse et politique, qu'on a injustement reproché à Le Play. Nous dirons plus loin pourquoi il s'est abstenu d'aborder directement ces matières : il nous suffit de constater ici qu'il considérait comme un devoir de se faire des convictions raisonnées sur ces deux principes fondamentaux.

« Dès mon entrée dans la vie active, dit-il, je compris que mes concitoyens ignoraient presque tous une science plus indispensable que les sciences physiques : celle qui apprend aux individus et aux peuples à vivre entre eux dans l'état de paix et de stabilité. Plusieurs de mes condisciples éminents, dont l'esprit avait été façonné par les axiomes des sciences exactes et par l'enseignement des faits méthodiquement observés, employèrent leurs talents, dans un moment d'aberration, à propager les idées préconçues les plus étranges. Après des discussions sans fin engagées avec mes amis, je reconnus que j'étais également incapable, soit de les convaincre d'erreur, soit de leur enseigner la vérité. Je compris alors le devoir imposé à notre patriotisme par cet état d'impuissance. »

Le Play n'a donc pas pris le doute pour point de départ de ses études sur la science sociale ; il avait dès lors des convictions acquises. Son point de départ a été la constatation de ce fait, qu'après *des discussions sans fin,* il s'est reconnu dans l'impuissance de convaincre *ses amis d'erreur et de leur enseigner la vérité,* tant parce qu'il ne possédait pas lui-même assez de science, que parce que leur esprit avait été façonné par les axiomes des sciences exactes et par l'enseignement des faits méthodiquement observés. C'est donc pour les esprits façonnés de cette sorte qu'il a imaginé sa méthode d'observation, voyant qu'ils étaient rebelles à toute autre méthode d'enseignement.

Ainsi l'ont pensé, dans tous les temps, tous les sages. Solon voulait que l'on notât d'infamie ceux qui ne prenaient pas un parti dans les dissensions civiles. Guizot a justement remarqué, de nos jours, que c'est la faiblesse des convictions qui fait la faiblesse des conduites. « Découvrir la vérité, dit-il, la réaliser au dehors, dans les faits extérieurs, au profit de la société ; la faire tourner, au dedans de nous, en croyances capables de nous inspirer le désintéressement et l'énergie morale, qui sont la force et la dignité de l'homme dans ce monde : voilà notre triple tâche, voilà où notre travail doit aboutir. » (*Hist. de la civilisation en France*, première leçon, p. 27.)

Tel fut Le Play ; telle est l'œuvre qu'il a su accomplir en lui-même, et hors de lui, au profit de la société. Entré dans la vie active « avec le bagage modeste de sagesse » qui lui avait été fourni par l'éducation, il a dépensé un demi-siècle à contrôler, par l'observation des faits et par l'étude, les convictions provisionnelles acceptées de confiance, bien résolu à les abandonner, si elles ne supportaient pas cette épreuve ; mais résolu en même temps à s'y tenir, tant qu'il n'aurait pas été conduit à d'autres convictions fondées en raison avec une certitude évidente. Son seul parti pris fut de n'en prendre aucun qu'à bon escient.

Ce fut dans ces dispositions d'esprit qu'il arriva à Paris, en 1824, pour y suivre successivement l'enseignement du collège Saint-Louis, de l'Ecole polytechnique et de l'Ecole des mines. Aussi sut-il se préserver des entraînements et des passions politiques qui égaraient la jeunesse de cette époque. « Par goût et par devoir, dit-il, j'évitai la compagnie des camarades animés des aspirations d'où sortit la révolution de 1830. Je ne me laissai pas même éblouir par les leçons du Collège de France, où des professeurs éloquents discréditaient les coutumes nationales et signalaient le développement de l'esprit humain comme le but suprême de la civilisation. » (P. 33.)

Il eut à l'Ecole polytechnique deux amis de prédilection, qui demeurèrent comme lui étrangers aux égarements de l'époque, et qui lui restèrent fidèles jusqu'à la fin : M. Robert, qui, après avoir été ingénieur des constructions navales, est mort chanoine de la cathédrale de Rouen, et M. Gratry, mort prêtre éminent de l'Oratoire.

Au printemps de 1830, une explosion qui survint au laboratoire de l'Ecole des mines, mit sa vie en danger, et le priva pendant dix-huit mois de l'usage de ses deux mains. « Ce dur apprentissage de la douleur, complété par une méditation forcée, m'apparaît aujourd'hui comme un des événements décisifs de ma carrière : ce fut alors, en effet, que je pris la résolution de remédier autant que possible aux fléaux déchaînés dans mon pays. Je fis vœu de consacrer, chaque année, six mois de voyages à mes études de métallurgie menées de front avec celles des familles et des sociétés. Je fus fidèle à cette résolution. » (*Ouv. europ.*, t. Ier, p. 41.)

Voilà donc comment Le Play fut préparé, à son insu, dit-il, à l'étude de la science sociale. A son point de départ, nous trouvons chez lui les convictions suivantes :

« Les principales conditions du bonheur se rencontrent dans la religion, la paix et la coutume nationale. » — « Le devoir de toute âme droite et honnête est de savoir comment on doit penser et agir touchant la religion et la souveraineté. » — « La communauté du dévouement à la religion et à la souveraineté donne à une race d'hommes une grande puissance. » — « Il y a danger pour la France à s'écarter du principe absolu d'hérédité réglé par la coutume. » (*Ouv. europ.*, t. Ier, p. 46.)

« La cause de notre impuissance dérive des faux dogmes de 1789, qui, sauf de rares exceptions individuelles, ont pénétré, de haut en bas, jusque dans les classes inférieures de la hiérarchie sociale. Ils ont mis la nation française en dehors des vérités traditionnelles qui conservent la paix et la stabilité chez les races prospères de notre temps. » (P. 47.)

Ces convictions, qu'il n'aurait pas su alors exprimer nettement, dit-il, nous les lui entendrons affirmer, à la fin de sa vie, avec la netteté et l'autorité que donnent à sa parole cinquante années consacrées aux voyages, à la méditation, à l'étude, à tous les genres d'information.

CHAPITRE II

LA MÉTHODE D'OBSERVATION.

§ 1er. — *Comment Le Play entendait la méthode d'observation.*

L'observation des faits sociaux est très incontestablement le moyen indispensable pour juger de l'état *sanitaire* des sociétés, si l'on peut ainsi dire, et, par conséquent, pour les maintenir à l'état prospère, ou pour les y ramener quand elles en sont déchues. De tout temps les gouvernements se sont livrés à des enquêtes, soit pour redresser les abus, soit pour provoquer des progrès. On en trouve des exemples remarquables dans l'histoire du plus ancien des peuples contemporains, le peuple Chinois.

On lit dans le sage Meng-Tsen que le roi de Thsi lui ayant demandé comment il devait agir pour imiter les anciens rois dans leurs visites de l'empire Yun-Tsen, lui répondit : « Quand le fils du Ciel se rendait chez les grands vassaux, on nommait ces visites, *visites d'enquêtes* ; faire ces visites d'enquêtes, c'est *inspecter* ce qui a été *donné à conserver*. Quand les grands vassaux allaient faire leur cour au fils du Ciel, on appelait ces visites *comptes rendus*. Par *comptes rendus* on *entendait rendre compte* de tous les actes de son administration. Aucune de ces visites n'était sans motif... Un proverbe de la dynastie Hia disait : « Si notre roi ne visite pas le royaume, comment recevrons-nous ses bienfaits ? » (*Les quatre livres de philosophie morale et politique de la Chine*, traduction de G. Pauthier, page 268.)

L'empereur Wen-Ti (165 ans avant J.-C.) fit publier une déclaration dans laquelle on lit : « Voici à quoi peut se réduire ce qu'il y a à examiner : 1° mes fautes journalières et mes défauts personnels ; 2° les défauts du gouvernement présent ; 3° les injustices des magistrats ; 4° les besoins du peuple. Expliquez-vous sur tous ces points dans un mémoire fait exprès : je le lirai, et je verrai, en le lisant, si votre zèle à m'aider de vos lumières va jusqu'où il doit aller. Je jugerai que ce zèle est véritable, si au commencement, dans toute la suite et jusqu'à la fin de votre mémoire, vous parlez avec liberté, sans épargner ma personne. Prenez-y garde, grands officiers, il ne s'agit pas d'une bagatelle.

C'est une chose très sérieuse. Donnez toute l'attention possible à vous acquitter comme il faut de ce que je vous recommande. » (*Description de la Chine*, par G. Pauthier, p 240.)

Dans les temps primitifs de l'empire, deux tableaux étaient placés dans la cour du palais. Tous les citoyens étaient invités à écrire sur l'un les améliorations qu'ils jugeaient utiles, et sur l'autre la critique des actes du gouvernement.

Le Play n'a donc pas inventé la pratique de l'observation des faits en matière de science sociale, la pratique des enquêtes ; mais, le premier, il a su tracer des règles judicieuses et sûres pour rendre cette observation méthodique. C'est l'ensemble de ces règles qu'il a nommé méthode d'observation. « La méthode employée dans cet ouvrage, dit-il, n'a point été inventée de toutes pièces. Elle s'est imposée peu à peu à l'auteur, à mesure qu'il acquérait, par l'observation même, la connaissance des faits matériels et moraux qui président à l'organisation des sociétés. Ces faits sont répartis dans les cinquante-sept monographies qui font la matière principale des *Ouvriers européens*. J'ai présenté dans quatre chapitres le résumé sommaire des notions relatives aux lieux, aux hommes, aux subsistances et aux sociétés. Ces grands phénomènes de la nature et de la vie sociale, observés sans idées préconçues, interprétés sans parti pris, ont été pour moi les vraies origines de la méthode. » (P. 49.)

Des critiques, qui n'ont qu'une connaissance très superficielle des écrits de Le Play, se sont imaginés que sa méthode d'observation était opposée à l'enseignement doctrinal traditionnel, et destinée à le supplanter. Rien n'est plus faux : il donne lui-même sa méthode comme un expédient transitoire, et simplement comme un procédé nouveau de démonstration destiné à venir en aide à l'enseignement *à priori*. Personne n'a respecté plus que lui l'enseignement traditionnel ; c'est parce que cet enseignement n'était plus écouté, qu'il a voulu essayer de démontrer, par un procédé nouveau, des vérités qu'il savait éternelles.

Dans une lettre du 22 novembre 1881, il annonçait l'intention d'écrire une nouvelle étude sous ce titre : « La Science sociale et la religion ; diversité des méthodes, similitude des conclusions. » « L'enseignement traditionnel, dit-il, a été adopté par toutes les grandes races de l'histoire, il a donné la prospérité aux races qui l'ont respecté. Celles qui l'ont méconnu ou qui l'ont oublié, sont aussitôt tombées dans la souffrance ; à toutes les époques, on a pu constater l'excellence de l'enseignement traditionnel en interrogeant l'histoire du passé, en comparant les peuples, ou prospères, ou souffrants, et, plus simplement, en consultant les sages de tous les pays. » (*Ouv. europ.*, t. Ier, p. 76.)

Mais Le Play constate, et malheureusement avec trop de raison, que cet enseignement a perdu son empire sur un trop grand nombre d'esprits, et « qu'il s'élève ainsi, peu à peu, une barrière presque infranchissable entre la tradition, qui procurait la paix à nos ancêtres, et la nouveauté, qui développe aujourd'hui la discorde parmi nous...... Les égarés, sur lesquels les vérités traditionnelles n'ont plus d'influence, y sont ramenés par les faits que révèle la méthode d'observation. On voit, par exemple, beaucoup d hommes rester indifférents, de nos jours, aux arguments de la théologie relatifs à l'existence de Dieu. Leur attention s'éveille, au contraire, s'ils sont mis en mesure de constater, par eux-mêmes, que le bien-être temporel s'augmente dans la même proportion que l'énergie des croyances en Dieu et en sa loi. Il ne faut pas d'ailleurs se méprendre sur le rôle assigné ici à la méthode d'observation. Elle ne constitue pas une invention, puisqu'elle a été mise à profit par les sages de tous les temps. Elle ne remplace point l'enseignement traditionnel, car celui-ci reprend son ascendant légitime dans les lieux où les maîtres se réforment et où les peuples reviennent à leur quiétude. L'application qui en est faite dans cet ouvrage est un simple remède opposé à la maladie dangereuse des races qui se compliquent sans se perfectionner. » (*Ouv. europ.*, t. Ier, p. 78.)

C'est ainsi que Le Play avait répondu d'avance au reproche de naturalisme que lui faisaient certains catholiques qui l'avaient mal lu et qui ne l'avaient pas compris ; il n'est pas, d'ailleurs, le premier qui ait eu recours aux sciences purement naturelles pour élever les esprits les plus rebelles jusqu'aux vérités de l'ordre surnaturel.

Dès le XIIIe siècle, Albert le Grand avait compris de quelle importance était l'étude de la nature pour la démonstration des principes théologiques. « Embrassant, dit Blainville, l'universalité des sciences humaines et des sciences sacrées, il a la gloire d'en avoir tracé le plus vaste tableau, en les envisageant au point de vue chrétien, en embrassant la nature, l'homme et Dieu. » Aussi fut-il honoré du titre de docteur universel. Outre la théologie, il avait étudié, en effet, les sciences naturelles qui semblent lui être le plus étrangères: la zoologie, la psychologie, l'orthologie, la myologie, la phrénologie. Il trouvait, dans toutes ces connaissances purement humaines, autant de démonstrations scientifiques de la vérité des dogmes catholiques.

Les libres penseurs croient souvent avoir trouvé dans certaines sciences physiques des arguments irréfutables contre le catholicisme, et souvent aussi ces arguments captieux étonnent et embarrassent le commun des catholiques, étrangers aux sciences et insuffisamment instruits des fondements de leur foi. C'est ainsi que la science impie croit avoir trouvé dans la phrénologie un argument invincible contre le dogme de la responsabilité morale de l'homme. Cette science, dit-on, prouve l'existence d'instincts innés dans l'homme; donc il n'est pas responsable de ses actes. A cela on répond sans plus de raison : « la science phrénologique n'existe pas ». Albert le Grand n'était pas aussi affirmatif: il pensait qu'il y avait là les éléments d'une science, puisqu'il l'avait étudiée.

La vérité est que cette science est restée jusqu'ici dans l'enfance, et qu'on n'en peut rien conclure avec certitude. Mais quand on aura prouvé l'existence native des mauvais instincts, on n'aura prouvé rien de plus que ce que l'Eglise enseigne par le dogme du péché originel. Elle enseigne que, depuis la chute du premier des hommes, ses descendants naissent avec des penchants dépravés. La phrénologie confirme donc sur ce point l'enseignement catholique, puisqu'elle nous montre les signes de cette dépravation originelle inscrits sur le crâne de l'homme.

Mais l'Eglise enseigne en même temps que Dieu a mis à la portée de l'homme les moyens de réparer cette dégradation et de vaincre ces mauvais penchants. Il dépend de sa libre volonté de profiter de ce secours surnaturel pour vaincre ses inclinations dépravées et pour s'élever aux plus hautes vertus : donc il est responsable. Cette possibilité de vaincre les plus mauvais instincts innés est un fait constaté par l'expérience dans tous les siècles. Aristote en donne un exemple digne d'être cité : — Un élève d'Hippocrate avait soumis le portrait de son maître à l'examen de Philémon, habile physionomiste de l'époque. Celui-ci, après l'avoir examiné attentivement, affirma que c'était le portrait d'un homme né avec le *penchant* à *la luxure*, à *la mauvaise foi* et aux plus *perverses inclinations*. L'élève, indigné, rapporta ce jugement à Hippocrate, qui avoua que Philémon ne *s'était pas trompé,* mais qu'il devait à son amour pour l'étude et la philosophie d'avoir surmonté ses *déplorables penchants*.

En entreprenant sa grande œuvre pour la réforme sociale, Le Play n'a jamais eu la pensée de créer un système, d'imaginer une doctrine nouvelle ; il n'eut pas d'autre but que « de ramener, par un procédé nouveau de démonstration, la société aux éternels principes. » (Lettre du 10 août 1879.)

« Les sceptiques et les violents retombent chez nous à l'état sauvage, écrivait-il : pour les ramener à la loi de Dieu, il peut être utile au clergé contemporain d'employer les procédés d'apostolat que saint François Xavier conseillait au P. Gaspard Barzée d'appliquer dans la mission d'Ormuz. Je me tiens au-dessous de l'affirmation de ce grand homme, qui disait : que pour des races dégradées la science sociale est plus efficace que la théologie... On ne peut guider notre race dévoyée qu'en s'abaissant, selon le sens de la parole de Notre-Seigneur Jésus-Christ. »

« Ma petite force vient de ce que je comprends la haute vérité de cette parole et trouve mon bonheur à la pratiquer. Je trouve partout des hommes animés de ce même esprit. Il y en a beaucoup plus qu'il n'en faudrait pour nous sauver. Malheureusement ils sont étouffés par l'ahurissement général ; ils s'ignorent eux-mêmes et n'ont point la pensée d'appliquer la vertu divine qui ferait notre salut et satisferait leur cœur... Comme tout cela est pâle et insuffisant en comparaison de ce que je voudrais vous dire !... Dieu ne l'a pas voulu. Mais aussi, il a été clément en me rapprochant de vous. » (Lettre du 15 novembre 1872.) — « Dans notre malheureux temps, on est mieux écouté quand on parle au nom des intérêts matériels que quand on parle au nom de Dieu. » (Lettre du 12 décembre 1872.)

Il est donc évident que, bien loin d'avoir eu la pensée de supplanter ou de décrier l'enseignement doctrinal traditionnel, Le Play n'a considéré la méthode d'observation qu'il a imaginée que comme un moyen de lui venir en aide. Un publiciste protestant, Urquhart, a dit, non sans raison, que « l'homme moderne est dépourvu d'intégrité et de jugement ». Le Play a cherché des moyens de démonstration qui fussent à la portée de ceux dont l'intelligence a été abaissée, et qui ont perdu la notion du surnaturel, en s'enfouissant, pour ainsi dire, dans la matière. Il a trouvé ces moyens de conviction en descendant avec eux dans l'ordre matériel, et en induisant des faits, observés avec bonne foi, les principes d'ordre surnaturel qui sont la loi de l'humanité.

« Je dois aux enseignements de ma bonne mère, dit-il, et de cinq maîtres, qui ont successivement façonné mon caractère, les sentiments qui m'ont soutenu au milieu de mes rudes travaux, à savoir : le respect de Dieu, la frugalité de l'existence, l'amour du travail, le dévouement au bien. J'ai cherché le vrai dans l'observation méthodique des faits sociaux, c'est-à-dire dans les vestiges de l'histoire et dans les bonnes pratiques des peuples contemporains. J'ai induit des faits les principes de la science, en prenant uniquement pour guide la raison gouvernée par la logique, et surtout en me préoccupant d'échapper aux idées préconçues. » (*Ouv. europ.*, t. Ier, p. 690) — « En analysant les faits dit-il ailleurs, la science sociale ramène toujours les vrais observateurs aux principes de la loi divine. » (*Ouv. europ.*, t. Ier, p. 437).

§ 2. — *La méthode des monographies de familles ouvrières.*

Le Play avait remarqué tout d'abord que l'organisation matérielle et morale de la population ouvrière et la nature de ses travaux forment un des traits caractéristiques de la constitution des sociétés.

« Chez les races les plus simples... pour connaître la constitution sociale, il suffit d'observer les moyens et le mode d'existence de la famille ouvrière. Par la nature même des choses, l'ouvrier est l'objet habituel de la méthode. Chez les races parvenues au plus haut degré de complication, les ouvriers forment encore l'immense majorité des producteurs et des consommateurs... On peut encore acquérir une connaissance précise de la constitution sociale en se bornant à étudier la population... chargée des travaux manuels. Toutefois il faut alors que la méthode indique, avec tous les détails nécessaires, les rapports qui unissent l'ouvrier avec le maître, et, s'il y a lieu, avec le médecin, l'instituteur, le prêtre, le personnel de la justice et de la force armée, les officiers publics de toute sorte et les autres professions libérales. » (Pages 208 et suiv.)

« Le besoin de paix et de stabilité existe pour les races compliquées comme pc .r les races simples, et il y est satisfait par les mêmes moyens. Chez les unes comme chez les autres, la société se compose, non d'individus isolés et indépendants, mais de familles. Le problème de la paix a toujours le même objet : empêcher les individus de céder aux tendances qui les portent à répandre autour d'eux le désordre. Il est résolu en grande partie pour le corps social, s'il l'est pour la famille ; et la solution est la même pour chacune de ces unités sociales, quelle que soit la simplicité ou la complication de l'ensemble. Le problème social ne varie pas, mais les solutions ne sont point uniformes. » (*Ouv. europ.*, t. Ier, p. 212.)

« L'existence des ouvriers est parfois compliquée dans ses détails, mais elle se résume toujours en deux traits principaux. Ils travaillent sans relâche à réunir les ressources nécessaires à leur subsistance ; sans cesse également, ils se préoccupent d'établir l'équilibre entre la conquête de ces ressources et la satisfaction de leurs besoins. Cette corrélation intime et journalière entre les deux éléments de l'existence ne se retrouve guère chez les familles adonnées aux professions libérales ;

elle fait souvent défaut chez celles qui ont atteint les plus hauts degrés de la richesse ; et, à ce niveau des sociétés, elle manque généralement dans les mauvaises constitutions sociales.

« Les riches, en effet, peuvent rester personnellement étrangers à la conquête des moyens de subsistance. Ils habitent souvent loin des localités où se trouvent les sources de leur fortune. Enfin, lors même qu'ils y résident, il leur est loisible de rester inactifs et de se créer une vie factice en consommant des produits tirés des autres régions du globe. La description d'une famille établie sur de telles bases apporterait à la science sociale peu de matériaux utiles. Elle fournirait peu d'enseignements sur l'existence des autres familles de la même classe. Enfin, elle pourrait suggérer des impressions fausses sur la constitution sociale des pays que ces familles habitent.

« Sauf de rares exceptions, les ouvriers sont dans la situation opposée. Ils sont fixés sur les lieux où ils travaillent. Ils ne peuvent se dispenser de prendre part à l'activité locale. Ils doivent se contenter des moyens de subsistance les plus économiques, et en conséquence, se procurer sur place les matières qu'ils ne produisent pas eux-mêmes. Enfin, les ouvriers, qui forment la partie la plus nombreuse de la population, sont, par cette raison, les principaux consommateurs des produits du sol. Il en résulte que la description d'une famille ouvrière fait connaître la plupart des autres familles et mentionne tous les éléments essentiels à la constitution de la société. » (*Ouv. europ.*, t. Ier, p. 236.)

— C'est ainsi que Le Play justifie le choix très judicieux qu'il a fait des familles ouvrières, pour servir de base à l'étude des faits sociaux.

Nous avons eu souvent l'occasion de constater que la partie de son grand ouvrage sur les ouvriers européens n'est pas comprise. On s'imagine trop généralement qu'il ne s'agit là que de documents statistiques dont la lecture présente peu d'attrait, et qui n'intéressent que les classes ouvrières et ceux qui se préoccupent de chercher un remède à leur démoralisation et à leurs souffrances. Il n'en est pas ainsi.

Le Play a choisi les familles ouvrières pour sujet de ses observations, non seulement parce qu'elles sont partout les plus nombreuses, mais parce qu'elles constituent partout le fond, la base même des nations, et qu'elles en sont l'organe essentiel et vital. Constater l'état de la famille ouvrière, c'est ausculter la poitrine et les reins de la société, c'est mettre le doigt sur son pouls.

Les couches inférieures des sociétés sont toujours celles qui conservent le mieux les traditions et qui résistent le plus longtemps aux nouveautés. Elles sont naturellement et forcément sédentaires. Leur genre de vie est uniforme. Instinctivement, elles sont conservatrices des mœurs locales. Aussi, Montalembert a-t-il pu dire avec raison : « Tant que l'esprit révolutionnaire n'a pas envahi les classes agricoles d'un pays, ses victoires sont éphémères et n'ont pas de racines. »

Il n'en est pas ainsi des classes riches et lettrées, de celles qui se livrent aux professions libérales ; ce sont, aujourd'hui, les moins stables, physiquement et moralement. Le désir impatient du mieux-être leur fait abandonner les traditions des ancêtres et les livre à l'engouement des nouveautés. Le dégoût de la vie sérieuse, l'amour des plaisirs et du luxe, l'ambition des gains faciles et rapides, les poussent à mobiliser leur fortune, et la facilité des moyens de communication aidant, les familles des classes aisées, devenues cosmopolites, vont chercher partout des jouissances et ne sont, en réalité, établies nulle part. Ce sont les nomades de la civilisation moderne : elles échappent à toute observation sérieuse, par cet état perpétuel de vagabondage.

Le Play constate que c'est par l'abus de la richesse, de la science et du pouvoir que les sociétés se désorganisent : « Quand l'oubli de la loi morale, dit-il, détruit les sentiments d'honneur et de devoir, le riche subit, l'un des premiers, les effets de cette déchéance. Il est tout d'abord porté à se soustraire aux lourds devoirs que la tradition lui impose, pour descendre, par degrés insensibles, au luxe, aux plaisirs égoïstes, aux satisfactions sensuelles, et enfin à l'existence dépravée que sa fortune peut lui procurer. Il abandonne sa résidence rurale, pour satisfaire ses inclinations coupables dans les villes et les lieux de plaisir. Les riches échappent ainsi, de proche en proche, à l'accomplissement des devoirs locaux qui étaient, pour leurs pères, essentiellement professionnels. De là résultent des souffrances physiques et morales d'autant plus dangereuses qu'elles sont d'abord masquées, dans les apparences, par la continuation de l'ancien état de paix et de stabilité... La corruption et la souffrance deviennent générales. De bas en haut se développent des sentiments de haine et de mépris contre les autorités qui sont la cause première de ces maux. Parvenues à ce point, les populations agglomérées sont moins une force qu'un danger : elles perdent l'esprit d'obéissance qui est, en quelque sorte, l'élément matériel de la paix sociale. Cependant, tout en méprisant leurs supérieurs, elles imitent leurs vices. Elles donnent à la corruption des mœurs un caractère moins raffiné et plus dégradant. Sous ces influences, qui apparaissent souvent dans les monographies du présent volume, le corps social marche vers une désorganisation rapide. » (*Ouv. europ.*, t. VI., pages XI et XII.)

Telle est la marche de la corruption sociale ; elle commence toujours par en haut. C'est un fait qu'on a constaté dans tous les temps : « Les grands qui ont des vices, disait Cicéron, sont d'autant plus funestes à la république, que non seulement eux-mêmes ont contracté ces vices, non seulement ils nuisent parce qu'ils sont corrompus, mais parce qu'ils corrompent ; et leur exemple fait plus de mal que leur faute... Un petit, un très petit nombre de citoyens, environnés d'honneurs et de notoriété, suffit, et pour corrompre et pour corriger les mœurs d'un Etat. » (*De legibus*, lib. III, c. XIV.)

A ces hommes de bien, qui remplissent dans la société un rôle conservateur ou réparateur, Le Play donne le nom d' « autorités sociales ». Il n'est pas nécessaire qu'ils soient « environnés d'honneurs et de notoriété », comme le dit Cicéron, il suffit que, par leurs vertus et leur dévouement, ils aient acquis l'estime de leurs voisins. « Souvent, dit Le Play, l'œuvre de paix, exercée par un simple artisan, s'étend plus loin que celle des grands propriétaires sur leurs serviteurs et leurs tenanciers. L'influence utile de ces hommes inspirés par un sens droit et par l'amour désintéressé du bien, se manifeste particulièrement quand elle s'emploie à porter des jugements gratuits et sans appel sur les procès qui, sans le concours de ces juges, désoleraient le voisinage. Ces hommes de toute condition ont produit sur ma pensée une heureuse influence. Ils ont rectifié les erreurs qu'avaient jetées dans mon esprit, malgré l'enseignement de mes premiers maîtres, les idées, les mœurs et les institutions de mon pays. J'appris auprès d'eux à distinguer le vrai d'avec le faux sur une foule de matières qui jusqu'alors m'avaient laissé dans le doute, et je compris enfin qu'ils étaient les vrais maîtres de la science sociale. » (*Ouv. europ.*, t. Ier, p. 388.)

Il cite à ce propos l'opinion émise par Platon dans son XIIe livre des Lois: « Il se trouve toujours, parmi la foule, des hommes divins, peu nombreux, à la vérité, dont le commerce est d'un prix inestimable, qui ne naissent pas plutôt dans les Etats policés que dans les autres. Les citoyens qui vivent sous un bon gouvernement doivent aller à la suite de ces hommes qui se sont préservés de la corruption, et les chercher par terre et par mer en partie pour affermir ce qu'il y a de sage dans les lois de leur pays, en partie pour rectifier ce qui s'y trouve de défectueux. »

Confucius avait constaté aussi l'influence féconde exercée par l'autorité morale des hommes de bien. « Il y a un peuple qui est le peuple du ciel ; ce sont les hommes sans emplois publics, qui donnent à la raison céleste qui est en eux tous les développements qu'elle comporte..... Il y a des hommes d'une vertu accomplie, qui, par la rectitude qu'ils impriment à toutes leurs actions, rendent tout ce qui les approche juste et droit. » (Le IIe livre de la *Philosophie des Chinois*, p. 481.)

C'est donc en étudiant la situation matérielle et morale des familles ouvrières que l'on peut se rendre un compte exact de l'état matériel et moral de la société dont elles sont la base ; car toutes les erreurs des gouvernements et tous les vices des classes dirigeantes aboutissent inévitablement à la souffrance des classes ouvrières. C'est à l'aide du même critérium que l'on peut juger les modifications politiques ou économiques qui surviennent dans l'Etat. Tout changement politique ou économique qui n'aboutit pas à l'amélioration de la condition matérielle et morale de la classe ouvrière, est, par cela seul, condamné, inefficace ou coupable. Aussi Le Play insiste-t-il beaucoup pour que, parmi les détails nombreux et minutieux qui figurent dans le cadre qu'il a tracé pour la rédaction des monographies, on s'attache avec un soin particulier à ceux qui concernent l'état moral de la famille ouvrière.

« Des investigations encore plus délicates, dit-il, sont celles qui se rapportent à la vie intellectuelle et morale, à la religion, à l'éducation, aux récréations, aux sentiments de parenté et d'amitié, aux rapports avec les patrons, les associés, les domestiques et les apprentis, enfin aux particularités concernant l'histoire de la famille... toutes celles, en un mot, qui se rattachent aux combinaisons ayant pour but de pourvoir aux besoins de l'âme, de développer l'intelligence, de faire diversion aux fatigues du travail et de conserver le corps en santé... Les ouvriers d'élite ont conquis, pour la plupart, la position qu'ils occupent, en subordonnant leurs actions et leurs pensées à une préoccupation ardente pour leur gain et pour l'épargne. Si cette préoccupation, lorsqu'elle a produit ses fruits, n'est pas tempérée par un nouvel ordre de sentiments moraux, l'ouvrier n'aura échappé aux instincts grossiers qui dégradent les classes inférieures que pour tomber dans des vices plus odieux : l'égoïsme et l'avarice...

« Ces considérations suffisent pour faire entrevoir le rôle que la religion, considérée dans ses rapports avec l'économie des sociétés, exerce sur l'émancipation des classes ouvrières. Elle comprime les instincts grossiers chez les types inférieurs, en favorisant le développement de la prévoyance. Elle exerce sur les types plus distingués une influence encore plus féconde : elle leur communique, en effet, une ressource qu'ils ne trouveraient point en eux-mêmes, et elle leur assure les forces morales nécessaires pour résister à l'exagération de cette vertu. Les sentiments religieux forment le contrepoids naturel des habitudes qu'engendre une préoccupation continuelle pour le gain et l'épargne. Ils initient naturellement l'ouvrier à l'intelligence des nouveaux devoirs qu'implique le passage à une condition plus élevée. Pour apprécier la portée du progrès qui se manifeste au milieu des classes ouvrières, il est donc nécessaire de constater si le développement du sentiment religieux marche de front avec celui de la prévoyance. » (*Ouv. europ.*, t. Ier, p. 221, 253 et suiv.)

Ainsi, dans la pensée de Le Play, les monographies ne sont pas de simples documents statistiques se bornant à enregistrer des faits, à prendre note du budget de la famille, en recette et en dépense; ce ne sont pas, en un mot, de simples inventaires: ce sont des enquêtes qui ont pour but de chercher la raison des faits; les mobiles, les sentiments qui les inspirent; les principes, les lois qu'on en doit induire. Si la méthode d'observation employée par Le Play fonde ses principales inductions sur les faits coordonnés dans les monographies, elle a un but plus élevé : « Elle a pour but suprême la connaissance des mœurs et des institutions qui donnent à tous, sans distinction, la paix et la stabilité ». (*Ouv. europ.*, t. Ier, p. 380.)

« Le meilleur moyen de persuasion, dit-il, consiste à exposer méthodiquement le contraste qui règne entre les idées, les mœurs et les institutions, c'est-à-dire entre les constitutions sociales des divers peuples. L'étude de l'histoire et l'observation des sociétés contemporaines enseignent que certaines constitutions engendrent invariablement la paix, tandis que d'autres créent ou entretiennent la discorde. Tout homme de bonne foi, s'il est instruit de ce contraste, s'il distingue les constitutions qui conservent le bien de celles qui poussent au mal, tire lui-même la conclusion pratique ; il renonce à ses erreurs et revient à la vérité, sans le secours d'aucun autre enseignement. » (*Annuaire* de 1875, p. 14.)

Il revient à la vérité, convaincu par l'expérience, par l'évidence des faits qui ont passé sous ses yeux : cela suffit en pratique. Mais la science va plus loin et remonte plus haut ; sachant que les faits ne sont que les résultats d'une impulsion qui les détermine, elle remonte à la cause, et des faits elle induit les principes qui les ont produits.

§ 3. — *C'est près des autorités sociales que l'on trouve les vérités sociales.*

Mais la découverte de la vérité par induction n'est pas toujours chose facile.

Le Play ne dissimule pas les difficultés qu'il a

rencontrées dans la longue et patiente recherche qu'il en a faite.

« Je fus d'abord désappointé, dit-il, en constatant qu'en ce qui touche la netteté des conclusions, la méthode d'observation se montrait, dans la science sociale, moins féconde que dans les sciences physiques. J'étais même découragé à l'aspect d'un résultat inattendu : je voyais des peuples qui tantôt prospéraient et tantôt souffraient sous les mêmes formes de religion et de souveraineté..... Je persévérai néanmoins dans mes recherches, car, en ce qui touche les grands intérêts sociaux, mon esprit se refusait également à recevoir des opinions non motivées ou à rester dans le doute, sans rechercher le vrai. » (*Ouv. europ.*, t. Ier, page 215.)

« Pendant seize années d'études persévérantes, je m'étais souvent étonné de n'avoir point encore découvert dans la science sociale une de ces vérités inconnues qui m'avaient procuré quelque renom dans la science métallurgique. J'appris que les vérités sociales offrent une grande simplicité. Je vis que le dépôt en est sûrement gardé par les hommes qui ont l'art de faire régner la paix autour d'eux. Je crus avoir fait enfin la découverte tant cherchée, à savoir : que le progrès des constitutions sociales se trouvait dans la pratique des sages contemporains. » — Et après avoir dit comment il fut amené à reconnaître que ce qu'il croyait avoir découvert était aussi ancien que le monde, il ajoute :

« Je ne regrette point ces mécomptes apparents, car je leur dois le seul enseignement qui puisse être utile aux Occidentaux égarés par l'esprit de nouveauté. Je le résume ainsi : sur les points fondamentaux de la science sociale, il n'y a rien à inventer ; dans cette science, le nouveau est simplement ce qui a été oublié. » Puis il termine ainsi son livre sur la description de la méthode :

« Les Occidentaux, dominés dans leurs pensées et leurs actions par l'erreur fondamentale de 1763 : « la bonté native de l'homme », et les faux dogmes de 1789, sont peu enclins à se réformer quand ils n'y sont pas contraints par de grandes calamités nationales. Ils se décideront facilement soit à observer eux-mêmes péniblement les faits que j'ai recueillis depuis un demi-siècle, soit à revenir aux vérités traditionnelles que j'en ai déduites. J'ai donc cru opportun de terminer cet exposé en leur signalant l'existence des autorités sociales ; c'est près d'elles qu'ils trouveront la paix solidement assise et la vérité toute faite. » (P. 389 et 392.)

Ces autorités sociales, ce ne sont ni les grands du monde, ni les riches, ni les savants ; ce sont les hommes de bien, parsemés dans toutes les classes sociales, même les plus humbles. Leur autorité ne résulte ni des fonctions publiques, ni de l'illustration, ni de la richesse, ni de la science ; elle repose sur ce seul fait, qu'ils sont hommes de bien, et elle est d'autant plus grande et plus féconde, même dans les situations les plus modestes, qu'ils sont plus hommes de bien. Voilà, dit Le Play, les vrais maîtres de la science sociale, et c'est près d'eux que l'on trouve la vérité toute faite.

Or, la vérité, c'est la première condition de la paix sociale et du bonheur individuel. Saint Augustin définit le bien-être, la vie heureuse, le bonheur : « la jouissance de la vérité ». (*Confess.* l. X, c. XXII.)

Sénèque avait exprimé la même pensée sous une autre forme : « Personne ne peut-être heureux quand il a été jeté hors de la vérité ». Il est écrit dans l'Evangile : « c'est la vérité qui vous délivrera ». Tous les malheurs des nations européennes résultent de ce fait : comme au temps du déluge, la vérité est dominée, obscurcie, méconnue parmi les hommes.

Le problème contemporain consiste donc uniquement à rétablir la vérité dans les rapports sociaux.

« Assurément, aucun homme sensé ne disconviendra de cette nécessité : le malheur, c'est que chacun ne veut s'en rapporter sur ce point qu'à son sens privé ; d'où résulte la division des esprits, et la multiplicité des partis, opposant les uns aux autres leurs systèmes préconçus de réforme. » — « Je ne puis concevoir, disait Burke, comment un homme peut parvenir à un degré si élevé de présomption, que son pays ne lui semble plus qu'une carte blanche sur laquelle il peut griffonner à plaisir. » (*De la Révolution française*.)

Le Play avait constaté aussi que, comme il est dit au livre des Proverbes : « la doctrine des sages est facile ». Bossuet remarque qu'il en est ainsi parce que, bien loin de s'aventurer dans les voies inaccessibles et inexplorées, ils marchent simplement dans la voie droite : *regiâ incedunt viâ,* sachant bien que la nature de l'homme et la nature des choses n'ont pas changé, et que la loi qui régit l'ordre moral est immuable.

Cette loi, dit le Psalmiste, est si lucide qu'elle illumine les yeux, et si sûre qu'elle donne la sagesse aux plus petits ; ces prescriptions se justifient par elles-mêmes.

« J'appris, dit Le Play, que les vérités sociales offrent une grande simplicité. Je vis que le dépôt en est sûrement gardé par les hommes qui ont l'art de faire régner la paix autour d'eux. »

Rien donc n'est plus facile à conserver que la paix sociale, quand on n'en a pas perdu les lois. Le dépôt de ces lois se transmet sûrement quand il a été gardé traditionnellement dans la famille ; il constitue alors la véritable science sociale, à tel point que Confucius a pu dire : « quiconque sait bien gouverner sa famille, est en état de gouverner l'empire ; de le bien gouverner ; de le gouverner avec autant de facilité qu'il peut en avoir à regarder dans sa maison. »

Mais quand on a perdu cette science traditionnelle, soit qu'elle ait cessé d'être transmise par ceux qui en avaient la charge, soit qu'on soit resté sourd à leurs enseignements, c'est perdre son temps que d'essayer d'inventer une science sociale nouvelle ; les vaines tentatives faites dans ce but depuis un siècle ne l'ont que trop prouvé. Il n'y a qu'un seul moyen de remettre la société sur sa base, c'est d'aller demander la science sociale aux familles qui en ont conservé le dépôt. Telle est la méthode d'enquête, la méthode d'observation. Telle est la tâche que Le Play s'était imposée, et qu'il a poursuivie pendant un demi-siècle, on sait au prix de quels travaux et à travers quelles difficultés, lesquelles, pour tout autre, eussent été insurmontables.

§ 4. — *La méthode d'observation pratiquée par un faux savant peut devenir un moyen de corruption.*

Il ne faut pourtant pas se le dissimuler, la méthode d'observation n'est pas sans périls.

« Tous ces éléments de succès restent stériles ou deviennent même nuisibles, s'ils ne sont pas fécondés par la vertu maîtresse de l'observateur : le respect de la science. La méthode d'observation pour le faux savant, comme la logique pour le sophiste, peut devenir un moyen de corruption. » (*Ouv. europ.*, t. Ier, p. 224.)

Le respect de la science n'est pas une garantie suffisante ; il faut, en outre, que l'observateur ait l'esprit parfaitement juste, et le cœur absolument droit : la réunion de ces deux qualités dans le même sujet n'est pas chose si commune.

« Pour arriver sûrement à la conclusion de son étude, dit Le Play, il a deux fils conducteurs infaillibles, s'il a observé, dans tous ses détails, la situation de la famille en ce qui concerne la connaissance de la loi morale et la jouissance du pain quotidien. » (P. 227.) Sans doute, s'il a observé avec un esprit juste et un cœur droit ; mais il faut qu'il présente ces deux garanties, et, nous le répétons, il est beaucoup d'hommes de très bonne volonté et même intelligents qui ne les offrent pas.

Quelle confiance, par exemple, peuvent mériter les conclusions et les conseils d'un économiste, grand partisan de la méthode d'observation, qui loue les Anglais de n'avoir pas le culte de la logique, de n'aller jamais jusqu'au bout d'un principe, de ne pas reculer devant une inconséquence qui peut avoir pour résultat d'améliorer leurs institutions ? Voilà bien le cas où, comme le dit Le Play, la méthode d'observation devient un moyen de corruption. — La logique est, dit le dictionnaire de l'Académie, « la science qui enseigne à raisonner juste » ; n'avoir pas le culte de cette science, c'est ne pas se soucier de raisonner juste. Un principe est une règle de conduite ; ne pas la suivre, c'est repousser toute règle. Une inconséquence, c'est un acte accompli ou une conclusion prise en violation d'un principe, que l'on connaît et qu'on admet. Pratiquer la méthode d'observation sans s'astreindre à raisonner juste, et sans suivre aucun principe, c'est mettre son parti pris, son intérêt, sa passion ou son caprice à la place de la vérité ; c'est un moyen de corruption.

« Il faut qu'il y ait une règle certaine invariable pour connaître la vérité, car il n'est pas possible que Dieu ait laissé les hommes dans une entière ignorance de ce qu'ils doivent savoir pour se conduire dans la vie. » (Epictète, nouveau Manuel extrait des commentaires d'Arrien, 1re partie, liv. II, § 29, éd. de 1784.)

Cette règle certaine et invariable, la méthode d'observation la fournit-elle nécessairement à tout observateur ? Non, assurément ; tant vaut l'homme, tant vaut la méthode. « Dans ce genre de travaux, comme dans tout autre travail scientifique, rien ne saurait remplacer ce dévouement à la vérité qui constitue la probité du savant. » Ce dévouement-là même ne suffit pas (p. 224) : il y faut encore un esprit perspicace, pénétrant, exact et persévérant : faute de quoi, la méthode faussement appliquée produirait la désorganisation au lieu d'amener la réforme.

Mais ce danger est désormais conjuré. Mise en pratique par le vrai savant qui l'a inventée, la méthode a démontré l'existence de cette règle certaine et invariable qui limite le champ des vérités sociales : c'est « la pratique de la loi morale, liée à la croyance que cette loi, émanée de Dieu, est le complément de la création matérielle de l'homme, le correctif nécessaire des inconvénients attachés au don du libre arbitre ». (P. 216.)

« Que la science multiplie ses découvertes, dit ailleurs Le Play ; que la vérité déploie ses ressources et l'autorité son pouvoir, que la société tout entière accumule ses grandeurs et ses merveilles, leur labeur ne sera qu'impuissant si, sans rien abandonner des droits de la raison, elles ne maintiennent fermement dans les âmes la loi de Dieu. En analysant les faits et en remuant les chiffres, la science sociale ramène toujours les vrais observateurs aux principes de la loi divine. La vérité suprême, sous toutes ses formes, dérive d'une source unique ; et la pensée humaine, dans tous ses efforts, revient sans cesse vers le principe du juste et du bien. » (P. 437.)

Viennent maintenant les faux savants et les observateurs inattentifs ou maladroits, ils ne sauraient plus faire mentir la méthode. Elle a dit à Le Play son dernier mot sur le premier principe de la science sociale, sur la base essentielle de toutes les sociétés humaines : c'est la loi révélée de Dieu. Loi primordiale et complémentaire de la création du premier homme. Loi constitutive de la nature de l'homme, et, par conséquent, commune à tous les hommes, applicable dans tous les lieux, permanente dans tous les temps.

Après s'être mis ainsi scientifiquement en possession de cette clef de la science sociale, Le Play pourra continuer avec sécurité ses grands travaux pour la réforme des sociétés, et dire à Dieu avec le Psalmiste : « Je marche dans une voie large, parce que je suis vos commandements. »

§ 5. — *La méthode d'observation et l'enseignement doctrinal.*

C'est une erreur de croire qu'en recommandant l'enseignement par la méthode d'observation, Le Play a voulu jeter de la défaveur sur l'enseignement doctrinal par la méthode *a priori* et la proscrire ; il proteste dans tous ses écrits contre une telle prétention. Nous devons répéter ici et compléter les citations que nous avons déjà faites à ce sujet. « Il ne faut pas se méprendre, dit-il, sur le rôle assigné à la méthode d'observation. Elle ne constitue pas une invention, puisqu'elle a été mise à profit par tous les sages de tous les temps, notamment par ceux qui se formèrent à l'école de Socrate. Elle ne remplace point l'enseignement traditionnel, car celui-ci reprend son ascendant légitime dans les lieux où les maîtres se réforment et où les peuples reviennent à leur quiétude. L'application qui en est faite dans cet ouvrage est un simple remède opposé à la maladie dangereuse des races qui se compliquent sans se perfectionner. »

Et encore : « L'école conclut à la conservation du régime traditionnel de l'humanité. Toutefois elle réunit en un corps spécial les savants de bonne volonté qui se vouent à la culture des sciences d'observation et en appliquent la méthode à la science sociale. Ce corps ne prétend point remplacer les deux corps publics qui, dans les sociétés compliquées, président à l'enseignement et à la pratique de la loi morale. Loin de là : il constitue, devant ces derniers, un auxiliaire respectueux pour la propagation des vérités mises en lumière par l'observation des faits sociaux, et par la réfutation des erreurs contemporaines affirmées au nom d'une science fausse ou incomplète. » (*L'École de la paix sociale*, p. 57.)

A toutes les pages de ses livres, Le Play se complaît à affirmer que le résultat de toutes les observations aboutit toujours à la nécessité de revenir à l'observance de la loi de Dieu, et à l'aveu des vérités révélées.

« Depuis la révélation du Décalogue, dit-il, et la sublime interprétation qu'en a donnée Jésus-Christ, l'esprit humain n'a fait aucune découverte (dans l'ordre moral) d'où soit sortie une conséquence utile. Les peuples se sont momentanément élevés en pratiquant la vérité connue, puis ils sont retombés dès qu'ils l'ont mise en oubli.

« Aux époques de leur plus grande prospérité, ils sont restés infiniment au-dessous de la perfection dont le Sauveur a donné l'exemple ; par conséquent, ils n'ont jamais éprouvé le besoin d'une vérité plus haute. Le problème social ne consiste donc pas à inventer de nouveaux principes ; il tend surtout à conserver ceux qui rapprochent quelque peu les individus de leur divin modèle, et qui éloignent ainsi les dangers de la décadence. » (*La Paix sociale*, p. 31.)

De ces citations, que nous pourrions au besoin multiplier encore, il résulte que Le Play n'a jamais entendu substituer d'une manière générale et permanente l'enseignement par la méthode d'observation à la méthode traditionnelle de l'enseignement doctrinal.

Il n'a voulu qu'opposer un simple remède à la maladie dangereuse des races qui se compliquent sans se perfectionner.

Dans notre état actuel de désorganisation sociale, les intelligences se sont abaissées, les cœurs se sont égarés ; l'enseignement doctrinal est pris en dégoût ; les peuples ne le veulent plus entendre. Les malades refusant le remède qui seul peut les guérir, Le Play a eu l'idée de leur présenter ce même remède sous une autre forme ; et s'il n'a pas réussi a guérir les malades, il a, tout au moins, éveillé leur attention ; il a provoqué un mouvement dans l'opinion publique ; il s'est formé une école qui s'efforce de pratiquer sa méthode, étudie son système ; il est manifeste que beaucoup de vérités, jusqu'ici repoussées par nos contemporains, ont déjà pénétré dans les esprits.

Or, ces vérités, ce ne sont pas des vérités nouvelles ; ce sont les vérités anciennes, éternelles, présentées sous une forme nouvelle, par un nouveau procédé de démonstration. « J'aperçois de plus en plus, écrivait-il, qu'il y a un bien énorme à faire en démontrant (abstraction faite de tout autre principe que le Décalogue) que le bonheur temporel des peuples est impossible pour ceux qui repoussent cette commune tradition du genre humain. » (Lettre du 27 juin 1875.) Et pourquoi met-il en avant le bonheur temporel ? Pourquoi s'appuie-t-il de préférence sur les faits ?

« C'est que, dans notre malheureux temps, on est mieux écouté quand on parle au nom des intérêts matériels, que quand on parle au nom de Dieu. » (Lettre du 12 septembre 1875.)

Cela est vrai non seulement de ceux qui prétendent ne pas croire en Dieu, bien qu'ils y croient plus fermement qu'ils ne veulent en avoir l'air ; cela est vrai même de la masse des catholiques qui, tout en pratiquant les préceptes extérieurs de la religion, ne tiennent pas compte de l'intervention de l'ordre surnaturel dans les choses de l'ordre civil, et ont perdu la notion des principes sociaux essentiels et traditionnels. « Aujourd'hui, dit Le Play, la tradition se retrouve à peine chez quelques familles qui, avec une vertu presque surhumaine, ont résisté à une impulsion anti-sociale de deux siècles. » (*Ouvriers européens*, t. Ier, p. 593.)

Pour tous les autres, l'enseignement doctrinal ne

les détermine pas à se réformer : ils y applaudissent dans les conférences ; ils distribuent volontiers les brochures destinées à en faire la propagande, et ils ne s'en émeuvent pas davantage. Pour les émouvoir, il faut que l'enseignement aille jusqu'au vif. « Il faut, selon la méthode qui m'a toujours réussi, démontrer la fausseté des trois faux dogmes révolutionnaires dont la nation est imprégnée, puis laisser les gens conclure eux-mêmes. »

Ce procédé est tellement efficace que les gens obligent alors le prédicateur à donner la conclusion. Dès qu'ils ne voient plus l'avenir dans le *développement de la richesse*, dans le *développement de l'esprit humain*, dans *la liberté*, *la démocratie* et autres banalités vides de sens, ils ne manquent pas de s'écrier :

« Je comprends ; mais alors où faut-il aller ? » Vous ne sauriez croire dans quel émoi nous mettons la jeunesse lettrée, catholique ou libre-penseuse, quand nous l'avons amenée à ce point de vue. » (Lettre du 1er avril 1874.)

§ 6. — *Diversité des deux méthodes ; identité de leurs conclusions.*

En définitive, les deux méthodes d'enseignement poursuivent le même but et aboutissent aux mêmes conclusions. Bien loin d'être exclusives l'une de l'autre, elles se prêtent un mutuel concours, et peuvent être employées tantôt séparément, tantôt simultanément. Le Play l'entendait ainsi quand il nous écrivait : « Nous avons été préparés, par des études entièrement séparées et par des existences très distinctes, à une communauté de vues presque complète. Cela me confirme de plus en plus que nous devons nous rapprocher tant que nous pourrons, pour faire concourir cette conformité de vues au salut de la patrie. Je ne vois, à vrai dire, qu'une différence d'appréciation en ce qui touche l'avenir : vous croyez plus que moi à la nécessité d'une catastrophe précédant la réforme ; j'entrevois de plus en plus qu'il ne dépend que de nous de marcher au salut par une voie calme et régulière. Mais, sur ce point même, je vois mieux qu'une communauté de vues ; je trouve en vous le plus assidu collaborateur que je puisse désirer. » (Lettre du 31 août 1874.)

Nos études sur la science sociale dataient de la même époque, l'année 1830. Ni l'un, ni l'autre, nous ne les avons discontinuées depuis lors. Mais nous suivions, sans nous connaître, des voies entièrement différentes. Tandis que, sans sortir de son cabinet de travail, l'un étudiait les doctrines sociales dans les écrits des maîtres de cette science, la plus importante de toutes, l'autre parcourait toutes les contrées de l'Europe, pour induire cette science des faits eux-mêmes, ce qui équivaut presque à l'avoir inventée. On ne comprend pas assez quelle énergie de volonté et quelle puissance de pensée il a fallu à un seul homme, même après un demi-siècle de travail, pour en arriver, par la seule induction, à la découverte des véritables principes sociaux.

C'est auprès des autorités sociales, dit Le Play, qu'il a trouvé la vérité toute faite. Voilà comment lorsque, sexagénaires tous les deux, nous nous sommes rencontrés, nous nous sommes trouvés « en communauté de vues presque complète ». L'un avait accepté la vérité enseignée ; l'autre avait voulu la trouver dans les faits, et il l'y avait trouvée.

Il n'y a pas là, pour lui, une simple question

d'amour-propre et de vaine gloire; il y a un service rendu à la vérité, et à ceux de notre temps qui l'ont perdue. Les égarés, qui ne veulent rien recevoir de la tradition, et qui prétendent tout inventer en fait de science sociale, peuvent désormais se convaincre, en vertu de cette démonstration scientifique et physique, le seul genre de démonstration qu'ils veulent admettre, que, dans l'ordre moral, il n'y a rien à inventer ; que « le progrès moral n'est qu'une meilleure pratique de la vérité connue; que cette vérité est immuable. » (*La Paix sociale*, p. 32, et *passim.*) Cette méthode nouvelle pour démontrer les principes anciens et immuables, est un service inappréciable rendu aux sociétés contemporaines, puisqu'en faisant toucher du doigt la fausseté des idées modernes, elle peut contribuer efficacement à replacer l'ordre social sur ses véritables bases. Cette pensée était, pour Le Play, une légitime consolation, lorsque, frappé une première fois du mal qui devait l'emporter plus tard, il écrivait : « Croyant toucher aux joies éternelles, j'ai trouvé une grande satisfaction à penser que nos travaux réagiraient contre les influences dominantes des deux derniers siècles, et contribueraient à procurer ces mêmes joies aux âmes de notre race. Je sors de là plus ardent que jamais pour la réforme. » (Lettre du 14 janvier 1880.)

§ 7. — *La méthode de Le Play aboutit à la révélation, et, par conséquent, à l'enseignement doctrinal.*

Jamais Le Play n'a entendu substituer d'une manière absolue son système de démonstration à l'enseignement doctrinal.

Il ne le présente que comme un *auxiliaire respectueux* pour la propagation des vérités mises en lumière par l'observation des faits sociaux, et pour la réfutation des « erreurs contemporaines affirmées au nom d'une science fausse ou incomplète ». (*L'Ecole de la paix sociale*, p. 58.)

Guidée par les récentes découvertes des historiens et des vrais savants, vouée à l'étude des sciences physiques, l'École de la Paix sociale crée, depuis 1855, un enseignement qui répond au besoin actuel de réforme, en tenant compte à la fois « *des préjugés que l'opinion dominante oppose aux préceptes de la religion,* et de la supériorité qu'elle attribue aux démonstrations fournies par les sciences de la nature ». (Ibid. p. 40.)

Mais si la constatation des faits est chose relativement facile, vérifiable au moyen des sciences purement physiques, leur interprétation se trouve dans le domaine des causes, et par conséquent dans le domaine de la première de toutes les causes, qui est Dieu. Pour induire des faits sociaux les principes de la science sociale, il faut donc partir de ce fait de raison : l'existence de Dieu. Il faut, avec Epictète, « admettre qu'il existe dans la nature une certaine évidence, non physiquement démontrable, à laquelle celui-là même est obligé de recourir, qui fait tous ses efforts pour la détruire ». (*Manuel*, 1re part., liv. II, 4 §.) Aussi Le Play assigne-t-il pour base à la science sociale la loi de Dieu : la révélation.

Dès lors, tout ce qui, dans la science sociale, relève de la loi de Dieu, tout ce qui est d'ordre moral relève de l'enseignement doctrinal. Cet enseignement a donc un cadre beaucoup plus vaste que celui dans lequel peut se mouvoir la méthode d'observation, laquelle, à vrai dire, se borne à démontrer scientifiquement l'existence des principes, et à en rechercher la meilleure application. Encore l'éminent penseur déclare-t-il « qu'il y a loin des principes fondamentaux que nous enseignons, aux applications pratiques qu'il en faut faire à la constitution et aux coutumes locales de chaque race d'hommes. » (*Ouv. europ.*, t. Ier, p. 395.)

Si les principes sont immuables, l'application qu'on en peut faire varie selon les temps, les lieux, les besoins et les aptitudes des diverses races qui constituent l'humanité. Le principe, c'est le but à atteindre, c'est la perfection. On peut arriver à ce but par diverses routes ; l'essentiel, c'est de tendre toujours à ce but, et de choisir le meilleur moyen pour y arriver : c'est en cela que consiste le progrès ; tandis que la décadence et la ruine arrivent à mesure qu'on s'éloigne davantage du but, des principes fondamentaux. C'est là un fait social que l'enseignement doctrinal prédit et que la méthode d'observation démontre : car toute la différence entre les deux méthodes consiste en ceci : que la doctrine prédit, et que l'expérience démontre le bien fondé de la prédiction.

Il ne peut donc pas être question d'opposer l'expérience à la théorie ni à la doctrine. Si toute théorie vraie repose nécessairement sur des faits observés, il e. également évident que toute observation, pour être suivie avec fruit, doit être guidée par une théorie. Le Play l'a si bien senti que les chapitres IX, X, XI et XII du second livre du t. Ier des *Ouvriers européens* sont consacrés à établir une théorie très rationnelle et très minutieuse pour la confection des monographies : théorie dont ses disciples se garderont bien de s'écarter. Désormais ils appliqueront la méthode d'observation sur la foi du maître, dont ils n'auront pas l'idée de recommencer les travaux.

Le Play a entendu aussi établir une doctrine, une science sociale pour condescendre au travers des lettrés de notre époque, et pour les ramener à la vérité par la seule voie qu'ils entendent suivre ; il a pris la longue et difficile tâche d'induire les principes des faits, sans s'appuyer en rien sur les doctrines anciennes. Or, « l'induction est un système de raisonnement par lequel, de plusieurs faits observés, on tire la loi générale qui semble les gouverner tous. » (*Vocabulaire*, t. Ier des *Ouvr. europ.*, p. 460.) D'où il suit que la doctrine de Le Play est basée sur le raisonnement, comme la doctrine traditionnelle, avec cette seule différence qu'au lieu de déduire la science sociale des principes connus, elle l'induit des fait sociaux. Grâce à son admirable droiture et à son étonnante perspicacité, l'éminent penseur est arrivé, par cette voie inverse, précisément aux mêmes principes fondamentaux qui sont enseignés doctrinalement depuis le commencement du monde. Ces principes ont donc aujourd'hui la double sanction de l'enseignement traditionnel et de la vérification scientifique.

« La méthode d'observation, telle que nous la pratiquons, a très bien dit M. A. Arcelin, nous apprend qu'il faut compter plutôt sur la justice, ou autrement dit sur la loi morale, que sur la science. Notre méthode nous enseigne de plus que l'apaisement des antagonismes sociaux n'est pas seulement le secret de l'avenir et le fruit de l'évolution du progrès, mais que le bienfait de la paix sociale s'est trouvé réalisé dans tous les temps, en tous les lieux, pour toutes les races, à certaines conditions, toujours les mêmes, qui reposent invariablement sur l'observation de la loi morale formulée dans le Décalogue. » (*La Réforme sociale*, 15 juillet 1883, p. 607.)

« Dieu, dit Le Play, a révélé aux premiers hommes, dans son Décalogue, la loi morale qui fournit aux familles et aux sociétés le frein qu'elles ne trouvent pas dans leur propre nature... J'ai en vain cherché parmi les contemporains une seule race d'hommes qui prospère sans prendre pour règles les croyances et les pratiques de la religion. » (*La Constitution essentielle,* pages 87-89.)

L'homme étant âme et corps, ses deux besoins essentiels sont la connaissance de la loi de Dieu, qui est la nourriture de l'âme, et la possession du pain quotidien qui sustente le corps. Mais comme c'est l'âme qui fait vivre le corps et qui le gouverne, Le Play entend que l'enseignement de la loi de Dieu marche toujours de pair avec la recherche des moyens de subsistance. Aussi réprouve-t-il la préoccupation exclusive des savants de notre temps pour les besoins purement matériels : « ces savants » provoquent l'avènement d'un ordre de choses où la négation de la vérité se montre déjà plus dangereuse que ne le fut, dans le passé, la révolte contre la vertu...... Plus les savants s'élèvent en s'attachant aux phénomènes physiques et en appliquant leurs découvertes au service du pain quotidien, moins ils sont aptes à remplacer les hommes qui savent gouverner les sociétés prospères. Souvent étrangers aux sciences naturelles, les meilleurs gouvernants, après avoir acquis méthodiquement la notion simple de la constitution essentielle, ont consacré leur vie à rechercher comment, pour établir le règne de la paix, il faut modifier les coutumes, selon l'état des mœurs et la nature des lieux. » (*La Constit. essent.* p. 227 et 228.)

Ainsi pensait Platon : « Il peut bien se faire, dit-il, que toutes les sciences, sans la science de ce qui est très bon, soient rarement utiles à ceux qui les possèdent, et qu'elles leur soient pernicieuses le plus souvent... Il faut donc qu'une ville qui veut bien se gouverner, qu'une âme qui veut bien vivre, s'attache uniquement à cette science, comme un malade s'abandonne à son médecin, et comme un voyageur qui veut arriver à bon port obéit à son pilote. Sans elle, plus les hommes et les Etats jouiront d'une grande fortune, plus ils commettront de grands crimes, soit pour acquérir des richesses, soit pour augmenter leurs forces, ou pour assouvir d'autres passions. Celui qui possède toutes les sciences, poussé et agité par chacune d'elles, comme par autant de vents impétueux, sera véritablement battu d'une furieuse tempête ; et comme il n'a ni gouvernail ni pilote, il n'est pas possible qu'il aille loin, et sa perte est prochaine. » (Dans son second Alcibiade.)

On dirait cette page écrite de nos jours, tant elle

se rapporte à notre situation présente, et tant il est vrai que les principes fondamentaux de la science sociale sont immuables. Ils ont toujours régi et ils régiront toujours les sociétés humaines dans tous les lieux et dans tous les temps. Platon et Le Play sont d'accord — et avec eux les sages de tous les temps — pour reconnaître l'intervention suprême et autoritaire de Dieu dans le gouvernement des sociétés humaines. « Il faut, dit Platon, que Dieu dissipe les ténèbres qui couvrent notre âme, et qu'il nous donne les remèdes nécessaires pour nous mettre en état de discerner nos biens et nos maux. » (*Loco cit.*) Et Le Play : « Les constitutions modèles du passé comme celles du présent sont théocratiques... dans le monde des âmes. » (*La Réforme en Europe*, ch. v, § 4, *in fine*.)

Arrivée à cette conclusion, la méthode d'observation s'arrête : elle a démontré l'existence de la loi de Dieu et la nécessité de s'y soumettre : c'est tout ce qu'elle pouvait faire ; l'enseignement de cette loi divine n'est pas de sa compétence.

Mais cette loi révélée n'en reste pas moins la base de la science sociale. Tous les principes fondamentaux de cette science sont inscrits dans cette loi. Ils y ont été promulgués d'autorité, *a priori*. Ils ne sont pas plus *discutables* que ne l'est l'autorité dont ils émanent. Il en est même qui sont inaccessibles pour notre raison, tant ils sont au-dessus d'elle : ce sont les mystères de l'ordre surnaturel, comme il y en a dans l'ordre naturel ; mais, dit Pascal : « Il suffit de ce que Dieu nous a voulu apprendre pour croire ce qu'il a voulu nous cacher. » Ces principes de la science sociale ne peuvent donc être enseignés et interprétés que dogmatiquement et doctrinalement. Dieu, qui a révélé la loi, a établi sur la terre une autorité pour en conserver le dépôt, pour l'enseigner, pour l'interpréter : cette autorité, quelle est-elle ?

Un écrivain protestant va nous le dire : « L'Eglise catholique est la seule religion dogmatique qui ait compris ce qu'un dogmatisme implique en réalité et ce qu'on peut lui demander dans le cours des temps ; elle a tout ce qu'il faut pour faire face à ces exigences. Seule, elle a compris que s'il y a dans le monde une parole infaillible, cette parole doit être vivante, aussi capable de s'exprimer à présent que dans le passé, et qu'à mesure que progressent dans la science les capacités du monde, celui qui enseigne doit être en état de développer plus complètement ses enseignements. L'Eglise catholique est la seule religion historique qui peut dans nos idées s'adapter aux besoins du temps présent, sans cesser virtuellement d'être toujours elle-même. Elle est la seule religion capable de conserver son identité sans perdre sa propre vie, et de conserver sa vie sans perdre son identité ; la seule qui puisse toujours élargir ses enseignements sans les changer, continuer d'être la même sans cesser de se développer. » (William Hurell, Mallock : *Vivre : la vie en vaut-elle la peine* ? p. 329.)

C'est devant cette autorité infaillible que Le Play s'est toujours incliné. « J'ai toujours voulu conquérir les égarés sans manquer à l'occasion d'affirmer mon zèle catholique. » (Lettre du 5 sept. 1872.) Il a déclaré en maints endroits de ses écrits et de ses lettres, qu'il ne voulait pas que l'école de la paix sociale empiétât sur le domaine du clergé, et qu'elle n'en devait être que l'*auxiliaire respectueux.*

Ainsi circonscrite, la tâche de cette Ecole est assez belle pour qu'elle s'en honore, et assez vaste pour absorber tous les efforts que pourront faire pour l'accomplir les diverses institutions créées par Le Play dans ce but.

Il s'agit, en effet, non plus de rechercher les principes fondamentaux de la science sociale, dont il a constaté la préexistence, mais d'en rechercher et d'en enseigner la meilleure pratique. « Cet enseignement tend *surtout* à satisfaire, par la pratique de la constitution essentielle, les deux besoins essentiels de l'humanité » qui sont : « la connaissance de la loi morale et la possession du pain quotidien ». — Par la loi morale, Le Play entend : « les prescriptions du Décalogue éternel que tous les peuples prospères appellent la loi de Dieu » ; par pain quotidien, il entend : « l'ensemble des moyens de subsistance fixés en chaque lieu par la coutume. La satisfaction de ce besoin est assurée à chacun par la pratique de la constitution essentielle et les coutumes qui en dérivent. » (*Ouv. europ.*, t. Ier, pages 475, 406, 460, 467.)

Tel est le champ de l'application de la méthode d'observation, et de l'enseignement de l'Ecole de la paix sociale.

CHAPITRE III

LA DOCTRINE DE LE PLAY.

§ 1er. — *La Constitution essentielle de l'humanité.*

Il résulte bien évidemment des nombreuses et minutieuses observations consignées dans les six gros volumes des *Ouvriers européens*, qu'il y a des principes immuables sur lesquels la société humaine est assise, et desquels elle ne peut pas s'écarter sans souffrir, et finalement sans périr.

Mais, dans ce volumineux ouvrage, les principes sont, pour ainsi dire, noyés parmi les faits. Il fut fait à ce sujet à l'auteur des observations auxquelles il répondit :

« Je tâcherai, à l'occasion, de rectifier ce qui vous semble obscur ; mais je vois chaque jour plus clairement que ce mot (la Constitution essentielle) est absolument indispensable, ou tout équivalent meilleur, pour résumer la *science sociale*.

« Les sept principes que je signale dans cette Constitution ne sont point d'ailleurs une nouveauté;

ils sont un développement nécessaire de la formule : *religion*, *famille*, *propriété*, employée généralement pour exprimer la même pensée. La distinction des deux expressions n'est que trop visible en France. La Constitution sociale de la France est l'ensemble des idées, des mœurs et des institutions que nous ont léguées la corruption de la monarchie et les violences de la Révolution. La France périt parce que chaque jour détruit les sept éléments de la *Constitution essentielle* qui y étaient intimement unis aux bonnes époques. La croyance en Dieu s'efface, la religion est battue en brèche par les gouvernements, et cependant l'autorité paternelle est plus que jamais incapable d'y suppléer comme elle le fait chez les pasteurs ; l'ascendant de la souveraineté s'efface plus que jamais. Quant à la propriété, les *conservateurs*, qui l'admettent dans leur triple formule, entendent qu'on ne leur prenne pas leurs biens ; mais ils ne soupçonnent guère que le rôle de la propriété est de développer les forces morales qui correspondent à la communauté, à la petite propriété individuelle, et au patronage des grands domaines. — Je tâcherai, bien averti par vos doutes, de rendre tout cela clair dans la petite brochure que j'écris maintenant comme synthèse des *Ouvriers européens.* » (Lettre du 14 novembre 1879.)

Voilà à quelle occasion ce qui ne devait être qu'une *petite brochure* est devenu un livre qui a coûté à son auteur dix-huit mois de travail. « Je toucherai prochainement, écrivait-il, à la fin de la *Constitution essentielle*, après une méditation continue de dix mois, en réclusion absolue, à raison de quinze heures effectives de travail par jour. Je serai encore reclus huit mois, sinon toute ma vie, avec une complète possession (je l'espère du moins) de ma pensée. J'aurai donc eu deux époques exceptionnelles de travail : au début de ma vie dix-huit mois, pour faire mon plan de réforme ; à la fin, dix-huit mois pour donner un résumé précis de ma pensée et pour la communiquer à mes amis avec votre concours. » (8 septembre 1880.)

Il se trompait dans son calcul. Il y avait déjà plus d'un an qu'il travaillait à la *Constitution essentielle*, et elle ne parut qu'en février 1881. Il avait écrit ce volume trois fois, tant il était exigeant avec lui-même ; et cependant le livre était à peine sorti de l'imprimerie que, le jugeant incomplet, il voulait y suppléer par une autre publication. Il se rendit pourtant aux observations qui lui furent faites sur cette hâte : « J'accepte votre proposition complètement : chaque chose viendra en son temps. Vous ferez d'abord le compte rendu du livre tel qu'il est. Nous tâcherons ensuite de le compléter, par les questions qui y ont été, *faute de science*, *ou intentionnellement*, omises et passées sous silence. » (Lettre du 11 février 1881.) — *Faute de science !* on remarquera ici un nouveau trait de l'admirable modestie de cet esprit si éminent. *Intentionnellement*, nouvelle preuve de ce parti bien pris chez lui de s'arrêter dans son enseignement quand il ne jugerait pas l'opinion en état de le recevoir, et de ne pas compromettre le succès des vérités qu'il découvrait, en les offrant inopportunément à des esprits trop invinciblement prévenus contre elles.

Le Play définit la *Constitution essentielle* de l'humanité : « l'ensemble des principes et des coutumes qui, depuis les premiers âges, règlent les idées, les mœurs et les institutions des peuples prospères. Sauf les nuances nombreuses qui varient selon les lieux et les temps, ces règles suprêmes sont partout identiques, parce qu'elles donnent satisfaction aux besoins permanents, inséparables de la nature humaine. » (*Constitution essentielle*, préface.) Il est bien entendu que ce qui varie ce sont les coutumes et les institutions, les principes étant immuables : Le Play l'a sans cesse proclamé. Il déclare que cette *Constitution essentielle* est le résumé de la science sociale et la synthèse des *Ouvriers européens :* c'est donc dans ce livre qu'il faut chercher sa doctrine.

§ 2. — *Comment Le Play a découvert la Constitution essentielle.*

Plusieurs de ses amis, dans un moment d'effervescence et d'aberration, propageaient les idées préconçues les plus étranges.

« Je pris donc la résolution de chercher le remède à ces maux... J'étais déjà fixé sur un point essentiel : à savoir que dans la science des sociétés, comme dans la science des métaux, je ne me croirais en possession de la vérité que lorsque ma conviction pourrait s'appuyer sur l'observation des faits. » (*La Constitution essentielle*, p. 3.)

Voilà le point de départ, le but de la méthode d'observation : il s'agit de se mettre en possession de la vérité, d'acquérir une conviction raisonnée ; de se démontrer à soi-même la vérité, afin de la pouvoir démontrer aux autres. « Il n'est même pas nécessaire, dit Le Play, d'étendre ce travail, comme je le fais depuis un demi-siècle, à des centaines de localités.

« Il suffit que l'observation concentre ses investigations dans son voisinage sur deux sortes de familles signalées par l'opinion publique : l'une comme modèle de la paix, l'autre comme exemple de discorde.

« Il existe un autre moyen d'arriver à la connaissance de la même vérité : c'est de se reporter à l'histoire des sociétés qui ont été célèbres par leurs prospérités ou par leurs souffrances. » (Ibid., p. 9.)

On le voit, la recherche et la démonstration des principes fondamentaux de la science sociale n'exige pas qu'on se livre à un travail incessant de monographie : ces principes étant immuables, la démonstration qui en est faite scientifiquement une fois, est définitive ; c'est un fait acquis. L'observation n'a plus alors pour but que la recherche des meilleurs moyens d'arriver à la meilleure pratique des principes : ici, la méthode d'observation est en usage permanent, parce que la pratique doit être toujours perfectionnée, jusqu'à ce qu'elle arrive à la perfection qui ne saurait se rencontrer dans les choses de ce monde.

Par l'observation des faits, Le Play constata que les principes qui sont la source du bonheur sont, partout et dans tous les temps, les mêmes. Il en conclut qu'ils sont la constitution essentielle de l'humanité. Il a reconnu encore que « l'art du bonheur diffère de tous les autres arts en ce que la pratique y est inséparable des principes. Il a été le premier besoin des sociétés : il a donc été constitué avant tous les autres ; et, grâce à la réunion obligée de ses deux éléments, il a formé, dès le premier âge, une science complète. Dans chaque détail de cette science le progrès consiste, non pas dans l'invention d'un nouveau principe, mais dans une meilleure pratique des principes les plus anciens. » (*Const. essent.*, p. 15.)

A cette permanence des principes correspondent les faits permanents de l'humanité. L'homme est doué du libre arbitre, qui est son aptitude caractéristique, et qui le distingue des animaux ; mais chez lui l'exercice du libre arbitre est faussé par l'ignorance, le vice et l'erreur, par suite de la tendance innée vers le mal.

« Dans les sociétés les plus prospères, la venue des enfants est, à vrai dire, une invasion de petits barbares. Dès que les parents tardent à les dompter par l'éducation, la décadence devient imminente. » (Ibid., p. 22.)

L'homme naît donc, porté au vice et incomplet ; mais il est perfectible et il peut être complété par l'éducation, dont la famille est le premier agent. « La famille, en effet, ne produit pas seulement les rejetons qui perpétuent la race : elle leur transmet peu à peu, dès la naissance, la pratique de la loi morale, sans laquelle ils ne sauraient jouir plus tard ni de la paix, ni du pain quotidien (*Constitution essentielle*, p. 30.)

Un autre trait permanent de l'humanité, c'est l'instabilité. « L'homme, a dit Charron, est un sujet merveilleusement divers et ondoyant... L'irrésolution d'une part, puis l'inconstance et l'instabilité est le plus commun et apparent vice de la nature humaine. Certes nos actions se contredisent souvent de si étrange façon qu'il semble impossible qu'elles soient parties de même boutique. » (*De la sagesse*, le 1er ch. 38.) De là résultent ces alternatives si fréquentes de prospérité et de souffrance dans les sociétés.

Mais ce n'est pas là un état irrémédiable et fatal. Le Play constate que l'homme peut s'y soustraire s'il se soumet volontairement à certaines règles qui lui ont été tracées dès l'origine. « La pratique de la science sociale a enseigné de tout temps le moyen fort simple qui perpétue ces règles du bonheur au sein de l'humanité, ou qui les y restaure quand elles sont perdues. » (*Const. essent.*, p. 20.)

Encore un fait constant dans la nature humaine, c'est l'inégalité des aptitudes et des caractères : c'est là, remarque Le Play, « une loi naturelle comme la différence des sexes », et qui est en même temps « un des éléments de l'harmonie sociale. »

Enfin, l'humanité a deux besoins essentiels, et permanents : la loi morale et le pain quotidien. « Les sociétés humaines ne possèdent pas la prospérité par cela seulement qu'elles ont en abondance le pain quotidien. Il faut en outre que, dans la conquête ou la jouissance de ce bien, elles se soumettent à la loi morale, c'est-à-dire au premier principe de la *Constitution essentielle*. Toute société dépérit également, soit que la subsistance y fasse défaut, soit que la morale y ait été violée. » (Ibid., p. 25.)

Toute l'œuvre de Le Play se résume en ces deux points, sur lesquels il insiste sans cesse dans ses écrits : procurer l'observance de la loi morale, et la suffisance de la subsistance. Ces deux nécessités de la vie sociale sont solidaires : pour bien vivre, il faut vivre; et pour vivre longtemps, et en prospérité, il faut bien vivre. Prétendre séparer ces deux besoins essentiels, s'attacher à l'un et négliger l'autre, ce serait témoigner qu'on n'a pas compris l'œuvre de Le Play.

§ 3. — *Le vice originel.*

« Il n'y a pas de limite à la dégradation, quand l'impulsion du vice originel n'est point entravée par les institutions et les mœurs. » (*Const. essent.*, p. 26.)

Dans son vocabulaire des *mots constitutifs du langage propre à la science sociale*, Le Play définit ainsi l'expression : « Vice originel » : « il se résume en un fait évident, à savoir que les enfants naissent avec une inclination marquée vers le mal. Il n'a jamais été mis en doute par ceux qui vivent en contact intime avec l'enfance. Il a fait naître, dans tous les temps, des institutions dont le but principal est de réprimer les inclinations vicieuses qui apparaissent, chez les nouveau-nés, avec les premières manifestations de la volonté. La négation du vice originel constitue l'erreur fondamentale.

Elle a engendré, par des conséquences logiques, les trois faux dogmes de 1789. » (*Ouv. europ.*, t. Ier, p. 478.)

Cependant, il n'était pas bien fixé sur la rectitude de cette expression, et il nous écrivait à ce sujet : « Le vice actuel de l'homme est évident ; mais la Genèse seule signale un état d'innocence primitif qu'aucun contemporain ne peut constater par l'observation. Notre Ecole, admettant seulement les faits d'observation, doit donc se borner à signaler la défaillance actuelle sans affirmer la chute. J'ai du moins agi ainsi dans tous mes travaux ; et c'est sur la convenance de persévérer dans cette méthode que je vous demande votre avis. J'ai été souvent ramené sur ce point, et j'ai constamment supprimé toute allusion à la chute. Ne faut-il pas continuer ? » (Lettre du 7 mars 1881.)

Il lui fut répondu que la méthode d'observation a pour but de constater non seulement les faits matériels, mais aussi les traditions. Or, il est de fait que la croyance à une chute de l'homme après sa création se retrouve dans les traditions des peuples même non chrétiens. A quoi il répondit : « Je vous remercie des explications que vous me donnez sur le sens des mots employés pour exprimer les tendances évidentes de tous ces individus vers le vice et l'erreur. J'étais assuré, d'avance que le mot *déchéance* employé dans votre article n'implique pas la pensée que je dogmatise, en signalant l'état évident de vice et d'erreur où les individus sont plus ou moins plongés... Ce qui serait évidemment erroné, ce serait l'affirmation qu'il existe un seul individu exempt du péché. Ce que j'ai observé chez toutes les races que j'ai visitées, c'est l'inégalité innée dans les tendances vers le mal. » (Lettre du 12 mars 1881.)

Plus tard, étant revenu sur cette question importante, il nous écrivait : « Vous exprimez clairement ma pensée sur la nature de l'homme *créé* dans l'état d'innocence, *engendré* depuis la désobéissance avec une inclination dominante vers le mal. Si vous trouvez dans la *Constitution essentielle* ou dans l'*Ecole de la paix sociale* quelque chose qui semble contredire cette nature de l'homme, soyez assez bon pour me le signaler, afin que je fasse la rectification nécessaire pour prévenir les critiques. » (23 octobre 1881.)

Dans la pensée de Le Play, l'expression *vice originel* a donc exactement la même portée que l'expression *péché originel.* S'il s'est servi de la première au lieu d'employer la seconde, c'est, comme il le dit lui-même, pour éviter d'être accusé de *dogmatiser*, d'empiéter sur le domaine du clergé. Mais il entend que l'état actuel de l'homme « engendré depuis la désobéissance avec une inclination dominante vers le mal », est un état de déchéance.

Ici encore, le bien fondé de l'affirmation doctrinale est démontré par la méthode d'observation. En fait, « la chute de l'homme dégénéré est le fondement de la théologie de presque toutes les anciennes nations... « De tant de religions différentes, il n'en est aucune qui n'ait pour but principal des expiations. » (Voltaire, *Essai sur les mœurs*, t. Ier, p. 103; t. IV, ch. 120, édition de 1785.) Ce n'est donc pas là une simple opinion; c'est un fait social transmis par la tradition chez tous les peuples.

Tous les anciens philosophes ont connu cette tradition et l'ont justifiée. « Nous sommes nés pour expier d'anciens crimes », a dit Cicéron. (*Consolation*, fragments, t. xxxv, p. 280, édition de 1826.) Et Plutarque : « Cessez de trouver mauvais que les fils d'un père coupable soient punis, ou n'approuvez pas qu'on honore dans les enfants la vertu de leurs pères. » (*Des délais de la justice divine.*) Selon

Philolaüs, les anciens théologiens païens disaient que l'âme était ensevelie dans le corps humain comme dans un tombeau, en punition de quelque péché. Platon, dans son *Théetète*, dit que l'homme était parfaitement heureux lorsqu'il était semblable à Dieu et qu'il vivait selon les règles de la justice. Il dit, dans son *Timée* : « La nature et les facultés de l'homme ont été changées et corrompues dans son chef ». Sénèque enseignait que chez aucun homme l'esprit du bien ne précède l'esprit du mal ; que notre préoccupation doit être de *désapprendre* les vices et *apprendre* la vertu ; que cela ne peut se faire sans une assistance divine ; que *Dieu réside en tout homme de bien et lui donne des conseils élevés et magnifiques*. (*Passim*, et notamment lettres 40, 50, 75.)

A l'époque même où l'erreur de la prétendue bonté native de l'homme commençait à se produire dans les écrits de certains lettrés, Jean Bodin, malgré ses opinions entachées de naturalisme, protestait contre elle. « C'est, dit-il, un dogme constant parmi nous que l'homme, né dans une condition supérieure et orné par la main de Dieu des plus belles vertus, s'est écarté de la vraie route. Depuis, une corruption éternelle a tellement pénétré le cœur humain que ni l'émulation des récompenses n'a pu l'exciter au bien, ni la terreur des supplices le détourner du vice. » (Cité par H. Baudrillart, *J. Bodin et son temps*, p. 137.)

En fait, toutes les législations des peuples anciens et des modernes, des civilisés et des barbares, supposent toujours l'homme enclin au mal. Même sous les régimes révolutionnaires, cette préoccupation est évidente encore dans les lois, en dépit de toutes les idées subversives qui deviennent alors dominantes. Tant il est vrai qu'il est des principes traditionnels qui s'imposent à toutes les consciences, et que, même en les niant, on y obéit malgré soi ! « Ceux qui, de nos jours, se révoltent ainsi contre l'enseignement traditionnel, dit Le Play, nient l'existence de Dieu, la nécessité du complément apporté à la nature de l'homme par la révélation du Décalogue, le contraste absolu de l'homme et de l'animal. En général, ces négations ont pour effet de détruire les éléments de paix qui devraient unir les races humaines; et tel est en particulier le cas pour les doctrines qui attribuent à tous les êtres une communauté d'origine, Ces nouveautés déchaînent en Europe l'instabilité et la discorde. Elles tarissent par conséquent les sources de la prospérité. » (*Ouvr. europ.*, t. Ier, p. 76.)

Mais si les hommes de négation, d'innovation, de violence ont pris l'initiative des désordres matériels et moraux qui bouleversent actuellement le monde, ils ne sont pas seuls responsables de la prolongation de l'état invétéré de discorde et de souffrance qui menace la société elle-même d'une prochaine dissolution. La nation tout entière s'est imbue des faux dogmes sociaux qu'ils ont fait pénétrer dans les esprits. C'est donc surtout à la majorité de nos concitoyens, hommes de bonne volonté, honnêtes, modérés, conservateurs, qu'incombe aujourd'hui la responsabilité d'une situation contre nature, qu'ils déplorent, dont ils souffrent, qu'ils pourraient faire cesser et qu'ils prolongent par leur aveuglement. C'est précisément dans cet état d'impuissance des honnêtes gens en présence des désordres sociaux, que l'on trouve la preuve la plus éclatante de notre déchéance originelle. Ils sont incontestablement les plus nombreux ; d'où vient qu'ils sont les plus faibles ? Ils ont la notion du bien et du mal ; ils veulent le bien : comment ne le font-ils pas ? C'est que, par suite de l'affaiblissement héréditaire de nos forces morales, résultat de la chute du premier homme, la raison obscurcie et la volonté énervée ne peuvent plus sans un effort *surhumain* ni se préserver de l'erreur, ni résister aux passions basses de l'intérêt privé et du sensualisme.

§ 4. — *Remèdes contre le vice originel : l'éducation, la contrainte.*

Pascal a remarqué justement que, sans la connaissance de ce grand fait de la déchéance originelle, l'homme est incompréhensible : ajoutons que la négation de ce fait équivaudrait à la négation du progrès et de la perfectibilité. Car, si l'état actuel de l'homme est son état de nature, de création, il est irrémédiable, et tous les projets de réforme sont vains. Mais, étant donnés l'état originaire de droiture et d'innocence, et l'état de corruption et de déchéance résulté de l'abus originel du libre arbitre, tout l'homme est expliqué avec ses deux tendances sans cesse en lutte. On comprend, alors, qu'il est toujours possible de relever l'homme et les sociétés en combattant sans cesse aussi la tendance vers le mal, et en fortifiant la tendance vers le bien.

J.-J. Rousseau, à qui les paradoxes et les contradictions ne coûtaient guère, tout en prétendant que *l'homme naît bon*, et que c'est la société qui le *déprave*, n'en reconnaissait pas moins la nécéssité de l'éducation. « Nous naissons faibles, dit-il, nous avons besoin de force; nous naissons dépourvus de tout, nous avons besoin d'assistance ; nous naissons stupides, nous avons besoin de jugement. Tout ce que nous n'avons pas à notre naissance, et dont nous avons besoin étant grands, nous est donné par l'éducation. » (*Emile*, t. I, p. 15.)

L'éducation est donc comme une construction physique et morale de l'homme ; elle comprend tout à la fois la nutrition du corps, de l'esprit et du cœur ; elle a pour but le perfectionnement de l'homme, pour le conduire à la fin pour laquelle il a été créé. « Ce qui distingue l'éducation de l'instruction, a dit très justement Laprade, c'est que l'instruction s'adresse à une faculté déterminée, et que l'éducation profite à l'homme tout entier. L'instruction est une escrime qui donne la souplesse à certains organes, à certains mouvements ; l'éducation est une hygiène qui donne la santé à l'âme tout entière. » (*De l'éducation libérale*, p. 10.) Ainsi comprise, l'éducation de l'homme ne doit jamais être interrompue, parce que le perfectionnement de l'homme n'est jamais achevé, parce que sa tendance vers le mal n'est jamais complètement vaincue. L'éducation doit être, comme l'a dit de Bonald, perpétuelle, universelle, uniforme : perpétuelle parce que l'homme en a besoin à tous les âges de la vie ; universelle, parce que tous en ont besoin ; uniforme, parce que la vérité est une.

« L'intelligence de la science sociale procède du cœur encore plus que de l'esprit », dit justement Le Play. Les lettres, l'instruction purement intellectuelle, les arts plus ou moins libéraux, ne sont donc pas une garantie sociale quand ils sont séparés de l'éducation morale.

« Ces nobles fonctions ne se maintiennent pas toujours dans leur pureté, et elles deviennent alors, pour la société, une source de périls et même une cause de décadence. Ne trouvant ni dans leur sujet ni dans leur méthode le moyen de résister sûrement à de funestes influences, des hommes éminents s'appliquent parfois à propager le mal et l'erreur. D'autres, que leur médiocrité rendrait indignes de figurer parmi eux, parviennent cependant à se créer une renommée en flattant les passions de leurs contemporains. Et c'est ainsi que se crée peu à peu, aux mauvaises époques, une classe dangereuse qui pousse au mal la société pour en exploiter les vices et les passions. » (*La Réforme soc. en France*, ch. XLIX, § VII.)

L'étude des sciences purement physiques n'offre pas de meilleures garanties. « Certains savants, s'exagérant la portée de leurs travaux, envahissent indûment le domaine de la religion. Ils nient les vérités qu'elle enseigne, et ils sapent ainsi les vraies bases de l'ordre moral. Les académies fermées, instituées par l'Etat, substituent une hiérarchie blessante à celles qui se fondent plus sûrement sur les jugements du public savant. Souvent, elles jettent l'antagonisme entre des hommes qui pourraient plus que d'autres concourir à la restauration de l'harmonie sociale. » (Ibid. § VI.)

La statistique a confirmé ici pleinement les assertions de Le Play. « Nous sommes forcés d'avouer, disait Ch. Dupin, que la complète ignorance s'allie à la moindre proportion des crimes contre les personnes, et que l'instruction supérieure l'emporte sur toutes les autres par sa multiplicité des crimes. » (*Journal des Débats*, 1er octobre 1842.) Le Play constate donc que c'est à la famille, avant tout, qu'a été confié le dépôt des fondements de la science sociale. « L'enfant apporte en naissant un penchant décidé vers le mal. Il n'est initié à la connaissance et à la pratique du bien que par la grâce divine et par les enseignements qu'a légués la sagesse des générations antérieures. Ce trésor de vérités morales, accumulé ainsi depuis la création de l'homme, se transmet par l'éducation aux âmes d'élite qui le conservent, en y ajoutant le fruit de leurs propres efforts ; et c'est le père qui est particulièrement chargé de ce précieux dépôt et de cette merveilleuse transmission. Il en est de même pour les autres trésors de raison et d'expérience qui composent le patrimoine commun des nations prospères... Leur principal secret se trouve dans la double action exercée, au foyer domestique, sur l'enfance et la jeunesse : d'abord dans l'excitation bienfaisante qui émane de la mère de famille et qui inculque aux jeunes cœurs l'amour et le dévouement ; puis dans la contrainte salutaire, à l'aide de laquelle le père imprime à ceux qui n'y sont pas suffisamment enclins les habitudes de respect, de travail et de prévoyance. La force des sociétés prospères réside également dans l'influence que le père de famille acquiert sur ses enfants, en présidant seul, sans le concours de l'Etat, à l'œuvre longue et difficile de l'éducation. C'est en cela que le progrès de l'autorité paternelle implique celui de la liberté civile et politique. » (*La Réforme sociale en France*, ch. XXVII, §§ IV et V.)

Montesquieu n'était pas d'un autre avis quant à l'efficacité de l'autorité paternelle pour le maintien des bonnes mœurs et de la prospérité des Etats. « Si le législateur, dit-il, donne aux pères une grande autorité sur leurs enfants, rien ne soulage plus les magistrats, rien ne dégarnit plus les tribunaux, rien ne répand plus de tranquillité dans un Etat où les mœurs font toujours de meilleurs citoyens que les lois... C'est, de toutes les puissances, celle dont on abuse le moins, c'est la plus sacrée de toutes les magistratures, c'est la seule qui ne dépend pas des conventions, et qui les a même précédées. » (*129e Lettre persane.*)

« Quand l'invasion de la nouveauté dépasse certaines limites, dit Le Play, la race s'ébranle, puis se désorganise. Les plus solides familles stables deviennent impuissantes à réprimer, dans les jeunes générations, les désordres émanant du vice originel. Dès lors, elles ne tardent pas à se transformer, et elles sont, à la longue, remplacées par des familles anormales qui ont pour caractère distinctif l'instabilité, et pour tendance habituelle la discorde.

A cet égard les *civilisés* qui abandonnent leur tradition se condamnent eux-mêmes à subir les fléaux que déchaînent les pires conditions de la vie sauvage. » (*Constit. essentielle*, p. 41.)

Enfin, il résume ainsi la gradation des contraintes nécessaires pour conjurer les désastres dont la société est constamment menacée par les conséquences de la déchéance originelle :

« La famille, guidée par la tradition de la race, est seule capable d'amener l'enfant au bien par la discipline de l'éducation. En dressant les individus à pourvoir à leurs deux besoins essentiels, c'est-à-dire à pratiquer la loi morale et à produire le pain quotidien, la famille fonde la société à son image. Conformément à la même tradition et à la nature des lieux, les chefs de famille se concertent pour gouverner, au besoin par la contrainte, les hommes faits qui ne se montrent pas suffisamment initiés à la pratique de la paix sociale. Enfin, l'Etat, réduit à sa vraie mission, intervient seulement quand il y a défaillance soit chez les chefs isolés, soit dans les corps dirigeants qu'ils constituent. — J'affirme que cette doctrine est la vraie, j'en ai fourni la preuve dans de longs écrits. » (Ibid., p. 44.)

§ 5. — *La contrainte gouvernementale.*

Le Play a raison de l'affirmer énergiquement : la vraie conception de l'ordre social consiste à considérer la société non pas comme une masse d'individus agglomérés par le hasard, mais comme une hiérarchie de corporations naturelles, organisées chacune selon les lois de sa nature propre, et concourant hiérarchiquement, chacune dans sa sphère d'action, au maintien du bon ordre social par le conseil et l'éducation d'abord, et au besoin par la contrainte.

La première autorité sociale, celle qui, comme l'a remarqué Montesquieu, *ne dépend pas des conventions et les a toutes précédées*, c'est celle du père de famille. Après elle, vient l'autorité de la réunion des chefs de famille dans la commune; puis les corporations placées, par les chefs de famille ou par leurs délégués, à la tête du département ou de la province, et, enfin, la souveraineté qui régit l'Etat. Toutes ces autorités sociales sont successivement la base l'une de l'autre, en commençant par la famille qui est la base fondamentale, de telle sorte que J. Bodin a pu dire : « Il est impossible que la république vaille rien si les familles qui sont les piliers d'icelle sont mal fondées. (*Les six livres de la République*, liv. I, ch. IV.)

Chacune de ces autorités a ses droits propres, et autant de pouvoir qu'en exige la fonction sociale dont elle est chargée. D'où il suit qu'elles se servent réciproquement de bornes naturelles ; la compétence de l'une commence là où cesse la compétence de l'autre ; d'où il suit encore que les autorités supérieures dans leur ordre hiérarchique suppléent à la défaillance des autorités inférieures. Mais ces autorités ne peuvent légitimement contraindre qu'en vertu d'un droit inviolable ; et ce droit ne peut leur venir que de Dieu, aucune autre loi que la loi de Dieu n'étant inviolable. Aussi, Le Play a-t-il constaté, comme nous le verrons bientôt, que la loi de Dieu est le premier principe de la constitution essentielle de l'humanité. Or, le quatrième commandement du Décalogue est tel : « Honorez votre père et votre mère, afin que vous viviez longtemps sur la terre. » Voilà donc l'autorité paternelle constituée de droit divin, et c'est la seule que Dieu ait constituée directement. C'est elle qui a reçu ainsi de Dieu le droit de contraindre, et c'est elle qui transmet ce droit inviolable et surhumain à toutes les autres autorités légitimes. De telle sorte que lorsque l'autorité paternelle est violée ou violentée dans son exercice légitime, toutes les autres autorités sont viciées dans leur source.

« Le principe de tout bien, dit Le Play, c'est la loi de Dieu formulée dans le Décalogue. Il préside à la vie privée comme à la vie publique. Il est la règle suprême pour les particuliers comme pour les gouvernants. Il fournit, pour juger les hommes, un criterium infaillible ; les bons sont ceux qui se soumettent à la loi ; les mauvais sont ceux qui se révoltent contre elle. » (*Réf. soc. en France*, t. IV, p. 143.)

Mais ce droit de contrainte dont les autorités sociales sont investies, ce n'est pas à leur profit qu'elles l'exercent. C'est un devoir qu'elles accomplissent, c'est un droit social qu'elles garantissent.

« Au nombre des besoins des hommes, dit Burke, celui qui se fait le plus sentir est de restreindre les passions. La société n'exige pas seulement que les passions des individus soient réduites, mais même que, collectivement et en masse, aussi bien que séparément, les inclinations des hommes soient souvent bornées, leur volonté contrôlée et leurs passions soumises à la contrainte. Cela ne peut certainement s'opérer que par un pouvoir qui soit *hors d'eux-mêmes*, et qui ne soit, dans l'exercice de ses fonctions, soumis à cette même volonté et à ces mêmes passions que son devoir est de dompter et de soumettre. Dans ce sens, la contrainte est, aussi bien que la liberté, au nombre des droits de l'homme. » (*Réflexion sur la révolution de France*, p. 121.)

Imbus des faux dogmes de 1789, nos contemporains ne comprennent pas ainsi la mission gouvernementale. Ils prétendent faire découler le pouvoir de la *souveraineté du peuple*, sans prendre garde qu'il ne peut résulter de l'exercice de cette prétendue souveraineté qu'un fait, qui n'est que le résultat d'une force, et que cette force peut être, et est en effet, périodiquement brisée par une force prédominante. Le Play proteste dans tous ses écrits contre « cet esprit de révolte qui a envahi toutes les classes de la société ». J.-J. Rousseau, lui-même, qui avait émis ce faux principe, n'a pu s'empêcher d'en réprouver les conséquences. « Je ris de ces peuples avilis, a-t-il écrit, qui, se laissant ameuter par des ligueurs, osent parler de liberté, sans même en avoir l'idée, et, le cœur plein de tous les vices de l'esclavage, s'imaginent que pour être libres il suffit d'être des mutins. » (*Du gouvernement de la Pologne.*)

En présence du fait incontestable de la déchéance originelle et de la propension innée de l'homme vers le mal, le système qui donne le gouvernement à la majorité doit amener inévitablement le règne du mal. En l'absence de toute autorité dirigeante et de toute contrainte, la contagion de l'erreur et du vice n'a plus de bornes. La majorité se compose alors des égarés et des mauvais ; et c'est celle-là qui règle et qui gouverne. « Il ne se peut imaginer un pire état des choses, dit Montaigne, qu'où la méchanceté vient à être légitime, et à prendre, avec le congé du magistrat, le manteau de la vérité. » (*Essais*, l. III, ch. XII, t. IX, p. 47.)

« L'enseignement de l'histoire, dit Le Play, et celui de la raison, condamnent la liberté pratiquée sans contrepoids, ou même sans entrave formelle. Partout on réprime, dans l'enfance et la jeunesse, les inclinations, et chez les hommes faits, les actes qui sont incompatibles avec la paix publique. D'un autre côté, chez les races modèles, ces contraintes nécessaires se trouvent en présence de libertés légitimes. On peut même dire que la liberté et la contrainte sont en quelque sorte enchevêtrées par leur nature. » (*Const. essent.*, p. 216.)

La liberté est une faculté précieuse à la fois et périlleuse. Il faut ne pas confondre le libre arbitre, la liberté de vouloir, avec la liberté de faire. La liberté morale est si absolue, dit saint Augustin, qu'on ne peut forcer l'homme à faire malgré lui autre chose que ce qu'il veut : *tantæ est etiam libertatis, ut ad aliud invitum cogi non possit.* (*Manuale*, c. xxv. Edit. Migne, t. VI, p. 962.)

Or, étant donnée la pente innée de l'homme vers le mal et cette liberté de le vouloir, plus il est incité à le vouloir et plus il doit être empêché de le faire. Les hommes de nouveauté s'étaient imaginé que les progrès de la civilisation moderne élargiraient le champ d'action de la liberté ; il arrive au contraire, et il arrivera toujours, qu'en présence d'un progrès matériel, les passions mauvaises seront surexcitées : d'où se fera sentir la nécessité de réprimer plus exactement les écarts de plus en plus nombreux de la liberté, parce qu'il faut, selon la remarque de Burke, « suppléer par la plénitude de la force au vide de la sagesse ». Ajoutons, et de l'intelligence ; ce qui a fait dire à Confucius : « On peut bien contraindre le peuple à obéir à la loi ; on ne peut pas le contraindre à la comprendre ».

C'est ainsi que les sociétés perdent de leur liberté à mesure qu'elles se compliquent, et que pour conjurer les périls de la corruption, il faut *resserrer* la contrainte et donner, dit Le Play, « un supplément d'énergie aux convictions religieuses ». (*Ouvr. europ.*, t. I, p. 356.)

« Quand les défaillances se multiplient chez les familles dirigeantes, par le mauvais exemple des gouvernants, le mal s'étend à toute la nation. Enfin la race s'abîmerait peu à peu dans la corruption, si les catastrophes nationales ne venaient promptement apporter les moyens de salut ou tout au moins des avertissements salutaires. Ce secours est douloureux, mais indispensable aux peuples égarés, et il n'a jamais été refusé par la Providence aux races révoltées contre la constitution essentielle. » (*Ouvr. europ.*, t. I, p. 610.)

Il ne considérait pourtant pas les catastrophes comme une nécessité fatale et inévitable ; elles ne deviennent telles qu'en présence d'un aveugle et coupable entêtement dans le mal.

« Je crois être d'accord avec vous, nous écrivait-il, quand j'interprète ainsi qu'il suit la vertu curative des catastrophes nationales ; elles sont nécessaires à un peuple enorgueilli, mais non suffisantes. Seules elles préparent, en se superposant, le sort de Ninive et de Carthage. Précédées par la prédication de la vérité, elles peuvent assurer le salut. En voyant le dévouement que vous accordez à l'Union, je me hasarde même à penser que vous ne me condamnerez pas absolument si j'émettais l'espoir que, secondés par de plus sages et de plus habiles que nous, nous pourrions obtenir le salut sans le concours un peu effrayant des catastrophes. Si cela vous paraissait chimérique, vous m'accorderiez du moins qu'un grand enseignement de vérité, dans les circonstances présentes, diminuerait l'intensité et la durée de la catastrophe. » (10 avril 1875.)

§ 6. — *Les principes de la Constitution essentielle.*

Le Play groupe en trois catégories les institutions qui ont pour but de rendre les sociétés paisibles et prospères, en conjurant les résultats pernicieux de la déchéance originelle : *les principes* qui donnent une impulsion décisive à l'âme et aux intérêts de la communauté ; *les Coutumes familiales* qui règlent l'organisation de la famille ; enfin, *les coutumes sociales*, qui président au gouvernement de la société.

« Sept éléments sont indispensables pour constituer solidement au sein d'une société le bonheur fondé sur la stabilité et la paix. Ils réunissent dans un ensemble harmonieux les individus qui, faute de ce lien matériel et moral, donneraient le spectacle de la division et du désordre. Ils forment trois groupes qui sont comparables aux parties principales de tout édifice. Dans les sociétés heureuses, le Décalogue et l'autorité paternelle peuvent être assimilés au fondement ; la religion et la souveraineté, aux ciments qui relient entre eux les matériaux ; enfin, la propriété sous ses trois formes, aux matériaux eux-mêmes, c'est-à-dire à la partie matérielle de la construction. » (*La Const. essent.*, p. 87.)

On a reproché à Le Play d'avoir pris le Décalogue pour le fondement de la *Constitution essentielle* de l'humanité. « La religion pour une nation chrétienne, a-t-on objecté, c'est le christianisme ; son Décalogue, c'est l'Evangile. » Le Play n'a jamais dit ni pensé le contraire : *Dicit de uno, non negat de altero*. On ne disconviendra pas du moins que le Décalogue ne soit compris dans l'Evangile ; les chrétiens et, qui plus est, les catholiques le récitent chaque jour dans leur prière. Or, il y a pour l'humanité tout entière une constitution essentielle hors de laquelle aucune société humaine ne peut prospérer ni durer. En fait, il y a des sociétés qui ont prospéré et qui ont duré ; il y en a encore qui prospèrent et qui durent hors du catholicisme et même hors du christianisme : il est donc évident que la bonté de Dieu a voulu que ces sociétés, privées des lumières de l'Evangile, trouvassent des éléments de prospérité et de durée, dans un minimum de vérité qu'il ne leur a pas refusé. Ce minimum partout indispensable pour vivre, c'est le Décalogue éternel.

Voilà pourquoi Le Play, écrivant pour tous les peuples, et ayant retrouvé chez tous les peuples prospères les traces de cette législation primitive, a dû la prendre pour fondement de la constitution essentielle de l'humanité. Il n'a jamais dit, ni pensé qu'on dût se contenter du Décalogue alors qu'on a reçu une loi plus parfaite ; il a dit et prouvé par les faits, qu'en aucun cas on ne peut s'en passer. « J'aperçois de plus en plus qu'il y a un bien énorme à faire en démontrant, abstraction faite de tout autre principe que le Décalogue, que le bonheur temporel des peuples *est impossible pour ceux qui repoussent cette commune tradition du genre humain.* » (Lettre du 27 juin 1875.)

Bien plus, et pour écarter toute pensée restrictive, il dit dans son *Vocabulaire des mots constitutifs du langage propre à la science sociale*, au mot *loi morale* : « les prescriptions du Décalogue, avec les interprétations établies, chez les peuples fidèles à la constitution essentielle, par la Religion, la Coutume et les Lois écrites ». (*Ouvr. europ.*, t. I, p. 463.)

Dans ce même volume, aux pages 355 et suivantes, faisant ressortir l'influence bienfaisante des convictions religieuses, il déclare qu'il est nécessaire de leur imprimer « un supplément d'énergie » à mesure que la civilisation se complique.

D'où il est évident que Le Play a voulu suivre, pour la réformation des sociétés humaines, la même marche patiente et toujours progressive que Dieu a suivie pour leur éducation. Le problème social est toujours le même ; la loi qui le résout reste immuable quant au fond ; mais ses prescriptions sont devenues de plus en plus parfaites, jusqu'au jour où elle a reçu par l'Evangile sa consécration définitive, sa sanction éternelle : *novum et æternum testamentum.*

En ce qui concerne l'autorité paternelle, Le Play remarque lui-même que « la mention de ce second principe à la suite du Décalogue peut être considérée, à la rigueur, comme faisant double emploi ».

Il est évident, en effet, que l'autorité paternelle, établie par Dieu lui-même, n'est que la premiere assise posée sur le fondement de l'ordre social, mais qu'elle n'en est pas le fondement même, qui ne peut être que la loi de Dieu. « Les commandements les plus importants du Décalogue sont les prescriptions qui, au nombre de trois, concernent le Créateur. Toutefois, je me suis demandé si le IVe commandement, qui confère au père et à la mère, chez les races patriarcales, l'exécution des trois premiers, n'a pas une importance comparable à celle de ceux-ci dans la pratique de la vie. » (Lettre du 18 décembre 1881.)

C'est le père, en effet, qui a été le premier représentant de Dieu sur la terre : il a été le premier prêtre, le premier roi ; c'est lui qui a reçu de Dieu la loi, avec mission de l'enseigner et d'en procurer l'observance. Il n'est pas le fondement réel de l'ordre social, mais il en est le premier fondement visible.

2e principe : *la religion.* — A première vue, on pourrait considérer encore ce second principe comme étant implicitement compris dans le premier. Mais Le Play a voulu spécifier ici que le culte individuel et purement intérieur rendu à Dieu ne suffit pas, même au point de vue de la prospérité temporelle, et qu'il y faut joindre le culte public, tant de la part des individus et de la famille, que de la part de la société civile.

« Dieu a révélé au premier homme, dans son Décalogue, la loi morale qui fournit aux familles et aux sociétés le frein qu'elles ne trouvent pas dans leur propre nature. Celles-ci réagissent contre les premiers abus de leur liberté, en demandant à Dieu la grâce qui leur est nécessaire pour les rendre capables d'accomplir cet effort. L'établissement de cette relation directe de l'homme avec Dieu s'impose aux familles et aux sociétés aussi impérieusement que la satisfaction des deux besoins essentiels. Jamais, chez aucune race, on n'a pu établir ce lien indispensable à la pratique de la loi morale, sans instituer une autorité spéciale chargée de ce service... Partout le personnel investi de cette autorité est secondé par des *rites* dont la pratique n'est pas moins nécessaire que la consommation du pain quotidien. Chaque jour, en effet, la faim rappelle à l'homme qu'il a besoin de nourrir son corps; chaque jour également la pratique des rites lui rappelle qu'il doit être soumis à Dieu pour observer la loi morale, c'est-à-dire pour procurer à son âme la nourriture, qui est la seconde source du bonheur temporel.

Partout la religion assure aux croyants le même bienfait ; elle établit entre eux un accord admirable que les chrétiens nomment si justement *la paix de Dieu* ; mais elle a pour manifestation extérieure ce personnel et ces rites. » (*Const. essentielle*, p. 87.)

3° principe : *la souveraineté.* — L'autorité paternelle, appuyée sur la religion, ne suffit pas pour assurer complètement le règne de la paix, même au sein des sociétés prospères. « La société s'abîmerait bientôt dans la discorde, si la justice et la force armée n'agissaient pas de concert pour prévenir les violences, juger les conflits d'intérêts et punir les attentats contre la paix publique. La haute direction de ces deux services est la fonction spéciale de la souveraineté. » (Ibid., p. 89.)

Le principe de la souveraineté est partout et toujours le même, il est de droit divin. Mais la forme de la souveraineté est variable parce qu'elle est de droit humain. Néanmoins, la liberté de varier les formes de la souveraineté ne va pas jusqu'à violer son principe même, ce qui serait la détruire.

La fonction du pouvoir souverain, qu'il soit un ou plusieurs, électif périodiquement, viager ou héréditaire, est de juger et de punir souverainement, c'est-à-dire sans appel, mais conformément à la loi de Dieu. Tout ce qui, dans une constitution politique, mettrait obstacle à cette fonction de haut justicier dévolue au pouvoir souverain, détruirait en fait la souveraineté, violerait la constitution essentielle et livrerait la société à l'anarchie.

— 4e, 5e et 6e principes: *la propriété sous ses trois formes.* — Le Play remarque ici que la propriété foncière est le principal moyen de subsistance, et il l'envisage sous trois formes qui sont les modes les plus usuels d'appropriation : la propriété *communale*, la propriété *familiale*, la propriété *patronale*. Mais, comprenant lui-même que ces trois expressions ne rendent pas bien exactement sa pensée, il l'explique ainsi : « Enfin, dans les diverses localités où chacune de ces formes domine, les modes d'existence de la population peuvent être caractérisés respectivement par les trois noms : *communauté, vie de famille, patronage.* » (*Const. essentielle*, p. 92.)

Par régime de la *communauté*, Le Play n'entend pas communauté des biens ; il entend seulement la jouissance en commun du sol et des eaux dans les limites d'un territoire qui a été approprié en commun pour cet usage par une tribu ou un groupe de familles.

Sous le régime de la propriété *famillale*, le domaine est pieusement conservé de génération en génération dans la famille, qui s'honore et se consolide elle-même par cette conservation : c'est ce qu'on appelle un *domaine de famille.* Mais, si la jouissance du domaine profite à toute la famille, la propriété n'en appartient qu'au chef de la famille qui la transmet selon la coutume familiale, mais par sa libre volonté, à celui de ses enfants qu'il lui plaît de désigner, quand la loi n'y fait pas obstacle. C'est pour détruire les obstacles qui s'opposent à l'exercice légitime de cette volonté du père de famille, et pour affermir son droit de propriété personnelle, que Le Play a réclamé avec tant d'insistance la liberté testamentaire.

Sous le régime du *patronage*, le propriétaire « réside en permanence sur son domaine afin de pourvoir aux obligations que lui imposent les traditions de la famille souche et les coutumes sociales inhérentes à la possession d'une grande propriété. Il exploite directement, avec le concours de la famille et de ses domestiques, la partie du territoire contiguë à son foyer. Le surplus est divisé en domaines de consistance variable. Chacun de ceux-ci est exploité par une famille stable de tenanciers, qui partage avec le propriétaire les produits de son exploitation. Les rapports mutuels des patrons et du tenancier varient selon les lieux ; mais partout ils ont un caractère commun. Le patron est attaché en permanence à ses tenanciers. Il leur garantit le pain quotidien. Il leur donne l'exemple de la soumission à la loi morale. » (*Const. essentielle*, p. 93.)

Voilà bien le système salutaire des engagements permanents et réciproques du propriétaire et des tenanciers. On appelait autrefois ces derniers des *manants*, ce qui signifiait des hommes vivant sous le patronage du propriétaire et sur son domaine, en permanence, *commanentes*. On a fait depuis, de ce terme indiquant le droit à un affectueux patronage, une sanglante injure. Tout acte d'injustice ou de violence envers un manant était autrefois une injure envers le patron qui avait charge de le protéger et qui se mettait lui-même en cause, en disant : « Ne touchez pas à cet homme, il est mon manant », ce qui signifiait *mon commensal*. Le droit de propriété sous ses trois formes est donc un des principes fondamentaux de la constitution essentielle de l'humanité. Les économistes ont beaucoup disserté et dissertent encore sur les origines de ce droit. Plusieurs, parmi les plus autorisés, prétendent « qu'à l'époque primitive, la terre était possédée en commun par la tribu ou le village, ou tout au moins elle était *inaliénable*. Ce système justifierait la prétention des collectivistes, qui disent que : « tout propriétaire n'est qu'un fonctionnaire public, un détenteur responsable, chargé par l'humanité de gérer une portion de la richesse commune ».

L'erreur des économistes provient de ce que, sur ce point comme sur beaucoup d'autres, ils ont étudié ce qu'ils appellent l'*époque primitive*, chez des peuples qui n'étaient pas primitifs. Il n'y a de peuples primitifs que ceux dont l'origine date de la dispersion générale après le déluge. Il ne subsiste plus aujourd'hui que deux de ces peuples primitifs : l'un, le peuple juif, à l'état de dispersion, mais ayant une existence toujours distincte en tant que race, et ayant conservé son histoire depuis son origine ; l'autre, le peuple chinois, subsistant toujours et ayant aussi conservé ses annales.

Tous les autres peuples contemporains doivent leur origine à des essaimages successifs, tous postérieurs à la dispersion générale primitive, et qui se sont effectués à des époques où les mœurs primordiales avaient été plus ou moins profondément altérées. Ces peuples de seconde formation ne sont donc pas des témoins sûrs, en ce qui concerne l'époque primitive.

Si les savants contemporains n'avaient pas une répugnance si invincible pour la Bible, ils auraient trouvé là, exprimées avec beaucoup de clarté, les origines de la propriété sous ses trois formes ; ils y auraient vu que, dès l'origine, elle a existé simultanément sous ses trois formes.

La terre n'était pas *possédée en commun par la tribu ou par le village*, apparemment, alors qu'il n'y avait ni tribu, ni village. Or, nous voyons Adam et ses enfants ayant chacun sa propriété personnelle distincte : celle d'Adam destinée à devenir après lui l'héritage de sa famille, et celle de ses enfants, témoignant que, dès l'origine, les enfants se constituaient, tant en meubles qu'en immeubles, un pécule personnel à part.

Quant au reste de la terre, qui n'était pas alors approprié, il n'était pas pour cela commun ; il était simplement appropriable, et il devint en effet approprié successivement, soit par des individus, soit par des tribus ou par des communautés d'habitants. Dieu n'a pas donné la terre aux hommes pour qu'ils en jouissent en commun ; il la leur a donnée pour qu'ils se l'appropriassent soit par un travail individuel, soit par un travail en associations. Jamais, à l'époque primitive, la terre ne fut considérée comme commune ou inaliénable ; tous les faits de cette époque fournissent la preuve du contraire. Toute terre qui n'était pas déjà occupée appartenait au premier occupant, et son droit de propriété était constaté par un travail quelconque opéré sur cette terre. Pour les lieux qui n'étaient pas destinés à la culture, mais réservés pour le pâturage, le mode d'occupation, consacré et respecté, était le fait d'y avoir creusé un puits pour abreuver les bestiaux.

Abimélech, roi de Géron, reçoit sept agneaux d'Abraham pour prix du puits qu'il avait creusé à Bersabée. (*Gen*. c. xxi, 8, 30.) Plus tard, son fils Isaac revient au même lieu, y retrouve les puits creusés par son père, fait constater par là son droit contesté, et y creuse de nouveaux puits. (Ibid. c. xxvi.)

Chez les peuples ou tribus qui possédaient des terres occupées en communauté, la propriété individuelle n'en existait pas moins simultanément. C'est ainsi qu'Abraham acheta d'Ephron, habitant de Heth, sa caverne de Macphelah, pour y ensevelir sa femme Sara. Il paya quatre cents sicles d'argent, en monnaie qui avait cours, la propriété de cette caverne, du champ et de tous les arbres qui s'y trouvaient. Cette acquisition fut faite d'une manière solennelle, en présence de toute la population de Heth et de tous ceux qui entraient par la porte de la ville. (*Gen.* ch. XXIII.)

Pendant la famine d'Égypte, Joseph acheta, au nom de Pharaon, toute la propriété du sol, à l'exception de ce qui appartenait aux prêtres, chacun des Égyptiens vendant tout ce qu'il possédait pour avoir du blé. L'usufruit de la terre leur fut laissé à la condition de payer au roi le cinquième de son produit. (*Gen.* ch. XXVII.) C'est le premier exemple de ce qu'on nomma plus tard *dominium Cæsaris ;* mais ce fait même témoigne de la priorité de la propriété individuelle. C'est ainsi que Dieu, qui a voulu que l'homme déchu se procurât son pain à la sueur de son front, a donné pour sanction à la loi du travail le droit de propriété, et qu'il a voulu qu'il fût tout à la fois le résultat et la récompense du travail accumulé. Il en a été ainsi dès l'origine du genre humain ; et, dès ce moment-là même, Dieu a consacré ce droit par la défense de le violer : défense, non seulement de le prendre et de le retenir, mais même de le convoiter pour l'avoir injustement.

Les trois formes de la propriété, telles que Le Play les signale, ne sont que des conséquences du droit primordial de propriété individuelle. Les modes de propriété familiale et patronale ne sont que les devoirs du chef de famille ou du grand propriétaire. Quant à la communauté, elle n'est point un droit primordial ; elle ne peut résulter que de la libre volonté des associés, ou de l'impossibilité de tirer autrement parti de la chose commune.

Les trois formes de la propriété ne résultent en réalité que d'un seul principe ; les sept éléments de la constitution essentielle de l'humanité peuvent se réduire aux cinq principes suivants : 1° la loi de Dieu ; 2° l'autorité paternelle ; 3° la religion, ou le pouvoir spirituel ; 4° la souveraineté, ou le pouvoir temporel ; 5° la propriété, avec les devoirs et les droits qui en résultent conformément à la loi de Dieu.

CHAPITRE IV

CONSÉQUENCES DE LA CONSTITUTION ESSENTIELLE DE L'HUMANITÉ ET DES PRINCIPES SUR LESQUELS ELLE EST ÉTABLIE.

§ 1er. — *Conséquences de la constitution essentielle.*

Les conséquences de la constitution essentielle, si elle était toujours respectée, seraient la paix, la prospérité, le bonheur pour tous et la stabilité.

« Les races humaines qui se sont élevées au plus haut degré du bien-être, de la prospérité et de la puissance, n'ont jamais réussi jusqu'à ce jour à s'y maintenir. Sur ce point, elles contrastent absolument avec tous les animaux sociables. Cependant l'instabilité de l'homme n'est pas, comme la permanence des animaux et des plantes, imposée par des lois fatales. L'histoire du passé et l'observation du présent démontrent, au contraire, qu'il pourrait

4*

offrir à tous les êtres vivants les modèles de la stabilité dans le bien-être. Il est assujetti, comme eux, aux calamités déchaînées périodiquement, par les effets de l'activité minérale; mais il l'emporte sur tous dans la lutte pour l'existence, s'il se soumet volontairement à certaines règles, qui lui sont connues depuis leur apparition. Ces règles ne sont point incarnées dans l'homme, comme l'instinct de la conservation dans l'animal. Loin de là : elles sont en général oubliées ou enfreintes par les sociétés humaines à mesure que celles-ci grandissent en bien-être et en puissance. Toutefois la pratique de la science sociale a enseigné de tout temps le moyen fort simple qui perpétue ces règles du bonheur au sein de l'humanité, ou qui les y restaure quand elles sont perdues. » (*La Const. essentielle*, page 20.)

C'est la grande et pernicieuse erreur de notre temps, que de prétendre que l'homme peut se faire à lui-même sa loi, en vertu de son libre arbitre. La vérité est qu'il a la faculté de choisir entre le vrai et le faux, entre le juste et l'injuste, entre le bien et le mal; mais il n'a en lui-même ni la règle du juste, ni la règle du bien : il est soumis au souverain législateur qui a créé le monde et qui le gouverne. « Dieu a créé tous les hommes pour être « heureux et il leur en a donné les moyens. Si donc « on les voit éloignés si souvent du but de la di- « vinité, c'est qu'ils se font illusion dans le choix de « ces moyens, et qu'ils s'écartent ainsi du chemin « qui doit les conduire au bonheur. » (Epictète, *Nouveau Manuel*, liv. III, § 47.)

Montesquieu a dit avec raison que « les lois sont « les rapports nécessaires qui dérivent de la nature « des choses ». Or, la nature des choses, c'est l'ordre providentiel, c'est la loi naturelle des êtres, chacun selon sa nature de création. C'est de cette loi que Socrate disait : « La loi naturelle, est ; les autres sont faites ». Il y a de même une constitution sociale qui est de droit naturel et divin. Elle est universelle et immuable ; les principes en sont toujours et partout applicables ; elle est le fondement nécessaire, indispensable à toute société humaine, et voilà pourquoi Le Play l'a très justement appelée *la constitution essentielle de l'humanité*.

Il y a, en outre, des constitutions sociales, nationales, distinctes, très diverses, selon les temps, les lieux, les aptitudes des races humaines, les conditions géographiques et climatériques de leurs territoires. Ces constitutions complémentaires et particulières sont purement de droit humain. Elles sont les résultats légitimes du libre arbitre; mais elles ne sont légitimes qu'à la condition d'être entées sur les principes de la constitution essentielle d'ordre divin, et tout ce qu'elles pourraient ordonner ou défendre contrairement à ces principes serait nul et oppressif de soi.

Il est donc bien évident que l'immuabilité des principes de la constitution essentielle ne fait pas obstacle au progrès social : le respect de ces principes est, au contraire, le moyen le plus sûr de réaliser ce progrès, tant au point de vue purement matériel qu'au point de vue moral.

« L'homme naît incomplet, dit Le Play; mais il peut se compléter sous certaines influences dont le principe n'est pas en lui. » (*Const. essentielle*, p. 29.) Ce principe de perfectionnement, il est dans la loi de Dieu qui, non seulement permet, mais commande le progrès : Dieu le commande formellement au point de vue moral, et il le commande implicitement, par la loi du travail, en ce qui concerne l'ordre matériel et temporel. Dieu commande tout à la fois et le perfectionnement individuel et le perfectionnement social ; l'un, d'ailleurs, ne va jamais sans l'autre.

« Une société, a dit justement de Bonald, ne « peut pas plus rester dans l'état imparfait, que « l'homme rester enfant Si elle ne marche pas « vers la perfection, elle se corrompt et elle « meurt ; car elle ne peut pas stationner dans l'état « corrompu ou contre nature. Aussi, une nation « décline et périt quand elle déchoit de l'état par- « fait auquel elle était arrivée. Il n'y a de repos et « de force pour elle que dans l'état parfait de so- « ciété. » (*Du Divorce*, ch. v.)

Les faits contemporains ne confirment que trop la nécessité de respecter la constitution essentielle de l'humanité. C'est pour l'avoir mise en oubli ou volontairement répudiée, que toutes les nations européennes sont travaillées par les passions anarchiques, et que tous leurs progrès matériels n'ont fait qu'aggraver leurs périls.

« Point de paix dans la société, dont les doctrines « et les lois s'écartent de la loi et des doctrines so- « ciales ; et quiconque, homme ou peuple, nie ces « doctrines, ne fût-ce qu'en un seul point, cet « homme, ce peuple rebelle à Dieu subit à l'instant « le châtiment de son crime ; un malaise inconnu

« s'empare de lui. Je ne sais quelle force désordon-« née le pousse et le repousse en tous sens, et nulle « part il ne trouve le repos. Comme Caïn après son « meurtre, il a peur. »

Quand Lamennais écrivait ce qui précède, il semble qu'il avait l'intuition de l'état présent des esprits. Jean-Jacques avait aussi prédit le résultat de tous les systèmes préconçus dont il avait lui-même donné l'exemple, quand il écrivait dans son *Contrat social :* « Si le législateur, se trompant dans son objet, prend un principe différent de celui qui naît de *la nature des choses*, l'Etat ne cessera d'être agité jusqu'à ce qu'il soit détruit ou changé, et que l'*invincible nature* ait repris son empire. »

§ 2. — *La loi de Dieu et la législation humaine.*

« La notion de la loi suprême est le point de départ d'une bonne organisation de la justice. Malheureusement, elle a été graduellement altérée en France par les légistes imbus des idées de la décadence romaine, par l'égoïsme ou la faiblesse des souverains, enfin par les faux dogmes de la Révolution. C'est donc par le retour à cette notion qu'il faut commencer la réforme...

« En France, pendant l'époque d'organisation qui prit fin avec le règne de saint Louis, on n'imaginait pas qu'il fût nécessaire de professer cette vérité ; mais on s'y soumettait scrupuleusement. L'autorité civile ne promulguait pas de lois écrites ; elle se bornait à faire respecter en chaque lieu les coutumes qui dérivaient de la loi suprême. Depuis lors, elle s'est écartée de cette réserve. Peu à peu les souverains et les légistes ont formulé des lois et des constitutions écrites qui violent de plus en plus la loi suprême. Les anciens écrivains français qui ont disserté sur les lois, ont conservé, à cet égard, la trace des vérités dont s'inspirent encore les juges de l'Angleterre et des Etats-Unis ; mais ces vérités tombent de plus en plus en oubli dans les écoles où se forment nos légistes et dans la pratique de nos institutions. »

« On doit admettre sans doute que notre société moderne, étant plus compliquée que celle du passé, exige aussi des rouages plus nombreux, et fournit une matière législative plus abondante. Mais cette législation si variée et en même temps si mobile, qui remplit nos bibliothèques de ses bulletins, prend-elle son principe et sa limite dans la loi suprême? Nos législateurs comprennent-ils que leurs inspirations changeantes doivent toujours s'arrêter devant la législation immuable qui domine tous les peuples, tous les temps? C'est ce qu'on n'oserait affirmer en voyant nos lois écrites consacrer de véritables attentats contre les principes éternels, par exemple contre l'autorité paternelle. Les bons citoyens, qui tiennent à honneur de donner l'exemple de la soumission aux lois de leur pays, ne doivent point pousser jusqu'à la révolte leur protestation contre ces désordres législatifs; mais ils peuvent du moins en demander la réforme avec respect, et avec une ténacité infatigable. Cette réforme est le point de départ de toutes les autres. » (*La Réforme en Europe et le salut en France*, pages 152 et 154.)

Dans le volume dont nous avons extrait ce passage, Le Play a inséré, sous forme d'*introduction*, une lettre a lui adressée par M. H. A. Munro Butler Johnstone, membre de la Chambre des Communes d'Angleterre, sur la constitution anglaise. Cet honorable publiciste y démontre que, malgré les prétentions contraires du parlementarisme moderne, la loi suprême inspire encore en fait la législation de son pays.

« C'est toujours au Décalogue qu'il faut recourir, « dit-il, pour y trouver le guide et le frein des « actions humaines et des lois écrites. Ces lois n'ont « de valeur que si elles découlent de la loi su- « prême ; elles ne sont, pour ainsi dire, que des « règlements sociaux destinés à les mettre en pra- « tique. » (P. 29.)

« Malgré les prétentions modernes, les hautes « cours de justice en Angleterre ont énergiquement « maintenu l'existence de limites au pouvoir légis- « latif du Parlement. En principe, aucune loi natio- « nale ne saurait violer le droit des gens ; et quand « il y a conflit, la suprématie doit rester à ce der- « nier. Saint-Germain, le dernier grand légiste « authentique en Angleterre, déclare que tout statut « contraire à la loi de Dieu, ou à la loi de la nature, « est nul, *ipso facto.* » (Ibid. p. 31.)

Il cite encore l'opinion conforme d'éminents légistes anglais, et, entre autres, cette affirmation de lord Coke : « La loi commune contrôlera les « actes du Parlement et quelquefois les frappera de « nullité complète : car, quand un acte du Par- « lement est contre le *droit commun* et la raison,

« ou bien répugnant, ou impossible à accomplir,
« la *loi commune* le contrôlera et déclarera cet acte
« nul. »

« Un acte du Parlement », dit lord Hobart sur le même sujet, « peut être nul dès son origine, comme « un acte contre l'équité naturelle, car : *jura na-* « *turæ sunt immutabilia ;* sunt LEGES LEGUM. »

Il importe de remarquer que, par l'expression de droit commun ou de loi commune, *common law*, les Anglais entendent la coutume traditionnelle issue des croyances traditionnelles. En Angleterre, toutes les anciennes traditions sont chrétiennes. Sans doute, dans tous les temps la loi de Dieu a été plus ou moins offensée ; mais le domaine souverain de Dieu n'avait jamais été nié : c'est un attentat tout moderne.

« Le sentiment des plus sages, dit Cicéron, a été que la loi n'est point une imagination de l'esprit humain, ni une volonté des peuples, mais quelque chose d'éternel, qui doit régir le monde entier par la sagesse des commandements et des défenses. C'est ce qui leur a fait dire que cette première et dernière loi était l'esprit du Dieu, dont la raison souveraine oblige et interdit... Il existe une raison qui pousse au bien, qui détourne du crime : celle-là ne commence point à être loi, du jour seulement qu'elle est écrite, mais du jour qu'elle est née ; or, elle est contemporaine de l'intelligence divine. Ainsi, la loi véritable et primitive, ayant caractère pour ordonner et pour défendre, est la droite raison du souverain Dieu. » (*De Legibus*, l. II, ch. IV.)

« Lex Dei præclara et divina semper, quæ recta et « honesta jubet, vetat prava et turpia ; cui parentem « sanctissimæ et certissimæ legi, juste ac legitime « necesse est vivere. » (Cicéron, *fragment cité par* « *Lactance*, T. 35, p. 302.)

« Il importe à la société humaine et à chacun de ses membres, que tout homme connaisse et accomplisse les devoirs que lui impose la loi de Dieu envers son prochain et envers soi-même. » (Jean-Jacques Rousseau, *Emile*, livre. V, t. II, p. 101.)

« Dieu, qui est, si je puis parler ainsi, le premier magistrat de la république, supplée à ce qui manque à nos lois et les protège. » (Mably, *De la législation*, t. IX des Œuvres, p. 230. Ed. de l'an 8.)

Malheureux ! disait Epictète à un sceptique de son temps, « toutes tes pensées ne sont que terre et « boue ; tu ne portes tes regards que sur les lois des « hommes, qui sont les lois des morts ; et tu mets en « oubli celles du Dieu vivant ! » (*Manuel*, L. Ier, § 36.)

La loi éternelle, l'immuable volonté de Dieu ordonne de conserver l'ordre naturel des choses et défend de le troubler : toute législation en opposition avec cette loi est un désordre et un péril social. Aussi Montlausier a-t-il pu dire avec raison : « Un « peuple chez qui la loi se croirait à la fois au-dessus « de la famille, de la religion, des mœurs publiques, « présenterait le dernier degré d'avilissement où « puissent arriver les hommes. »

§ 3. — *L'autorité paternelle.*

Le Play a résumé lui-même ainsi qu'il suit tout ce qu'il a dit de l'autorité paternelle dans ses nombreux écrits :

« Secondée par le ministère affectueux de la mère, l'autorité paternelle est le plus nécessaire, le plus légitime des pouvoirs sociaux. Elle n'est point, à vrai dire, instituée par les lois. Comme la famille, dont elle est le fondement et le principe, elle surgit de la nature même de l'homme, de la femme et de l'enfant. En l'absence d'une société plus nombreuse, la famille, soumise à l'autorité paternelle, forme un ensemble complet. Aucune société, au contraire, à moins de violer les lois les plus manifestes de la nature physique et de l'ordre moral, ne saurait se passer de ce premier degré d'association et de pouvoir. Les lois civiles, en imposant aux enfants le respect et l'obéissance envers les parents, s'honorent elles-mêmes encore plus qu'elles ne fortifient l'autorité paternelle. Pour que celle-ci ait toute sa puissance, il suffit que les institutions civiles ne la combattent pas formellement.

« .... L'autorité du père ne se fonde pas seulement sur la dignité créatrice et sur la protection accordée aux autres membres de la famille ; elle repose plus encore sur l'amour paternel, la plus durable et la moins égoïste des affections humaines. Aucun autre pouvoir social n'est aussi enclin à se dévouer, sans arrière-pensée, au bonheur de ceux qu'il gouverne...

« A tous ces titres, l'autorité paternelle a été partout l'une des bases de l'ordre social. Selon toutes les religions, elle est constituée par la loi divine ; mais elle est à son tour le principal auxiliaire du culte, de même que dans l'ordre civil elle est le plus ferme appui du pouvoir.... »

« La société exige que le père pourvoie à l'existence de la femme et des enfants ; qu'il prévienne chez eux les écarts contraires au bon ordre, qu'il les tienne, en un mot, dans un état permanent de bien-être et de vertu. Il est donc indispensable que, sous ces divers rapports, les mœurs ou la loi mettent son pouvoir au niveau de sa responsabilité. Il faut, en premier lieu, que, de son vivant, il dispose librement de la propriété, qui fournit le principal moyen de subvenir, par le travail, aux besoins de la famille. Il importe, en second lieu, que le droit à l'héritage ne confère pas la jouissance des avantages sociaux aux enfants qui auraient mal rempli leurs devoirs. A ce double point de vue, la propriété libre et individuelle et la liberté testamentaire sont les compléments nécessaires de l'autorité paternelle.» (*La Réforme sociale en France*, t. II, pages 72 à 77, 6me éd.)

C'est une des plus pernicieuses erreurs de notre temps que celle qui consiste à prétendre que, par le seul fait de la constitution de la société publique, le gouvernement familial a été supprimé de droit, et que l'Etat n'a plus en face de lui que des individualités relevant toutes de lui au même titre, et soumises, jusque dans les détails les plus intimes de leur existence, à sa juridiction absolue et discrétionnaire.

Il n'en saurait être ainsi en raison, et il n'en est pas ainsi en droit : la société publique n'a pas le droit de détruire, ni même d'altérer, les rapports naturels et nécessaires qui existent entre les membres de la société domestique. En devenant sujet dans l'Etat, le père n'en est pas moins resté pouvoir, dans la famille : son pouvoir a été diminué, sans doute ; parmi ses attributions originelles, il a dû renoncer à celles qui étaient souveraines et d'ordre public ; mais il a conservé toute son autorité domestique, et cette autorité lui a été garantie par tous les législateurs qui se sont montrés pénétrés des conditions du bon ordre social.

Aristote fait remarquer que la société familiale est plus dans la nature de l'homme que ne l'est la société civile ; que le foyer est antérieur à la cité, et plus indispensable qu'elle. Dans la famille, les fonctions et les devoirs se trouvent spontanément et naturellement répartis ; tout y tend comme de soi à l'utilité commune et au bien-être de tous (Ἠθικῶν, l. VII, ch. XII). Aussi n'hésite-t-il pas à affirmer que le gouvernement familial est beaucoup plus efficace, pour la moralisation et la prospérité des peuples, que ne le peut être le gouvernement politique. Les enseignements et l'exemple des parents ont plus d'empire que les lois, tant à cause de l'affinité du sang que parce que les enfants se soumettent volontiers à une autorité qu'ils aiment et dont ils ont éprouvé les bienfaits. Cette autorité, d'ailleurs, sait, mieux que l'autorité publique régler son action d'après le caractère et les aptitudes de ses subordonnés, parce qu'elle les connaît mieux (Ibid. L. X, ch. IX).

Le Play signale ainsi les résultats funestes de l'état d'oppression auquel on a condamné chez nous l'autorité paternelle :

« En France, l'autorité paternelle n'est appuyée ni par la religion, que de hautes intelligences combattent depuis la fin du XVIIe siècle, ni par la loi civile, que les niveleurs de 1793 édictèrent, en méfiance du père de famille. Elle ne peut compter davantage sur le concours de l'opinion publique. Elle a chez nous des ennemis systématiques qui restent soumis à l'impulsion que la Terreur a donnée aux esprits ; et si leurs attaques contre cette autorité sont moins formelles que celles qu'ils dirigent contre la religion, elles ne sont pas, au fond, moins efficaces. Dans leurs rangs, je trouve habituellement les sophistes qui, repoussant la tradition nationale incarnée dans les pères de familles, veulent transformer la société par des moyens violents et lui imposer un progrès chimérique, en dehors de l'ordre moral et de l'expérience. J'y rencontre également une multitude d'écrivains qui, n'apercevant pas la distinction des lois physiques et des lois morales, se persuadent que la connaissance de l'ordre matériel, communiquée de bonne heure à la jeunesse dans les écoles, lui confère nécessairement la suprématie dans la famille et l'aptitude que réclame le gouvernement des choses humaines.

« Notre société est profondément désorganisée par cette théorie et par les déplorables pratiques émanant du partage forcé. L'une des grandes causes de nos désastres est la triste condition du mariage. Ayant été contraint de subordonner le choix d'une femme à la recherche d'une dot, le mari ne peut goûter que par exception le bonheur qui naît de l'harmonie des caractères. La stérilité, imposée par le partage forcé, exclut du foyer domestique la vie et la gaieté, en supprimant le principal attrait qui pourrait y attacher les parents. Alors même que le droit à l'héritage ne détruirait pas chez les enfants l'esprit de travail et d'initiative, la stérilité laisserait aux parents peu de chances de trouver parmi eux un successeur apte à continuer l'œuvre de la famille. » (*La Réforme sociale en France*, t. II, p. 86.)

Ce n'est pas ici le lieu d'entrer dans le détail des prescriptions légales qu'il sera nécessaire d'édicter quand on voudra reconstituer l'autorité paternelle. Nous nous bornerons à dire que, pour que l'exercice de cette autorité soit possible, pour qu'elle puisse accomplir efficacement sa mission sociale, trois conditions sont indispensables : la liberté de l'enseignement, le droit de correction paternelle, la liberté testamentaire. Sans aucun doute, ces attributions de la puissance paternelle doivent être définies et circonscrites de manière à prévenir des abus et à donner des garanties, à la fois à l'ordre familial et à l'ordre social; mais elles sont la base même et la sanction de l'autorité paternelle, et si l'une d'elles vient à faire défaut, cette autorité ne sera jamais, comme elle est aujourd'hui, qu'un vain simulacre destitué de tout respect et de toute efficacité sociale.

Enfin, nous répéterons ici ce que nous avons essayé de démontrer ailleurs (*Le gouvernement familial*, Annuaire de la Société d'économie sociale, t. III, 1877-1878, page 248) : la restauration du gouvernement familial est la plus nécessaire et la plus urgente de toutes les réformes, puisque, sans elle, toute autre réforme est irréalisable ou impuissante.

§ 4. — *La religion.*

Le Play commence ainsi le chapitre 9 du premier livre de *la Réforme sociale en France :*

« La religion a toujours été le premier fondement des sociétés. Le scepticisme n'est justifié ni par la science, ni par l'histoire, ni par la pratique actuelle des peuples modèles.

« La prospérité, partout, est toujours liée à la pureté des convictions religieuses.

« L'étude méthodique des sociétés européennes m'a appris que le bonheur individuel et la prospérité publique y sont en proportion de l'énergie et de la pureté des convictions religieuses. Je ne crains pas d'affirmer que tout observateur qui recommencera cette étude selon les règles de la méthode, c'est-à-dire avec un esprit dégagé de toute idée préconçue, sera contraint, par l'évidence des faits, à la même conclusion. »

Puis il cite en note, l'opinion de Montesquieu, conforme à la sienne : « Chose admirable ! la religion chrétienne, qui ne semble avoir d'objet que la félicité de l'autre vie, fait encore notre bonheur dans celle-ci. » (*Esprit des lois*, liv. XXIV, ch. XI.)

Il aurait pu citer, à l'appui de sa thèse, bien d'autres témoignages que les plus sceptiques ne pourraient récuser.

« Jamais État ne fut fondé que la religion ne lui servît de base. » (J.-J. Rousseau, *Contrat social*, liv. IV, chap. VIII.)

« Je n'entends pas qu'on puisse être vertueux sans religion ; j'eus longtemps cette opinion trompeuse, dont je suis trop désabusé. » (Id., lettre à d'Alembert, t. I, p. 404.)

« Je ne voudrais pas avoir affaire à un prince athée qui trouverait son intérêt à me faire piler dans un mortier : je suis bien sûr que je serais pilé. Je ne voudrais pas, si j'étais souverain, avoir affaire à des courtisans athées, dont l'intérêt serait de m'empoisonner... Il est donc absolument nécessaire, pour les princes et pour les peuples, que l'idée d'un Être suprême, créateur, gouverneur, rémunérateur et vengeur, soit profondément gravée dans les esprits. » (Voltaire, *Dictionn. phil.*, v° *Athéisme*, section IV.)

« Les princes ou les républiques qui veulent se maintenir à l'abri de toute corruption doivent, sur toutes choses, conserver dans toute sa pureté la religion, ses cérémonies, et entretenir le respect dû à leur sainteté, parce qu'il n'y a pas de signe plus assuré de la ruine d'un Etat que le mépris du culte divin. » (Machiavel, *De la République*, ch. x, p. 37, éd. 1842.)

« ... La religion, par laquelle nous devons commencer, continuer et finir parce que nous sommes de Dieu, par lui et pour lui. » (Diderot, *De l'Éducation*. Cité par La Harpe, *Cours de littérature*, t. XVI, p. 157.)

« Tout ce qu'on retranche dans l'Etat à la souveraineté de Dieu, on l'ajoute à la souveraineté du bourreau. » (Louis Blanc, *Hist. de dix ans*, t. II, page 282.)

Le Play a donc raison de dire que les enquêtes faites avec impartialité aboutissent toutes à ce résultat : « Le principe de tout bien est la loi de Dieu formulée dans le Décalogue. Il préside à la vie privée comme à la vie publique. Il est la règle suprême pour les particuliers, comme pour les gouvernements. Il fournit, pour juger les hommes, un criterium infaillible : les bons sont ceux qui se soumettent à la loi ; les mauvais sont ceux qui se révoltent contre elle. » (*La Réforme sociale en France*, t. IV, p. 145.)

De Bonald avait dit avant lui : « Les lois dogmatiques et le culte de toute religion ne sont que l'application vraie ou fausse du Décalogue. » (*La Législation primitive*, liv. II, ch. IV.)

La souveraineté absolue de Dieu sur la société s'exerce au moyen de deux pouvoirs, le pouvoir spirituel et le pouvoir temporel, qui doivent être distincts et indépendants l'un de l'autre, sans cesser pour cela de marcher d'accord et de rester unis.

« Selon l'étude du passé et l'observation du présent, dit Le Play, il n'existe pour les peuples qu'un moyen d'être heureux : c'est d'obéir à la fois à Dieu et au souverain. Le malheur survient, dès qu'ils se révoltent contre ces deux éléments de la souveraineté, ou seulement contre l'un d'eux. De cette expérience constante de l'humanité est sortie, chez tous les peuples, une conclusion qui est devenue le principe supérieur de leur vie publique et qui se résume dans les termes suivants : ceux qui enseignent au nom de Dieu, comme ceux qui gouvernent par délégation du souverain, ont le devoir d'unir leurs efforts pour tenir les familles dans cet état de soumission. Il est le point de départ du problème que les gouvernements modèles de tous les temps ont résolu avec les mêmes convictions, mais aussi par des moyens fort divers. » (*La Réforme en Europe et le salut en France*, p. 187.)

Quels que soient les moyens à employer selon les lieux et les temps, Le Play conclut à la distinction très nette des deux puissances, à leur indépendance réciproque, mais à leur loyale union. « Aucune réforme, dit-il, ne contribuerait plus à terminer la lutte de l'opinion publique contre la religion, et à mettre celle-ci en situation de reprendre sur les âmes l'empire qui lui appartient. » (*La Réforme sociale en France*, tome Ier, p. 219.)

La doctrine de Le Play est, ici encore, conforme à la doctrine catholique.

« La chrétienté se compose de deux pouvoirs :
« le sacerdoce et l'empire, l'un s'occupant des
« choses célestes et l'autre des choses terrestres ;
« l'empire possède la seconde place et le sacerdoce
« la première, d'autant que le sacerdoce est la
« sûreté et la sanctification de l'empire, et l'empire
« la force et l'appui du sacerdoce. » (VIIe concile de Nicée tenu en 787.)

« Pie IX n'a pas craint de dire que l'accord entre l'Etat et l'Eglise était le rempart le plus puissant contre la licence effrénée et l'indifférence, qui tuent, l'une et l'autre, dans les peuples, toute énergie et toute grandeur morale ; il n'a pas hésité à montrer dans cet accord la barrière la plus indestructible à opposer à la Révolution, un gage de paix et de justice. C'est que, dans les desseins de la Providence, les deux puissances, tout en restant distinctes, sont établies pour concourir ensemble, dans la plus parfaite harmonie à l'accomplissement d'une œuvre commune : le gouvernement du monde. Divisées dans l'exercice de leurs droits respectifs, elles ne doivent pas cesser d'être unies comme les deux branches d'un même tronc, ni de tendre au même but : la gloire de Dieu et le bonheur de l'humanité. » (*De la souveraine et infaillible autorité du Pape dans l'Eglise*, par le P. Paul Botalla, S. J., t. II, p. 315.)

L'indépendance des deux pouvoirs, dans le domaine spécial de chacun d'eux, est également une doctrine catholique proclamée par les papes et les conciles, et qui a été enseignée dans tous les siècles par les docteurs de l'Eglise.

Dans une allocution prononcée le 24 mai 1802, au sujet des Articles organiques frauduleusement ajoutés au Concordat, Pie VII disait : « Nous désavouons le désir d'envahir ce qui n'es pas à l'Eglise, « parce que devant nos yeux sont toujours les

« paroles de Jésus-Christ : *Rendez à César ce qui « est à César et à Dieu ce qui est à Dieu.* » Il ajoutait qu'il ferait de son mieux afin que les évêques ne se mêlassent point des affaires terrestres et séculières, et qu'ils s'occupassent exclusivement de ce qui est religieux et ecclésiastique.

Dans l'Encyclique de Léon XIII du 29 juin 1881, on lit : « Pour ce qui est de l'ordre civil, l'Eglise le « reconnaît et se déclare soumise à la puissance des « princes et à leur suprême autorité ; dans les « choses dont la compétence, pour des raisons « diverses, appartient à la fois au pouvoir reli- « gieux et au pouvoir civil, elle veut qu'un accord « existe entre l'un et l'autre, à l'effet d'éviter des « dissentiments également funestes à tous les « deux. »

Et encore, dans son Encyclique *Immortale Dei*, le même Souverain Pontife s'exprime ainsi :

« Dieu a divisé le genre humain entre deux puis- « sances : la puissance ecclésiastique et la puissance « civile ; celle-là préposée aux choses divines, « celle-ci, aux choses humaines. Chacune est ren- « fermée dans des limites parfaitement déterminées « et tracées en conformité de sa nature et de son « but spécial. Il y a donc comme une sphère circons-

« crite dans laquelle chacun exerce son action « *jure proprio*. Toutefois, leur autorité s'exerçant « sur les mêmes objets, il peut arriver qu'une « seule et même chose, bien qu'à un titre différent, « mais pourtant une seule et même chose, ressor- « tisse à la juridiction et au jugement de l'une et « l'autre puissance. Il était donc digne de la sage « Providence de Dieu qui les a établies toutes les « deux, de leur tracer leur voie et leurs rapports « entre elles. *Les puissances qui sont, ont été dispo-* « *sées par Dieu.* »

Le Play est donc dans le vrai quand il conclut à « l'union des deux pouvoirs, en conciliant l'autorité temporelle de l'Etat avec l'indépendance spirituelle de l'Eglise ».

§ 5. — *La souveraineté.*

« Le but de la souveraineté, dit Le Play, est « de pourvoir aux intérêts publics, qu'il faut impé- « rieusement satisfaire, dans toute société. Elle « remplit ce rôle en exerçant beaucoup d'attribu- « tions. Celles-ci, considérées dans leurs principes « essentiels, se résument dans les termes suivants : « donner l'exemple de la soumission aux prescrip-

« tions de la loi morale et en imposer l'obéissance « aux gouvernements et au peuple ; interpréter « cette loi dans les applications qui sont faites aux « besoins de la société ; faire respecter la coutume « créée par ces applications réitérées ; rédiger et « promulguer les règlements qui répondent à des « nécessités urgentes ou remédient à la corruption « qui s'introduit dans la coutume, juger les con- « testations soulevées entre les particuliers et faire « exécuter, au besoin par la force publique, la « décision des juges ; repousser, par l'emploi « simultané de la justice et de la force, les infrac- « tions à la loi, à la coutume et aux règlements ; « enfin réprimer sans délai tous les attentats « contre la paix publique commis par les particu- « liers, les corporations ou les agents de l'autorité.

« L'organisation de la souveraineté varie selon « l'état des mœurs et la nature des lieux. Elle se « complique par le concours d'une foule de causes, « au premier rang desquelles il faut placer le déve- « loppement de la corruption parmi le peuple et « les gouvernants ; l'extension du territoire et la « multiplication des unités locales ; enfin le voisi- « nage de nations rivales et belliqueuses. » (*La Réforme sociale en France*, t. IV, page 334.)

Le Play envisage ici la souveraineté en elle-même et abstraction faite de sa forme. Il commence par la déclarer soumise aux prescriptions de *la loi morale*, et l'on sait que par cette expression il entend la loi de Dieu. Il lui assigne le droit de *rédiger et promulguer des règlements* ; c'est-à-dire le droit de législation, qu'il définit ainsi dans une note : « Je nomme Loi les préceptes « du Décalogue révélés par Dieu au premier « homme ; j'appelle Règlements les prescriptions « que les législateurs édictent et que j'ai souvent « désignées sous le nom de *lois écrites*. » Il dit le pouvoir gouvernemental investi, par sa propre nature, des droits, ou plutôt des devoirs de justice, de police, de répression, de contrainte, de guerre pour la défense nationale et sociale.

Ces droits de la souveraineté ne résultent d'aucun contrat ; ils sont de son essence même : elle est ainsi ou elle n'est pas. Tout être a reçu directement de Dieu ce que sa fin réclame : la souveraineté tient donc de lui tous les pouvoirs qui lui sont nécessaires pour conduire à sa fin la société particulière qu'elle régit. Alors même que la forme donnée à la souveraineté serait le résultat d'un contrat librement consenti, l'essence de la souveraineté n'en serait pas changée ; si le contrat qui aurait fixé la forme entamait son essence, elle n'existerait plus ; ce serait l'anarchie. La liberté humaine est soumise, bon gré mal gré, à la nature des choses : *res nolunt gubernari.*

En ce qui concerne la meilleure forme à donner à la souveraineté, Le Play se prononce pour la monarchie.

« L'unité de la personne souveraine, dit-il, est l'institution la plus universelle des gouvernements de tous les âges. La pensée des abus inhérents à cette pratique est, il est vrai, la première qui s'offre à l'esprit, quand on réfléchit au difficile problème de la souveraineté ; mais, en fait, les peuples qui avaient en eux-mêmes le principal élément de prospérité ont toujours mieux réussi à conjurer les actes arbitraires d'un souverain unique, qu'à se soustraire aux discordes intestines déchaînées infailliblement par l'autorité d'un souverain multiple. Ce résultat d'expérience n'est pas dû seulement à une disposition d'esprit naturelle à ceux qui doivent obéir à l'autorité souveraine ; il s'explique aussi par un sentiment qui a beaucoup d'empire sur celui qui exerce cette autorité. Le sentiment de la responsabilité personnelle agit avec force sur le monarque, vers lequel se dirigent tous les regards ; il s'affaiblit, au contraire, et disparaît à mesure que la souveraineté se partage. L'erreur et la passion ont souvent eu recours à l'extrême morcellement de la souveraineté, pour consommer les grands attentats contre l'humanité. » (*La Réforme en Europe et le salut de la France*, p. 225.)

Cette nécessité de l'unité de la souveraineté est si évidente, que Cicéron, tout attaché qu'il était à la forme républicaine, ne la voulait pas moins dans la république elle-même. « Vous voulez que toutes « les parties de l'âme n'obéissent qu'à un seul « pouvoir, la raison... D'où vient donc votre « doute sur le gouvernement des Etats ? Si plu« sieurs y prennent part, vous voyez à présent « qu'il n'y aura point de véritable souveraineté : « car si elle n'est une, elle n'est plus. » (*De Republica,* liv. VII, ch. XXXVIII.)

Mais l'unité de la souveraineté ne veut pas dire qu'elle absorbera dans l'Etat toutes les fonctions sociales ; bien loin de là. Ni Le Play, ni Cicéron ne l'ont ainsi entendu. Le Play entend qu'il y ait des pouvoirs, des gouvernements locaux, à la commune, au département, à la province ; mais que ous ces pouvoirs, libres chacun dans sa sphère, soient subordonnés au pouvoir souverain, chargé, non seulement de les conduire, mais de les surveiller et de les empêcher de sortir de leur propre juridiction.

Quant à Cicéron, il s'explique ainsi :

« Il me semble que des trois formes primitives, « c'est à la royauté qu'il faut donner la préférence. « Mais à la royauté même je préfère un gouverne- « ment où se réunissent, dans un juste équilibre, ces « trois pouvoirs qui seuls paraissent réguliers. « Je veux, en effet, qu'il y ait dans l'Etat un pou- « voir suprême et royal ; qu'une autre part soit « acquise et réservée à l'autorité des premiers « citoyens, et que certaines choses soient abandon- « nées au jugement du peuple..... Quel changement « peut-on craindre, lorsque chacun est à sa place « et qu'il s'y maintient ? » (*De Rep*. liv. I, ch. XLV.)

Il y a loin de là, sans doute, à la théorie anarchique de la division *du pouvoir*, imaginée sous le prétexte de la séparation *des pouvoirs*, qui est une toute autre chose. Le parlementarisme est, en fait, la confusion de tous les pouvoirs. La vérité gouvernementale est dans la constitution de pouvoirs locaux, de juridictions distinctes, des libertés locales, enfin soumises toutes à la souveraineté politique une et indivisible. C'est ainsi que « chacun est à sa place, qu'il s'y maintient », et que l'ordre social possède toutes garanties.

En ce qui concerne la forme de la souveraineté, en France, Le Play affirme que « le passé de la France et l'état présent des grandes nations les plus prospères démontrent que les Français devraient commencer leur réforme en écartant, une fois pour toutes, les embarras inextricables qui entraînent, dans les conditions spéciales où ils sont placés, les choix périodiques du chef de l'Etat. La monarchie transmise par voie héréditaire selon l'ordre de primogéniture est, en effet, recommandée par la pratique des peuples prospères. Elle semble convenir surtout à une nation placée à côté de voisins belliqueux, qui ont demandé à cette institution les succès qu'assure toujours la continuité de pensée et d'action. Aucun des faits enregistrés par l'histoire ne contredit cette règle : tous, au contraire, se réunissent pour la confirmer ; et tel est, par exemple, l'enseignement que nous donne le triste sort infligé à la Pologne par la monarchie élective, au contact de trois monarchies héréditaires. » (*La Réforme en Europe et le salut en France*, p. 149.)

§ 6. — *La propriété.*

Le chapitre XVI de *la Réforme sociale en France* porte ce titre : « La propriété n'a pas de forme « plus féconde que la possession libre et indivi- « duelle. Avec ce caractère, elle est le second « fondement des sociétés de l'Occident. »

De même que la religion, dit Le Play, la propriété s'est organisée spontanément chez tous les peuples où les familles sont agglomérées; et elle y apparaît comme le second fondement de l'organisation sociale. Elle se montre, selon les lieux et les coutumes, sous des formes qui varient à l'infini. Cependant, on peut les ramener toutes à deux types principaux : la possession collective et la possession individuelle...

« Les peuples modernes qui se distinguent le plus par leur prépondérance et par leurs succès, tendent chaque jour davantage à donner à toute espèce de propriété un caractère exclusivement personnel. Sous cette forme, ils la considèrent comme la récompense naturelle du travail et de l'épargne, c'est-à-dire des deux vertus sur lesquelles reposent surtout l'indépendance des individus et la puissance des sociétés. » (T. Ier, pages 229 et 230.)

Troplong a constaté que la propriété personnelle est comprise dans la doctrine des chrétiens. « Dans leurs principes, dit-il, *la terre appartenait à Dieu avec tout ce qu'elle contient.* L'appropriation était de droit divin ; elle était le fruit du travail, elle était sacrée. Il est vrai que, lors de l'Eglise naissante, une communauté de biens s'était formée entre les fidèles ; mais ce n'était qu'une nécessité de position, et non une condition absolue du droit de propriété. Cet état de choses cessa avec les circonstances accidentelles qui l'avaient fait naître. La propriété resta un droit de la nature, inhérent à l'homme, absolu et tempéré seulement par la charité. Par là, la raison d'Etat, source de la propriété romaine, s'effaça rapidement des constitutions populaires ; la propriété naturelle finit par absorber la propriété civile. » (*De l'influence du christianisme sur le droit civil des Romains*, ch. v)

Mais ce n'était pas un droit nouveau qui fut introduit dans l'ordre social par le christianisme ; ce ne fut que la restauration du droit primordial. Nous avons prouvé que, dès l'origine du monde, la propriété personnelle fut constituée par le travail individuel. Du haut du Sinaï, Dieu l'a déclarée inviolable par deux commandements exprès. Aussi l'Ecclésiastique a-t-il pu dire (ch. XLII, v. 269) : *unius cujusque confirmavit bona* ; ce que Bossuet interprète ainsi dans son commentaire : *unicuique propria stabili ordine attribuit.*

La propriété, en effet, est comme une extension de la partie matérielle du *moi* ; l'homme s'étend, se prolonge, pour ainsi dire, sur tout ce qu'il s'approprie ; il se l'identifie ; il en tire profit ou en souffre dommage, il en éprouve plaisir ou peine : d'où il suit que la propriété, les possessions de l'homme réagissent sur lui, et affectent, non pas seulement sa vie physique, mais encore sa vie morale. « La propriété et la personnalité sont tout un », a dit Lacordaire. (*Conférences de Notre-Dame* en 1845, 33e conf.)

Le Play a constaté que la propriété n'est une garantie sociale qu'autant qu'il en est fait un bon usage : car elle n'est pas, comme certains légistes l'ont prétendu, le droit *d'user et d'abuser*. Le droit d'abuser n'existe pour personne ; c'est un devoir strict de n'user des choses que dans le but de leur création.

« La propriété, dit-il, dès que le principe est discrédité par une organisation vicieuse ou par la corruption des hommes, cesse d'être un lien entre les diverses classes de la société ; elle peut même devenir, quand le mal augmente, une cause d'agitation ou d'antagonisme. Au contraire, elle est, après la religion, le principal soutien de l'ordre social quand elle est répartie entre toutes les familles et quand la classe dirigeante en fait un honorable usage. C'est ce qu'on a pu constater dans les Etats anciens les plus prospères, et dans les Etats modernes qui assurent le mieux la sécurité individuelle et la paix publique. L'existence d'une classe nombreuse privée de toute propriété et vivant en quelque sorte dans un état de dénuement héréditaire, est un fait nouveau et accidentel. Les nations manufacturières de l'Occident, qui sont envahies par ce honteux désordre, y remédieront, non par le procédé impuissant de la spoliation des riches, mais par la réforme morale de toutes les classes. » (*La Réforme sociale en France*, t. Ier, p. 237.)

Walter-Scott avait prévu ce résultat dès 1830. Il écrivait dans les *Quater leg Review*: « Tandis que la « France passe son niveau révolutionnaire sur « son sol en faisant un partage égal entre les habi-« tants, l'Angleterre, suivant une direction diffé-« rente, réunissait tous les fragments du sien pour

« attribuer la propriété à un petit nombre. » Ces deux procédés opposés, mais également abusifs, devaient aboutir au même résultat : la stérilisation du sol et, par suite, le paupérisme, puis le socialisme.

« La propriété, quelle qu'en soit l'étendue, en « attachant l'homme au sol, fait qu'on aime le gou« vernement qui la protège, et qu'on respecte la loi « qui la garantit. » Cette assertion de Chaptal est exacte, mais à la condition que la propriété sera fructueuse. A cette condition, aucun principe d'économie sociale n'est plus évident que celui qui fait de la propriété le fondement de la prospérité d'un pays.

Mais, quand la propriété est devenue onéreuse, par suite d'une liquidation politique et économique contre nature, l'oppression du sol a pour résultat l'impuissance du sol, et la propriété foncière est délaissée. Dans un état social régulier, le but du travail, c'est la propriété foncière ; l'argent n'est que le moyen d'y arriver. Dans l'état de désorganisation matérielle et morale de la société contemporaine, la propriété n'est plus qu'une charge sans compensations ; le but, c'est la jouissance sans frein ; et le moyen, c'est l'argent obtenu le plus rapidement et le plus facilement possible.

Le Play dénonce ainsi la cause la plus active de cette désorganisation sociale : « Les régimes de « succession, plus que toutes les autres institutions « civiles, ont le pouvoir de rendre fécondes ou « stériles la propriété et les familles de proprié- « taires. » Le ch. 17e de la *Réforme sociale en France* est la démonstration sans réplique de la vérité de cette assertion. Nous n'analyserons pas ce chapitre, qui doit être lu en entier et médité attentivement ; nous nous bornerons à quelques courtes citations.

« Après la liberté de possession qui a fait faire de si grands pas à la plupart des Européens, j'ai à signaler un trait non moins important : la liberté de transmission. Celle-ci se montre avec des caractères excellents chez beaucoup de peuples, notamment chez les deux grandes nations qui devancent toutes les autres dans les voies de la liberté civile. Les Anglais et les Américains du Nord pensent que la libre possession des biens entraîne comme conséquence naturelle le pouvoir de les transmettre sans entrave. Il leur paraît que si l'on peut de son vivant aliéner sa propriété sans avoir aucun compte à rendre à l'autorité publique, on a également le droit d'en disposer par testament. » (*La Réforme sociale en France*, t. I, page 259.)

Thiers n'était pas d'un avis différent, bien qu'il n'ait pas été, jusqu'au bout, logique dans l'application du principe qu'il avait lui-même proclamé. « La propriété, dit-il, ne donne tous ses effets, « les meilleurs, les plus féconds, qu'à la condi- « tion d'être complète, et de devenir personnelle « et héréditaire. »

Puis il conclut ainsi :« Si la propriété est,elle en- « traîne le don ; si elle entraîne le don, elle l'en- « traîne pour les enfants comme pour les indiffé- « rents ; elle l'entraîne durant la vie du père, « comme à sa mort. » (*De la propriété*, ch. VII.)

Il est évident, en effet, que, dépouillée du droit de don, de libre transmission, soit par donation entre-vifs, soit par testament, la propriété n'existe plus ; ce n'est plus qu'un usufruit. Aussi les Anglais ont-ils réuni la propriété et la liberté dans le même cri : « LIBERTY AND PROPERTY. »

Le droit absolu à l'héritage est un droit contre nature, puisqu'il enlèverait à l'autorité paternelle sa sanction la plus efficace. « La loi naturelle, dit « Montesquieu, ordonne aux pères de nourrir leurs « enfants ; mais elle ne les oblige pas de les faire « héritiers. » Il est bien entendu que le mot *nourrir* a ici la signification complète qu'il avait autrefois, *nourrir et endoctriner*, c'est-à-dire mettre en état de se conduire honnêtement et de subvenir à leurs besoins matériels et moraux.

Montesquieu a fait une remarque qui devrait ouvrir les yeux de tous ceux qui s'aveuglent sur les inconvénients du partage forcé : « L'ouvrier « qui a donné à ses enfants son art pour héritage, « leur a laissé un bien qui se multiplie en propor- « tion de leur nombre. Il n'en est pas de même de « celui qui a dix arpents de terre pour vivre, et « qui les partage à ses enfants. » (*Esprit des lois*, l. XXIII, ch. xxix.)

Comprend-on, maintenant, comment le partage forcé rend *stériles la propriété et les familles de propriétaires*, et n'entraîne autre chose que la ruine forcée des petits cultivateurs ? Sous l'empire de la liberté testamentaire, le père de famille qui possède dix arpents de terre, les lègue à un de ses enfants qui conserve le foyer et les traditions de la famille, ayant eu soin de doter d'avance les autres d'un art ou d'une industrie qui assure leur avenir. Sous la loi oppressive du partage forcé, les dix arpents, morcellés, deviennent inutilisables pour les héritiers ; ils n'ont d'autres ressources que de les vendre : le foyer est éteint, et la famille, dispersée, a perdu tout bien commun, toute *retirance*, comme disent nos paysans, tout lieu de refuge où puissent venir chercher asile ceux de ses membres que la fortune aurait trahis.

CHAPITRE V

PRINCIPALES ERREURS SOCIALES SIGNALÉES ET COMBATTUES PAR LE PLAY.

§ 1er. — *Obstacles qu'il rencontre.*

L'erreur s'affirme et s'enseigne doctrinalement comme la vérité : elle s'affirme avec audace, et elle est souvent enseignée avec une habileté que la vérité ne rencontre pas toujours chez ceux qui la défendent. Pourtant, la vérité a sur l'erreur cet avantage : seule elle trouve sa preuve et sa consécration dans la conscience du genre humain et dans l'ensemble des faits sociaux loyalement observés.

Lorsque les hommes ne se trompent que par ignorance, il est relativement facile de les faire revenir de leurs erreurs. Mais quand, comme de nos jours, la société s'est corrompue; quand la conduite de la plupart des hommes est déréglée, la volonté désordonnée, l'intelligence abaissée, la conscience, étouffée ou faussée, ne suffit plus pour les ramener à la vérité.

Tel est le secret du triomphe de la Révolution : elle n'est triomphante que parce qu'elle a trouvé presque tous les hommes disposés à profiter de la licence qu'elle leur offre. En présence de cette impuissance ou de cette abdication de la conscience chez nos contemporains, Le Play a tenté de les ramener à la vérité par des motifs tirés de leurs propres intérêts, en leur démontrant, par l'ensemble des faits sociaux, que « l'homme, libre dans le choix de ses « actes, passe alternativement, soit de la souffrance « à la prospérité par la pratique de la loi morale « révélée par Dieu, soit de la prospérité à la souf- « france par l'oubli de cette même loi. » (*Les Ouvriers européens*, t. Ier, p. 72.)

Mais lorsque, en 1855, il voulut publier la première édition des *Ouvriers européens*, il rencontra un obstacle imprévu, qui lui fut, avoue-t-il, « très sensible » : ses amis s'opposèrent à la publication des conclusions qu'il avait tirées des faits observés, conclusions auxquelles ils n'avaient cependant pas pu refuser leur adhésion.

« Ils approuvaient sans réserve les conclusions « que j'avais tirées des monographies, en ce qui

« touche les deux besoins essentiels des sociétés et « la restauration de la constitution essentielle. « Toutefois ils constataient depuis six ans, et sur- « tout depuis la révolution de 1851, que la publi- « cation simultanée des faits et des inductions, dans « la première édition de l'œuvre, serait prématurée. « Au point de vue où les avait placés leur lutte in- « fructueuse contre les erreurs dominantes incarnées « dans tous les partis, même chez les hommes de « tradition, la conclusion des *Ouvriers européens* « était logiquement établie ; mais *elle était dés- « agréable au public*, et l'on s'éloignait du but qu'il « fallait atteindre si l'on s'empressait trop de la lui « proposer. » (Ibid. p. 435.) Le Play dit tristement en note : « Je me résignai à supprimer un demi- « volume de vérités que mes concitoyens ne pou- « vaient supporter. »

Ne peut-on pas lui appliquer ce que Dieu disait au prophète Ezéchiel : « In medio domus exasperantis tu habitas : qui oculos habent ad videndum, et non vident ; et aures ad audiendum, et non audiunt ; quia domus exasperans est. » (Ezech, c. XII, 8. 7.) : « Tu habites au milieu d'une nation « exaspérante : ils ont des yeux pour voir, et ils « ne voient point, et des oreilles pour entendre,

« et ils n'entendent point : car c'est une nation « exaspérante. »

Aussi est-il fondé à formuler cette constatation exacte autant que douloureuse : « Aujourd'hui, ce « sont les nations qui résistent à la restauration du « vrai et du bien. Depuis un quart de siècle, je « constate journellement l'indifférence ou l'hosti- « lité des opinions dominantes vis-à-vis des histo- « riens, des savants de notre Ecole des Chartes et « des autres classes studieuses, qui, secouant le « joug des erreurs préconçues et méprisant les faux « dogmes de 1789, demandent la réforme des socié- « tés à des faits sociaux. On a vu attaquer par des « groupes dits *conservateurs*, et par les anciennes « noblesses, l'autorité paternelle, dont le principe « n'avait point été contesté jusqu'à ces derniers « temps, même par les égarés et les vicieux qui se « révoltaient contre elle... En résumé, il faut re- « noncer momentanément à l'espérance de voir les « gouvernements remédier par leur initiative à « l'état actuel de souffrance. Cette impuissance « aurait persisté, même sous les gouvernements « monarchiques qu'on a voulu restaurer depuis 1871. « Sur ce point, les *conservateurs* n'auraient pas « manqué de justifier le nom qu'ils se donnent avec

« si peu de discernement. *Il faut donc chercher* « *auprès d'autres hommes, les vrais promoteurs de la* « *réforme sociale de l'Occident.* » (Ibid. p. 172.)

Notre éminent penseur est ici en complet accord avec le Comte de Chambord, alors qu'il repoussa les conditions que prétendaient lui faire ces *conservateurs* doués de *si peu de discernement.* « En mon« tant sur le trône dans les conditions qui m'étaient « faites, a-t-il dit, j'aurais renouvelé la faute de « Louis XVIII, qui, sur des bases révolutionnaires, « eut l'imprudence de dresser un trône légitime : « ce trône est tombé. Je ne puis rentrer en France « que lorsqu'il aura été fait table rase des institu« tions révolutionnaires. » *Le vrai promoteur de la réforme sociale en Occident* ne peut donc être qu'un Prince qui aura été absolument préservé du virus de la Révolution et qui saura s'entourer d'hommes qui n'auront jamais été imbus des idées révolutionnaires, ou qui les auront nettement et loyalement abjurées.

L'aveuglement et l'inertie des honnêtes gens désolaient Le Play : il n'a cessé de les secouer, s'efforçant de les éclairer et de leur donner du courage. « L'erreur, leur disait-il, alors même qu'elle est « propagée avec de bonnes intentions, peut devenir

« plus funeste que le vice... Les gens de bien se « déconsidèrent et s'annulent en se nommant eux- « mêmes conservateurs. » (*Les Ouvriers européens*, t. Ier, pages 145 et 150.)

« Vous avez bien raison de dire que les honnêtes « gens égarés sont aujourd'hui nos pires ennemis. « J'ai reçu, l'autre semaine, dans mon ermitage « deux meneurs d'honnêtes gens. L'un a décrit les « méfaits de la Droite modérée, l'autre ceux de « la Droite immodérée. J'ai écouté avec patience des « exposés que je ne demandais pas : j'ai conclu que « les deux Droites sont folles. J'ai en outre compris « que je deviendrais fou moi-même, si j'étais obligé « d'entendre souvent de tels récits. Quant au résul- « tat, il n'est pas douteux : c'est la ruine de la mo- « narchie. » (Lettre du 9 juin 1874.)

Sans doute, il n'entendait pas parler d'une ruine absolue et définitive ; il voulait dire que cette perversion des esprits dans les deux Droites ajournait pour longtemps la restauration de la monarchie réparatrice. L'événement n'a que trop prouvé qu'il ne s'était pas trompé.

« Je ne connais rien de plus dangereux que les « gens qui propagent des idées fausses sous le pré- « texte que la nation ne voudra jamais y renoncer.

« Si elle n'y renonce pas, elle périra ; mais ce n'est « pas un motif pour accélérer la décadence en « adoptant l'erreur. Il n'y a pas d'autre règle de « réforme que de chercher le vrai et de le confesser « sans réserve, quoi qu'il arrive. Je conçois qu'un « homme prudent se taise momentanément sur le « vrai, bien que je condamne cette prudence ; mais « je repousse tout homme qui se rallie par poli- « tique à l'erreur. » (Lettre à M. Ch. de Ribbe.)

C'est toujours dans l'aveuglement des partis modérés qu'il a vu l'obstacle à la restauration sociale, dont il avait fait son œuvre :

« Les *conservateurs* ont des dispositions d'esprit « qui me navrent. Sans le concours des égarés, « notre race serait perdue sans retour. » (Lettre du « 9 août 1880.) « Je constate que nous sommes « d'accord tous pour blâmer les hommes qui « s'appellent eux-mêmes *conservateurs*, au lieu « d'agir en réformistes. Le temps n'est peut-être « pas éloigné où les plus intelligents changeront « d'attitude et de conduite. » (Lettre du 11 juillet 1881.)

§ 2. — *Les faux dogmes de 1789.*

A « ce grand enseignement de vérité » dont il avait compris la nécessité, Le Play ne fit pas faute. Il sut braver l'impopularité en combattant les erreurs invétérées dont les plus honnêtes gens subissaient le joug et se rendaient complices. « Oui, « écrivait Montalembert, ce que j'admire surtout « en lui, c'est le courage qui lui a permis de lutter « à visage découvert contre la plupart des préjugés « dominants de son temps et de son pays comme « il l'a fait très spécialement dans son excellent « chapitre sur l'enseignement, et partout où il « confesse si nettement la chute originelle de « l'homme, cette doctrine qui répugne si profon- « dément à l'orgueil servile de nos contemporains. » (Lettre de la Roche-en-Brény du 8 janvier 1866.)

Nous ne reviendrons pas ici sur cette question de la chute originelle : nous l'avons traitée ci-dessus (ch. III, § III, page 125). On sait désormais que Le Play a toujours considéré la négation de ce dogme et la croyance en la perfection native de l'homme, comme la source de toutes nos erreurs sociales.

Le Play fait remarquer que cette erreur de la

prétendue bonté native de l'homme, qu'il appelle *fondamentale* parce qu'elle a été le point de départ de toutes les erreurs sociales modernes, a été le point de départ de la *Déclaration des Droits de l'homme*, en 1789. On a dit en effet : « Les représentants du peuple français, considérant que l'ignorance, l'oubli ou le mépris des droits de l'homme sont les seules causes des malheurs publics... ont résolu d'exposer dans une déclaration solennelle ces droits... afin que... » C'était le renversement de tout ordre social ; car en subordonnant les droits et les intérêts communs aux droits et aux intérêts individuels, on supprimait, en fait, le *peuple*, la nation organisée, pour ne plus laisser subsister que *la multitude* livrée à tous les caprices des volontés individuelles. Jamais encore n'avaient été promulguées officiellement des prétentions à ce point subversives de tout ordre social. Car, comme le remarque Cicéron, « un peuple, ce n'est pas un « assemblage d'hommes formé de quelque manière « que ce soit, mais l'agrégation d'une multitude « associée par le consentement au droit, au droit « préexistant, et ayant pour but, non l'intérêt « individuel, mais l'utilité commune ». Populus non omnis hominum cœtus quoquo modo congregatus, sed cœtus multitudinis juris consensu et utilitatis communione sociatus. (*De Repub*. l. I, ch. xxv.)

Le résultat du renversement des idées sociales jusqu'alors acceptées comme vraies, a été celui-ci, constaté par Le Play : « Les peuples livrés à l'im« pulsion des volontés individuelles tombent « dans un état de souffrance qui est inconnu chez « les animaux sociables, et qui n'a pour terme « extrême que la destruction de la race. Ceux, au « contraire, qui réagissent contre les volontés « antisociales, par un judicieux régime d'encoura« gements et de contraintes, s'élèvent inévitable« ment à la prospérité. » (*Les Ouvriers européens*, t. Ier, p. 75.)

Ce faux dogme de la souveraineté des volontés individuelles, qui prime la loi morale et les intérêts sociaux, c'est ce qu'on nomme la souveraineté du peuple, ou la loi des majorités. Fiévée en avait prévu déjà les résultats ; nous les voyons s'accomplir sous nos yeux.

« Ce sont, disait-il, les classes éclairées, lettrées, propriétaires, qui ont inauguré cette lutte antisociale au profit de l'ambition de quelques hommes, et pour des rivalités, des haines de castes. Elles n'ont pas compris qu'en inaugurant à leur profit cette loi du nombre et en s'en servant pour s'arracher réciproquement le pouvoir, elles préparaient inévitablement la domination des classes illettrées et prolétaires, qui sont à elles seules le nombre, en face de toutes les classes propriétaires et lettrées réunies. Le gouvernement des majorités devait amener inévitablement le *gouvernement des prolétaires*, parce qu'ils sont *le nombre* : le nombre passionné, aveugle, avide, satanique, dont on ne se débarrassera pas par un simple vote, et contre lequel l'emploi de la force même n'est pas si facile. » (*Correspondance politique*, 6e partie.)

C'est donc surtout parmi certaines catégories de lettrés et certaines catégories d'ouvriers qu'il faut chercher les promoteurs et les artisans de la désorganisation sociale. « Deux sortes d'hommes, dit « Le Play, ont surtout contribué à développer en « moi ce sentiment jusqu'à l'humiliation : les no« mades des travaux publics et des manufactures, « dont les mœurs déshonorent la race qui, pendant « trente-deux ans (1629-1661), fut l'exemple du « monde ; les lettrés disciples de J -J. Rousseau, « qui s'acharnent à détruire l'autorité paternelle « et provoquent ainsi partout la désorganisation « sociale. » (*Les Ouvriers européens*, t. Ier, p. 90.)

M. Blanc de Saint-Bonnet a dit avec trop de raison que « cette littérature est comme le charnier des erreurs de l'époque ; c'est le lieu où se décomposent les croyances, les mœurs, les traditions, le respect, les droits les plus sacrés, en un mot, la civilisation. » (*La Légitimité*, p. 242.)

Notre-Seigneur Jésus-Christ ne l'avait-il pas dit ? « Gardez-vous des scribes, qui se plaisent à se « produire avec apparat, qui aiment à être salués « dans les lieux publics, à occuper les premiers « sièges dans les assemblées et les meilleures places « dans les repas » : *Attendite a scribis, qui volunt ambulare in stolis et amant salutationes in foro, et primas cathedras in synagogis, et primos discumbitus in conviviis.* (S. Luc, c. xx.)

§ 3. — *La liberté systématique.*

Dans le vocabulaire des expressions propres à la science sociale, qu'il a inséré dans le tome premier des *Ouvriers européens*, Le Play, définit ainsi le *régime de liberté* : « Expression dont le sens « légitime est l'état d'une société où tous les « hommes subissent les contraintes et possèdent « les avantages qui sont assurés par la *constitution*

« *essentielle.* On abuse de cette expression dans « l'un des trois faux dogmes de 1789, pour réclamer « un état social qui serait incompatible avec la « nature de l'homme, parce qu'on interdirait des con- « traintes nécessaires. » (Au mot *Liberté*, page 463.)

On sait que par l'expression *constitution essentielle*, Le Play entend les bases mêmes de l'ordre social telles que Dieu les a établies, et auxquelles l'homme ne peut pas toucher sans violer la loi de Dieu et sans se jeter lui-même dans la souffrance : c'est *la loi éternelle de l'humanité*, c'est-à-dire, comme la définit saint Augustin, « la raison divine « et l'immuable volonté de Dieu, qui ordonne de « conserver l'ordre naturel, et défend de le trou- « bler ». (*Contre Faust.* liv. XXII, c. xxv.)

Voilà pourquoi saint Paul disait aux Corinthiens, dans la seconde lettre qu'il leur adressa : « Là où est l'esprit de Dieu, là est la liberté ». (Ch. xxx, v. 17.) Il écrivait à Timothée, son disciple : « O Timothée, gardez le dépôt, en évitant les profanes nouveautés de paroles, et les contradictions de la science faussement appelées de ce nom. Car ceux qui l'ont professée se sont égarés dans la foi. » Il n'est pas jusqu'aux philosophes païens eux-mêmes qui n'aient professé cette doctrine !

« Obéir à Dieu, c'est être libre », a dit Sénèque.

Malgré la perversion trop générale des intelligences sur ce point, cette nécessité sociale n'a pas échappé à certains esprits élevés, bien qu'atteints de libéralisme. « Pour moi, écrivait de « Tocqueville, je doute que l'homme puisse jamais « supporter à la fois une complète indépendance « religieuse et une entière liberté politique, et je « suis porté à penser que, s'il n'a pas la foi, il « faut qu'il serve, et s'il est libre, qu'il croie. » (*La Démocratie en Amérique.*)

« Envisagée sous un point de vue universel et véritablement philosophique, l'incrédulité n'a aucun avantage, ni pour la liberté politique, ni pour les droits de l'espèce humaine ; au contraire, elle peut frapper de mort des institutions abusives : mais, plus infailliblement encore, elle doit mettre obstacle à la renaissance de toutes celles qui préserveraient des abus... Nous l'affirmons donc hautement : l'époque où les idées religieuses disparaissent de l'âme des hommes est toujours voisine de la perte de la liberté ; des peuples religieux ont pu être esclaves ; aucun peuple incrédule n'a pu être libre. » (Benjamin Constant, *Du polythéisme romain*, t. II, p. 89 et 91.)

L'enfant terrible du philosophisme, J.-J. Rousseau, l'a dit avec raison : « Par les principes, la « philosophie n'a fait aucun bien que la religion « ne fasse encore mieux ; et la religion en fait beau- « coup que la philosophie ne saurait faire. »

Toutes ces affirmations constatant, non pas seulement le danger, mais l'impossibilité d'une liberté absolue, affranchie de toute règle et surtout de la loi de Dieu, Le Play les a trouvées confirmées par l'expérience.

Pour qu'un peuple soit libre, la première condition, c'est qu'il existe et qu'il subsiste : la nécessité de sa *conservation* prime donc chez lui le besoin de liberté. Or, non seulement les novateurs de 1789 ont mis en oubli cette nécessité première de conservation sociale, mais, par leurs faux dogmes, ils l'ont mise en péril, et cela sans pouvoir mettre en pratique ces faux dogmes qui, depuis un siècle, sont restés lettres mortes, tout en menaçant la société moderne comme une épée de Damoclès.

« On a offert à notre génération, avec ignorance, obstination et rudesse, des formes de liberté dont elle n'était plus susceptible, et ensuite, sous le nom de liberté, on lui a présenté une tyrannie plus effroyable qu'aucune de celles dont l'histoire nous a transmis la mémoire. Il n'est pas étonnant que cette génération ait conçu de la liberté une terreur aveugle qui l'a précipitée dans la plus abjecte servitude. » (B. Constant, *De l'Usurpation.*)

A cela on verra toujours aboutir le faux dogme de la souveraineté des volontés individuelles et la théorie menteuse de l'appel au peuple et de son immixtion dans le gouvernement.

« Quelque chose qu'un homme puisse entreprendre séparément pour son propre avantage, sans empiéter sur l'avantage d'un autre, il a le droit de le faire ; il a en commun avec toute la société un droit incontestable à prendre sa part dans tous les avantages combinés de l'industrie et de la force qu'elle procure Mais quant au droit de partager le pouvoir, l'autorité, la conduite des affaires de l'Etat, je nierai toujours très formellement qu'il soit au nombre des droits directs et primitifs de l'homme en société. » (Burke, *Réflexions sur la révolution de France*, p. 119.)

Cet homme politique éminent, qui avait su prévoir la longue durée de la révolution commencée en 1789, estimait que cette liberté absolue, revendiquée à cette époque, serait le plus grand de tous les maux possibles, parce que ce serait la déraison, le vice et la folie, sans limites et sans frein.

« Ne nous trompons pas sur ce que nous devons entendre par notre indépendance. Il y a une liberté corrompue dont l'usage est commun aux animaux comme à l'homme, et qui consiste à faire tout ce qui plaît. Cette liberté est l'ennemie de toute autorité ; elle souffre impatiemment toute règle ; avec elle, nous devenons inférieurs à nous-mêmes ; elle est ennemie de la vérité et de la paix, et Dieu a cru devoir s'élever contre elle. Mais il est une liberté civile et morale qui trouve sa force dans l'union, et que la mission du pouvoir lui-même est de protéger : c'est la liberté de faire sans crainte tout ce qui est juste et bon. Cette sainte liberté, nous devons la défendre dans tous les hasards, et exposer, s'il le faut, pour elle notre vie. »

Ainsi s'exprimait Winthrop, l'un des plus éminents hommes d'Etat des jeunes Etats-Unis d'Amérique. Avec lui et avec Le Play nous réclamons *la sainte liberté du bien* ; avec Le Play et avec lui, nous repoussons la fausse liberté, la liberté corrompue proclamée en 1789, la liberté du mal, qui rend l'homme inférieur à lui-même et le ravale à la condition des animaux.

§ 4. — *L'égalité.*

Le Play définit ainsi ce qu'il appelle : *le régime d'égalité :* « Expression dont le sens légitime est « l'état d'une société où tous les individus rem- « plissent les obligations et possèdent les avan- « tages qui sont assurés par *la constitution essen-* « *tielle.* On abuse de cette expression dans l'un des « trois faux dogmes de 1789, pour réclamer un « état social qui serait incompatible avec la nature « de l'homme, parce qu'on y interdirait les iné- « galités nécessaires. » (*Ouvriers européens*, t. Ier, p. 151).

Pour bien comprendre la pensée de Le Play, il faut rapprocher cette définition de celle qu'il donne du mot *inégalité*, à la page 461, où nous lisons : « L'un des caractères dominants des sociétés hu- « maines. Elle est légitime quand elle assure le « règne de la paix sociale, selon les nécessités im- « posées par la nature des lieux, les besoins es- « sentiels, les aptitudes individuelles, les sexes, les « âges et les traditions de famille. »

Il résulte de ces deux textes que, bien loin que l'égalité absolue de tous les hommes soit pour eux un droit naturel, un droit de leur origine commune, un droit providentiel, c'est, au contraire, l'inégalité qui est l'un des *caractères dominants des sociétés humaines,* et que cette inégalité est un fait *légitime*, à la condition, pourtant, qu'on ne l'aura pas aggravé en violant la *constitution essentielle*, dont les prescriptions ont pourvu, quand elles sont observées, à ce que cette aggravation ne se produise pas.

La société est une hiérarchie : Le Play l'a affirmé et constaté dans tous ses écrits.

« Nous sommes tous également heureux, a dit Voltaire, mais non pas membres égaux de la société. » Et il dit encore : « La prétendue égalité des hommes, que quelques sophistes mettent à la mode, est une chimère pernicieuse. » Ce grand fait des inégalités sociales est, non seulement légitime, mais, de plus, inévitable : nous en prenons à témoin J.-J. Rousseau lui-même.

« L'inégalité, dit-il, tire sa force et son accroissement du développement de nos facultés et des progrès de l'esprit humain, et devient enfin stable et légitime par l'établissement de la propriété et des lois. » Et il ajoute dans ses notes : « La justice distributive s'opposerait même à cette égalité rigoureuse, quand même elle serait praticable dans la société civile ; et comme tous les membres de l'Etat lui doivent des services proportionnés à leurs talents et à leurs forces, les citoyens, à leur tour, doivent être distingués et favorisés à proportion de leurs services. » (*Sur l'origine et les fondements de l'inégalité.*)

« La France est folle d'égalité », disait Chateaubriand. Voltaire avait dit avant lui : « Le système de l'égalité m'a toujours paru l'orgueil d'un fou». Ce sont les inventeurs des faux dogmes de 1789 qui, pour courtiser l'orgueil, le vice dominant de notre race, ont prétendu élever cette doctrine à la hauteur d'une institution nationale. Ils n'ont pas compris que l'égalité et la liberté ne peuvent coexister dans une même société, et qu'il faut sacrifier l'une ou l'autre : car c'est la liberté qui produit les inégalités sociales ; de sorte que pour réaliser et maintenir l'égalité il faudrait supprimer absolument la liberté. Il faudrait, en outre, renoncer au progrès, puisque, comme le dit très justement J.-J. Rousseau, « l'inégalité tire sa force et son accroissement du développement de nos facultés et du progrès de l'esprit humain ».

Le Play a donc eu raison de dire qu'un état social

qui prendrait pour base l'égalité « serait incompatible avec la nature de l'homme ». Il ne pourrait être établi et maintenu que par la tyrannie, et il mènerait les peuples à l'abrutissement.

« Chez les races modèles, dit Le Play, l'égalité « des conditions ne se présente jamais avec un ca- « ractère absolu. Les hiérarchies nécessaires y sont « toujours en présence des égalités légitimes. Sou- « vent même, les deux conditions opposées sortent « simultanément du même besoin. Ainsi, tous les « plaideurs ont besoin de l'égalité civile, qui leur « assure une justice impartiale ; mais ils n'ont pas « un moindre besoin de la hiérarchie qui élève « leurs juges au-dessus d'eux. » (*La Constit. essentielle*, p. 217.)

Sans aucun doute, il importe à la paix publique, et il est de l'intérêt social, que les inégalités ne soient pas excessives et choquantes. Il est nécessaire de conjurer le *paupérisme*, et de mettre des entraves à l'essor de ces fortunes scandaleuses que produit la spéculation, et qui corrompent tout à la fois ceux qui les possèdent et ceux qui les envient. « C'est à des lois particulières, dit Montesquieu, à « égaliser, pour ainsi dire, les inégalités sociales, par « les charges qu'elles imposent aux riches, et par

« le soulagement qu'elles accordent aux pauvres. » (*Esprit des lois*, livre V, ch. v.)

M. de Gérando a remarqué justement que « les « conditions sociales, dans leur inégalité, com- « posent une échelle que la bienveillance est « appelée à descendre et à gravir sans cesse ». Mais il y a quelque chose de plus efficace que la loi civile et la simple bienveillance ; il y a le précepte très formel de la charité ; et par charité nous n'entendons pas seulement l'aumône, nous entendons l'amour mutuel, le secours matériel et moral, l'aide mutuel sous toutes ses formes, le patronage des faibles, les services rendus par les petits aux grands et par les grands aux petits.

Car, malgré toutes les inégalités sociales, légitimes et nécessaires, il y a entre tous égalité de nature. Il n'y a, pour nous tous, qu'une même manière d'entrer dans la vie et qu'une même manière d'en sortir: *unus introitus est omnibus ad vitam, et similis exitus* (Sap. c. vii, v. 6). Nous sommes tous appelés à la même récompense dans l'autre vie, et menacés des mêmes châtiments. Notre-Seigneur Jésus-Christ est mort également pour tous, et nous sommes, tous, les membres d'un même corps.

Mais ces membres, tous également nécessaires à la vie du corps, n'y remplissent pas les mêmes fonctions et n'y ont pas la même dignité; ils s'harmonisent, mais ils ne sont pas égaux; ce qui n'empêche pas qu'ils ne travaillent tous pour atteindre le même but : la paix sociale en ce monde et le bonheur éternel dans l'autre. « Nous avons beau « vanter nos grandeurs passagères ; il faut mêler sa « cendre aux cendres de nos pères ; et c'est le même « Dieu qui nous jugera tous. » (J.-B. Rousseau.)

§ 5. — *Le droit de révolte.*

Par suite du péché originel, l'esprit de révolte est entré dans la nature dégénérée de l'homme. Sénèque a remarqué justement qu'il est plus facile d'entraîner l'homme que de le conduire : *sequitur facilius quam ducitur.* C'est que, pour se laisser entraîner, il suffit de répondre à l'appel des passions dont nous avons en nous-mêmes les germes ; pour se laisser diriger, il faut au contraire résister à nos passions et obéir aux devoirs qui nous sont imposés par la loi de Dieu, d'abord, et ensuite par les autorités sociales qu'il a, ou instituées directement, ou autorisées et légitimées.

Le Play a constaté avec insistance, dans tous ses écrits, ce grand fait de l'inclination marquée et native de tous les hommes vers le mal; il affirme que la négation de ce *vice originel* constitue l'erreur fondamentale de notre époque; il déclare que les constitutions sociales ne sont efficaces et possibles, qu'à la condition de créer des institutions dont le but principal est de réprimer les inclinations vicieuses; il fonde ainsi la société sur le principe d'autorité. Il ne pouvait donc pas manquer de protester contre la prétention révolutionnaire de créer un droit à l'insurrection.

« Les hommes de 1789, dit-il, sont les premiers « législateurs qui aient mentionné expressément « *le droit de révolte* dans une constitution écrite. « Les membres de l'Assemblée nationale l'ont for- « mulé en 1790, dans leur Déclaration des droits de « l'homme. En adoptant cette nouveauté exprimée « en termes vagues, ils voulurent justifier l'adhé- « sion qu'ils avaient donnée à l'acte de violence du « 14 juillet 1789 et à tous ceux qui en étaient « la conséquence naturelle. Toutefois ils faussèrent « en cela l'esprit de la nation ; ils élevèrent à la « hauteur d'une coutume périodique la violation « d'un principe permanent, indispensable, non

« seulement à la souveraineté de cette époque, mais « encore à toutes les formes de la souveraineté. « Ils substituèrent, en fait, dans le gouvernement « de la société, l'esprit de violence à l'esprit de « paix ; ils aggravèrent ainsi l'obstacle qui, depuis « les désordres de la Fronde, empêchait la conci- « liation des classes dirigeantes et des gouvernants. « Les novateurs se persuadent qu'ils peuvent user « de ce prétendu droit selon leurs propres inspira- « tions, pour renverser par la force une souve- « raineté établie. C'est là, à vrai dire, la nouveauté « caractéristique de 1789. En effet, les deux pre- « miers termes de l'erreur spéciale à cette époque « étant irréalisables, il est résulté des tentatives « d'application le mépris, et par suite l'instabilité « des nouveaux gouvernants plutôt que le change- « ment des institutions. Au contraire, l'esprit de « révolte ayant envahi toutes les classes de la so- « ciété, les partis réformistes ont été amenés à « chercher leurs moyens d'action dans la violence « plutôt que dans la paix. Ainsi s'est développé un « régime entièrement nouveau, une ère d'instabi- « lité où dix gouvernements ont été successive- « ment institués, puis détruits par la violence. » (*La Constit. essentielle*, p. 217.)

On sait jusqu'où fut poussée cette violence, et nous n'avons que trop de raisons de craindre que ces excès ne soient renouvelés et même dépassés dans un prochain avenir. Nous en sommes audacieusement avertis par les anarchistes, et la nature des choses suffit d'ailleurs pour nous tenir en éveil. « Si le peuple, dit Cicéron, attaque un roi « juste, et lui arrache le pouvoir, ou bien, ce qui « arrive le plus souvent, s'il a goûté du sang des « grands, et soumis tout l'Etat à ses fureurs, n'allez « pas croire que la mer et ses tempêtes, la flamme « et ses ravages, soient plus difficiles à maîtriser « que les emportements d'une multitude effrénée. » (*De la République*, liv. Ier, ch. XLII.)

Puis il cite le passage suivant, qui semble avoir été écrit pour notre époque, tant il dépeint exactement les résultats de cette proclamation de la souveraineté du peuple :

« Dès qu'une fois un Etat devenu démocratique, brûlant de cette soif insatiable de liberté, a trouvé dans ses magistrats des échansons imprudents, qui lui ont versé toute pure la liqueur fatale dont il s'est enivré ; alors, s'ils ne sont pas toujours faibles, s'ils n'offrent pas au peuple la liberté à pleine coupe, le peuple les poursuit, les dénonce, les accuse ; il les appelle dominateurs, rois, tyrans. Obéit-on à ceux qui gouvernent : on est insulté comme un esclave volontaire qui rampe sous des maîtres ; il fau. s'abaisser au niveau de ses inférieurs, et braver ses supérieurs, pour être trouvé digne de louanges et d'honneurs. Est-il possible qu'une telle république ne soit pas livrée à l'anarchie, et que toute autorité n'ait disparu même dans la famille ? Le père craint son fils et n'ose le reprendre ; le fils ne respecte plus son père. Arrière tous les devoirs, pour que chacun soit libre. Qu'importe que l'on soit citoyen ou étranger ? Le maître craint et flatte ses disciples, et les disciples méprisent leurs maîtres ; les jeunes gens marchent de pair avec les vieillards ; les vieillards s'abaissent jusqu'à la frivolité des jeunes gens, pour ne leur être pas importuns ou odieux. Il n'y a pas jusqu'aux esclaves qui ne prennent leur part de liberté ; et les femmes prétendent jouir des mêmes droits que les hommes. » (Platon, *Pensées,* 3e partie.)

« Plus que toute autre erreur, dit Le Play, le « droit de révolte augmente le danger qu'ont fait « naître les défaillances actuelles de l'esprit fran- « çais, à savoir : l'oubli des bienfaits attachés à la

« pratique de la constitution essentielle ; l'igno-
« rance de la distinction qu'il faut établir, chez les
« nations compliquées, entre *les principes perma-*
« *nents* et *les coutumes variables* ; le mépris conçu
« pour toutes les formes d'autorité ; enfin, la perte
« de l'esprit national. » (*La Constit. essent.*, p. 219.)

Cette *perte de l'esprit national*, ces *défaillances actuelles de l'esprit français*, Le Play les déplorait par-dessus toute chose, et dans sa correspondance comme dans ses ouvrages, il s'efforçait de faire comprendre que « les honnêtes gens, par leurs erreurs sociales, nous font plus de mal que les méchants par leurs violences ».

Les faux dogmes de 1789 se sont insinués plus ou moins dans tous les esprits ; et c'est ainsi que *l'esprit national* est devenu et reste encore révolutionnaire. A de trop rares exceptions près, l'esprit révolutionnaire, soi-disant modéré, est devenu pour ainsi dire naturel : c'est un second péché originel avec lequel on naît et avec lequel on vit, souvent sans en avoir conscience ; et tels qui s'en croient exempts, en sont viciés tout aussi pernicieusement que ceux dans lesquels ils le reconnaissent et le réprouvent.

Chez tous les peuples anciens, le détenteur du

pouvoir, quel que fût d'ailleurs son titre, était considéré comme *le père de la patrie*, exerçant un pouvoir véritablement paternel. On comprenait qu'il remplissait sa charge au profit de chacun et de tous. Il est, disait Sénèque, « le lien qui fait la cohésion « de la chose publique ; il est le souffle vital que tant « de millions de poitrines respirent. Si cette âme « de la nation venait à disparaître, elle ne serait « plus qu'une masse inerte et une proie livrée au « premier envahisseur venu ».

D'après la théorie moderne, le pouvoir n'est plus qu'un maître, un tyran qui exploite le pays à son profit. C'est l'ennemi contre lequel il faut s'armer et qu'il faut toujours combattre. En fait, le pouvoir n'est plus respecté, ni défendu, ni soutenu, pas même par ceux qu'il défend contre leurs pires ennemis. Aussi arrive-t-il que le pouvoir, destitué de tout appui, isolé au milieu de la nation qui, en l'abandonnant, s'abandonne elle-même, n'ose plus et ne peut plus rien défendre ; il abdique, et, comme le disait Sénèque, la société n'est plus qu'une proie.

Tel est le résultat définitif des erreurs politiques des honnêtes gens. Un grand esprit, libéral converti, mais qui n'est pas resté lui-même exempt de toute erreur, Donoso Cortès, a donc eu raison de dire :

« La société se meurt parce que l'erreur tue, et que « cette société est fondée sur des erreurs. Sachez « que tout ce que vous tenez pour incontestable « est faux ».

Ce qui est vrai, c'est que le pouvoir est de Dieu et non de l'homme ; qu'il doit être exercé paternellement et obéi filialement ; que le souverain est aussi rigoureusement tenu de s'acquitter de son devoir de justice et de répression au profit de l'ordre social, que les sujets le sont de remplir leurs devoirs de soumission, de services, de concours ; que nul n'a le droit de se rendre complice de l'injustice, ni de refuser son adhésion au bien et au droit ; que la liberté du bien est seule légitime, et que personne n'a droit à la liberté du mal.

Ah ! « la liberté est un aliment de bon suc, mais de forte digestion : il faut des estomacs bien sains pour le supporter ». (Jean-Jacques Rousseau, *Du gouvernement de Pologne.*)

§ 6. — *Le parlementarisme.*

C'est la Constitution de 1791 qui a décrété la déchéance du pouvoir social, du principe même de l'autorité.

Dans son *Appel au tribunal de l'opinion*, Mounier raconte que Camille Desmoulins disait, avec franchise, que « la royauté était placée avec tant d'art « dans cette Constitution, que, lorsque le peuple « serait assez éclairé pour en permettre l'anéantis- « sement, il serait fait sans convulsion ; qu'il fau- « drait seulement *découdre*, et non pas *déchirer*. » L'expérience du régime parlementaire a démontré, désormais, qu'avec lui il n'y a même pas à *découdre*, et que par le seul fait de son fonctionnement, non seulement la royauté, mais toute autorité se dissout naturellement et inévitablement dans l'anarchie. Mais cela n'arrive pas *sans convulsion* ; car il est de l'essence même du parlementarisme d'être convulsionnaire.

Le Play se prononce pour l'unité de la souveraineté. « En fait, dit-il, les peuples qui avaient en eux- « mêmes le principal élément de prospérité ont « toujours mieux réussi à conjurer les actes arbi- « traires d'un souverain unique qu'à se soustraire « aux discordes intestines déchaînées infaillible- « ment par l'autorité d'un souverain multiple. Ce « résultat d'expérience n'est pas dû seulement à « une disposition d'esprit naturelle à ceux qui doi- « vent obéir à l'autorité souveraine ; il s'explique

« aussi par un sentiment qui a beaucoup d'empire « sur celui qui exerce cette autorité. Le sentiment « de la responsabilité personnelle agit avec force « sur le monarque, vers lequel se dirigent tous les « regards : il s'affaiblit, au contraire, et disparaît « à mesure que la souveraineté se partage. L'erreur « et la passion ont souvent eu recours à l'extrême « morcellement de la souveraineté pour consommer « les grands attentats contre l'humanité. » (*La Réforme en Europe et le salut en France*, page 225.)

A cette garantie très sérieuse inhérente à la responsabilité du souverain, Le Play en joint une autre qui ne l'est pas moins : c'est *le Conseil privé*, qu'il veut organiser comme il le fut autrefois en Angleterre.

« Le Conseil privé, formé des hommes renommés « par leurs vertus et leurs talents, devait être con- « sulté sur toutes les affaires importantes. Suivant « l'expression employée pour définir l'une des fonc- « tions du grand chancelier, *keeper of the king's « conscience*. Ce Conseil gardait la conscience du roi ; « il personnifiait sa sagesse, et restait le fidèle dé- « positaire des traditions intérieures et interna- « tionales, assurant ainsi à la politique de l'An- « gleterre cette continuité de vues, qui est l'une

« des grandes forces de toute nation. Chaque membre s'engageait par un serment solennel à pratiquer les devoirs de sa charge. Il ne donnait que des avis, mais il avait un grand intérêt à ne se prononcer qu'après une étude approfondie : il était tenu, en effet, de consigner sur un registre son avis, en le signant de son nom. Le roi n'était pas obligé de se conformer à l'avis de la majorité. Cependant, quand il avait dessein de s'en écarter, il se trouvait en présence de deux obstacles : le sentiment de la responsabilité morale qu'il encourait ; la difficulté de trouver un ministre qui consentît à affronter la responsabilité légale que pouvait engager le contre-seing apposé à la décision du roi. » (Ibid. page 227.)

Le Play entend que le roi soit le chef suprême de l'armée ; que la justice soit rendue en son nom par des magistrats qu'il institue ; que les ministres dont il se sert pour gouverner soient librement choisis par lui-même. Il veut, enfin, que le roi *règne et gouverne effectivement*, conformément à la loi de Dieu et aux lois du pays, lesquelles sont promulguées en son nom et édictées avec son concours. Ici intervient *le Parlement*.

« Ce pouvoir, très variable dans sa forme, source

« habituelle de grandes difficultés aux époques de « corruption, satisfait toujours plus ou moins à « deux conditions principales : il est indépendant « du souverain ; il est spécialement institué pour « voter les lois écrites et le budget de l'État *selon « les prescriptions de la loi suprême* et pour *représen- « ter devant les gouvernants les vœux de la nation.* Il « se compose de deux Chambres formées, l'une de « députés *élus par les gouvernements locaux*, l'autre « de hautes notabilités désignées par leur situation « même ou nommées à vie par le souverain en « son Conseil, ou enfin élues par les procédés les « plus propres à mettre en lumière les renommées « légitimes. » (Ibid. p. 228.)

On remarquera que Le Play n'accorde au Parlement aucun droit d intervention, ni directe, ni indirecte, dans le gouvernement proprement dit ; son rôle se borne à discuter et à voter les lois et le budget, et en outre à soumettre aux gouvernants les vœux de leurs commettants. Surtout il lui refuse formellement l'omnipotence législative qu'il a usurpée en vertu des faux dogmes de 1789 ; il entend qu'il reste soumis à la loi de Dieu.

« Les plus hautes autorités en matière de léga- « lité ont déclaré, dit-il, qu'il n'est point permis à

« la nation d'empiéter, par une loi écrite, sur deux « sortes de coutumes, savoir : sur celles qu'ont fait « naître pendant dix siècles la pratique du Décalo- « gue éternel et la soumission aux vérités fonda- « mentales du christianisme ; sur celles qui, sous « le nom de *droit des gens*, ont été établies, depuis « les premiers âges, par l'accord des peuples civi- « lisés. En résumé, selon cette notion fondamen- « tale, ces coutumes constituent, à vrai dire, l'uni- « que loi. Les institutions qu'édictent journelle- « ment, sous le nom de *lois écrites*, les pouvoirs « législatifs, ne sont en quelque sorte que des *règle-* « *ments sociaux*. Ceux de ces règlements qui sont « contraires à la loi suprême, doivent être considé- « rés, sous un vrai régime légal, comme nuls et « non avenus. » (Ibid. p. 153.)

Enfin, au-dessus du Parlement, Le Play voudrait qu'il fût institué une *Cour suprême*, composée de juges nommés à vie par le souverain, dont les membres feraient, *ex officio*, partie du Conseil privé.

« Elle oppose son *veto* aux actes et aux lois qui « violent la loi de Dieu et le droit des gens. Elle se « prononce, conformément à ce droit, sur les diffi- « cultés qui s'élèvent entre l'État et les pays étran- « gers. Sa plus utile fonction est de rendre, suivant

« les formes légales, des jugements sur la validité « des cas de guerre. » (Ibid. p. 271.)

Il est évident que l'énonciation de ces attributions n'est pas limitative, et que l'on y joindrait logiquement, entre autres, celles d'une haute cour de justice politique.

« On peut maintenant, sans donner prise à un « malentendu, dit Le Play en terminant, résumer, « avec la phraséologie moderne, la conclusion que « beaucoup de lecteurs chercheront dans ce pro- « gramme. Les constitutions modèles du passé, « comme celles du présent, offrent simultanément « quatre caractères : elles sont théocratiques dans « le monde des âmes, démocratiques dans la com- « mune, aristocratiques dans la province, monar- « chiques enfin dans la famille et dans l'Etat. » (Ibid. p. 240.)

Il convient de remarquer ici que, jusqu'à l'époque où parut ce programme (juillet 1876), les idées de Le Play sur le meilleur régime du gouvernement n'avaient pas paru aussi nettes, ou que, du moins, il ne les avait pas aussi nettement exprimées ; on pourrait même signaler sur ce point, dans ses écrits précédents, certaines hésitations et quelques contradictions. Cela tenait à son parti pris de garder une extrême réserve sur toutes les questions politiques ou religieuses qui passionnent l'opinion. A son sens, le besoin d'apaisement et de paix sociale devait passer avant tout. « Jamais je ne me mêlerai « aux partis politiques comme membre de l'Union, « nous écrivait-il. Comme particulier, je n'assisterai « jamais à un colloque, même privé, de quelque « parti que ce soit, et il me paraît que ceci doit « vous donner toute satisfaction. La seule nuance « qui nous sépare, peut-être, est une croyance à « laquelle je ne saurais renoncer, et que je résu- « merai ainsi : quand je reçois chez moi successi- « vement deux hommes qui se haïssent quoiqu'at- « tachés à un même parti, je crois utile de leur en- « seigner le principe qui pourrait les réunir, et « les rattacher à une action commune en faveur du « principe supérieur qui les anime. A vrai dire, « les principes d'union que je prêche sont des faits « que mes visiteurs ignorent ; et j'ai souvent cons- « taté qu'il suffisait d'exposer clairement ces faits « pour que l'union se produisît. » (Lettre du 15 décembre 1875.)

La formule de Le Play, absolument répulsive du parlementarisme, est donc conforme à la raison, au droit, à l'ordre social.

Le gouvernement du monde moral, des âmes, n'appartient qu'à Dieu ; il est *théocratique*. Le gouvernement politique, la police sociale, la mission de protéger et de défendre les intérêts moraux et matériels de la nation contre ses ennemis de l'intérieur et du dehors, appartient au roi : c'est le droit monarchique.

L'administration des intérêts purement locaux, dans la commune, appartient aux chefs des familles qui constituent la commune, en tout ce qui n'affecte pas les intérêts généraux du pays : c'est le droit *démocratique*.

L'administration des intérêts provinciaux est confiée, par une élection à deux degrés, à des notables : c'est ce qu'il appelle le régime *aristocratique*.

Enfin, il revendique justement la restauration du pouvoir paternel, du gouvernement familial, de la royauté du père de famille, qui est encore un droit *monarchique*, dans sa sphère,

§ 7. — *L'écononisme*.

« S'il existait une monarchie de granit, disait le « premier Napoléon, il suffirait des idées des éco« nomistes pour la réduire en poussière. »

« Les gouvernants de l'Etat, à dit son tour Le Play, « ont corrompu leurs agents, et, de proche en « proche, les classes dirigeantes, en transgressant « le Décalogue et en signalant comme but suprême « *la production de la richesse.* » (*La Réforme sociale*, ch. LXVII, § 3.)

Ce résultat de la passion de l'enrichissement était signalé dans les Livres inspirés. « Celui qui « cherche à s'enrichir, détourne ses yeux de la loi « de Dieu. » (*Eccl.* c. XXVII, v. 1.)

Le Play donne à l'activité humaine un tout autre mobile. « Le but suprême du travail, dit-il, c'est « la vertu. » Il y a donc une opposition formelle et radicale entre sa doctrine et celle des économistes. Il poursuit ainsi :

« Malheureusement, l'accumulation rapide de la « richesse a toujours amené le résultat opposé. « L'histoire ne nous montre aucune société qui, en « s'enrichissant rapidement, ait su conserver à la « vertu une action souveraine. En permettant aux « hommes d'échapper à l'obligation du travail, la « richesse les expose aux inspirations de l'oisiveté, « des passions brutales et des appétits sensuels. « Elle les conduit ainsi à chercher, dans la consom- « mation égoïste des biens transmis par les aïeux,

« les satisfactions que ceux-ci avaient trouvées dans « la création de l'épargne destinée à assurer le bien-« être de leurs descendants.

« Dès qu'elle a ainsi créé les mauvaises mœurs « et l'égoïsme, la richesse engendre bientôt l'indif-« férence pour les maux du prochain. L'antago-« nisme naît alors du contact entre les pauvres, « voués à la misère, et les riches, livrés à toutes les « jouissances du luxe. Ces funestes influences « s'étendent de proche en proche, de la vie privée « à la vie publique. Peu à peu les classes diri-« geantes deviennent incapables de remplir leur « devoir ; bientôt elles perdent les forces morales « sans lesquelles on ne peut imprimer aux subor-« donnés une utile impulsion ; enfin elles désorga-« nisent la société en pervertissant, par exemple, « les femmes, les jeunes gens et les classes infé-« rieures... »

« La richesse cesse donc d'être bienfaisante si « les lois et les mœurs ne conjurent point le mal « qui en émane, si le sentiment du devoir ne croît « pas dans la même proportion que la fortune, si « les plus puissants ne sont pas en même temps les « meilleurs et les plus dévoués. Les institutions « traditionnelles, qui inculquent à une race ce

« sentiment et ces habitudes, sont partout fécondes « en bons résultats. » (*La Réforme sociale*, ch. XXXI, § 2 et 7.)

On le voit, il y a loin de là aux prétendues lois de *l'offre et de la demande*, du *laisser-faire*, du *chacun pour soi*, de *la lutte pour l'existence*, et tous les autres faux dogmes de l'économisme, qui nous ramènent à la barbarie et même à la bestialité. Aussi Le Play a-t-il protesté dans tous ses écrits contre ces erreurs économiques qui, en désorganisant le travail, ont produit le paupérisme et nous menacent du socialisme.

« Tous ces désordres concourent directement à « troubler le régime du travail. Les classes diri- « geantes, perverties, ont propagé autour d'elles « l'oubli des six commandements qui prescrivent « le respect de Dieu, du père, de la femme ; elles « ont désorganisé, par le spectacle de leurs vices, « les villes et les campagnes. Dans beaucoup d'ate- « liers ruraux et manufacturiers, les patrons ont « suivi ces exemples. Ainsi ébranlés dans leurs « mœurs et leurs sentiments, abusés en outre par « les fausses doctrines économiques importées de « l'Angleterre, ils ont violé la coutume... Les « ouvriers, à leur tour, ont été peu à peu pervertis

« par cette longue suite de mauvais exemples ; dans « les villes notamment, ils tombent dans une cor- « ruption moins profonde peut-être, mais plus « repoussante que celle des classes dirigeantes. » (*L'Organisation du travail*, 191.)

Les propriétaires qui dirigent les grands ateliers de l'agriculture, des mines, des forêts, des manufactures et du commerce, ont cédé à la déplorable doctrine enseignée d'abord dans la Grande-Bretagne par Adam Smith, puis imposée à la France par les procédés révolutionnaires de Turgot et des hommes de la Terreur. Par suite de l'oubli de la tradition nationale, ces milieux sociaux, autrefois si paisibles et si unis, ont vu germer et se développer au sein de leurs populations les sentiments de haine et de révolte. » (*La Réforme en Europe*, p. 209.)

« Turgot est un des hommes qui, par une nouveauté imprudente, ont provoqué les mesures révolutionnaires, auxquelles est due la destruction de l'entente traditionnelle du patron et de l'ouvrier. Il est souvent loué par nos contemporains ; mais il a été sévèrement jugé par les hommes de son temps. » (*Les Ouv. européens*, t. Ier, p. 171.)

Et il cite en note ce passage déjà cité par

M. Guizot dans son Histoire de France racontée à ses petit-senfants : « Il y avait en France », dit un pamphlet intitulé *le Songe de M. de Maupas* et attribué à Monsieur (depuis Louis XVIII), « un homme né avec plus de rudesse que de caractère, plus d'entêtement que de fermeté, d'impétuosité que de tact... aussi étranger aux hommes qu'il n'avait jamais connus, qu'à la chose publique qu'il avait toujours mal aperçue ; il s'appelait Turgot, c'était une de ces têtes demi pensantes qui adoptaient toutes les visions, toutes les manies gigantesques. On le croyait profond, il était creux ; nuit et jour, il rêvait *philosophie*, *liberté*, *égalité*, *produit net...* »

Les philosophes de France s'empressèrent de faire servir les faux principes économiques des Anglais à la propagation de leurs idées révolutionnaires. D'Alembert avait fondé un comité ou club, qui se réunissait à l'hôtel du baron d'Holbach. Voltaire en était le président d'honneur ; un M. Leroy en était le secrétaire, et les principaux membres étaient d'Alembert, Turgot, Condorcet, Diderot, La Harpe, le garde des sceaux Lamoignon. Ils composaient, et faisaient composer des ouvrages antireligieux et révolutionnaires qu'ils répandaient au moyen de colporteurs dans les campagnes, et marquaient leurs projets anarchistes en se qualifiant d'*Economistes*. Telle fut la source d'où découla la désorganisation sociale dont nous subissons aujourd'hui les trop douloureuses conséquences.

La préoccupation constante de Le Play, comme ses écrits et sa correspondance en font foi, fut de rectifier l'économie politique moderne, en y introduisant la loi de Dieu.

Pour lui, la science *suprême*, en économie politique comme dans tout le reste, c'est la loi morale révélée. « Le don de la *science suprême*, « c'est-à-dire de la loi morale résumée plus tard « dans le Décalogue, a accompagné et complété la « formation matérielle du premier couple d'où est « sortie l'humanité. » (*Les Ouv. europ.* t. Ier, p 257.) Il avait dit, déjà : « Dieu a révélé à nos premiers « parents la loi morale qui a été plus tard formulée « par le Décalogue, dans l'intérêt de leurs descen- « dants. Il leur a enseigné ainsi que, *selon le choix* « *qu'ils feraient entre le bien et le mal*, ils s'élève- « raient à la prospérité ou tomberaient dans la « souffrance. Par cette révélation, il a fourni à « l'homme la lumière indispensable pour conquérir « tous les avantages de la liberté, qui est la source « de sa grandeur. En résumé, l'homme sans la

« connaissance de la loi morale, tombe au dernier « rang des êtres de la création. » (Ibid. p. 72.)

Et encore : « Je reconnais de plus en plus, « comme criterium du bonheur et de la prospérité, « la vie morale et le pain quotidien, c'est-à-dire « les deux premiers biens que les chrétiens deman- « dent à Dieu dans leur prière. En effet, quand on « élève sa pensée jusqu'au lien éternel des sociétés « humaines, on arrive toujours à la loi morale. « Celle-ci est le complément nécessaire de la nature « imparfaite de l'homme et le préservatif contre « les abus qu'il peut faire de sa liberté. » (Ibid. p. 81.)

Il avait été affligé de voir un de nos amis se lancer dans l'économisme. Il nous écrivait : « X... « s'est rejeté plus que jamais dans le libre échange « avec les idées de l'école de Manchester. Il ne voit « pas que nous péchons par excès de richesse, et « que les leçons de cette école, si elles sont vraies, « ne peuvent pas nous être d'un grand profit. Sur « ce point, comme sur tout autre, je ne me décou- « rage pas, et je me plais à espérer que notre ami « nous reviendra. » (Lett. du 25 août 1878.) Il revint, en effet : « Votre lettre a porté ses fruits. « X..., en m'annonçant sa prochaine visite, paraît

« disposé à introduire en toute occasion la loi de « Dieu dans l'économie politique. »

Cette assertion de Le Play vient d'être justifiée par le rapport présenté au mois d'août (1886) aux deux Chambres du Parlement britannique par la *Commission royale* nommée pour instruire l'enquête sur la dépression du commerce et de l'industrie anglaises.

Sur la question de savoir quelles sont les causes immédiates et universellement reconnues de la crise, il a été répondu par tous les corps d'état, la *surproduction*. En second lieu, *la concurrence étrangère* : les corps d'état qui en souffrent le plus demandent que les produits étrangers soient taxés et *boycottés* à la frontière. Enfin, comme cause du chômage, on signale la *migration des populations rurales dans les centres industriels*.

Ainsi, c'est de l'Angleterre même que nous vient la preuve officielle que l'économie politique anglaise, tant vantée par nos économistes contemporains, est non seulement *stérile* mais *funeste*.

Il eut sur ce point une autre satisfaction. Pendant l'été de 1881, l'éminent économiste italien, M. Luzzatti, vint à Paris pour étudier les principes de l'école de l'économie politique qui a pour organe la *revue* publiée par la maison Guillaumin. M. Le Play, qui en fut instruit, lui fit remettre un exemplaire *de la constitution essentielle de l'humanité*, que M. Luzzatti promit d'étudier avec attention dès son retour en Italie. Ce livre produisit dans son esprit une profonde impression. Il déclara que l'Ecole et la Méthode de Le Play étaient seules sérieuses et fécondes ; qu'il avait vu le vide de l'économie politique anglaise, et qu'il la jugeait stérile sinon funeste, et il écrivit à Le Play une lettre de félicitation et d'adhésion. En nous envoyant cette lettre, Le Play nous disait : « Quelle est la part d'influence qu'il faut attribuer, dans les désordres sociaux de notre temps, à l'économie politique que M. Luzzatti dit stérile sinon funeste ? vous m'obligerez de m'en dire votre avis quand vous me renverrez la lettre de Luzzatti. » (Lettre du 17 octobre 1881.)

Ces citations, que nous pourrions multiplier, suffisent pour démontrer combien la doctrine de notre éminent penseur est opposée aux théories préconçues *de l'économisme* moderne, théories matérialistes et révolutionnaires ; ces théories n'ont pris faveur que parce qu'elles se sont présentées sous l'enseigne de la liberté, mot qui flatte et passionne toujours l'esprit de l'homme, naturellement impatient de tout frein. On n'a pas compris que sous ces expressions, *libre échange*, *liberté du commerce et de l'industrie*, *libre concurrence*, se cachait l'oppression des faibles par les forts, le dépouillement des pauvres par les riches. De là, le paupérisme, et finalement le socialisme sous toutes ses formes, aboutissant à l'abolition de toute propriété et de toute liberté, au profit de l'État devenu seul propriétaire et des choses et des hommes, et réglementant despotiquement les moindres incidents de la vie individuelle, de la vie familiale, de la vie sociale.

CHAPITRE VI

LES APPLICATIONS DE LA DOCTRINE DE LE PLAY.

Il n'entre pas dans notre plan de parler ici des écrits publiés par Le Play comme modèles de l'application de ses doctrines à un régime gouvernemental. L'étude de ses écrits pourrait faire l'objet d'un travail spécial, qui serait d'une haute utilité, mais qui doit être très distinct de celui que nous accomplissons ici, et qui exigerait des développements dépassant de beaucoup le cadre dans lequel nous avons voulu nous renfermer. Ce court chapitre n'a pas d'autre but que d'avertir nos lecteurs que ce n'est pas par oubli, mais délibérément que nous n'abordons pas ici la question de la mise en pratique des principes sociaux mis en lumière avec tant d'évidence par l'éminent observateur.

Il l'a dit lui-même : « Il y a loin des principes « fondamentaux que nous enseignons aux applica-

« tions pratiques qu'il en faut faire à la constitution « et aux coutumes locales de chaque race « d'hommes. » (*Les Ouv. europ.*, t. Ier, p. 595.)

Il faut donc faire dans les travaux de Le Play deux parts bien distinctes : celle qui a trait à la découverte, par sa méthode d'observation des vrais principes sociaux, et celle qui a pour but leur mise en pratique.

La première constitue sa doctrine, ce qu'il appelle *la constitution essentielle de l'humanité :* celle-là est immuable, universelle, essentielle dans tous les lieux et dans tous les temps, aucune société humaine ne peut s'en écarter sans souffrir, se corrompre, et finalement périr.

« Il n'en est pas de même de la mise en pratique « des principes : elle varie selon les temps et les « lieux, à la condition pourtant que, dans son élas- « ticité, la mise en pratique n'ira pas jusqu'à l'in- « fraction des principes.

« Il faut donc d'abord conquérir la connaissance « de *la constitution essentielle*, sans laquelle aucune « nation n'a prospéré. Il faut ensuite en considérer « les éléments avec les idées, les mœurs et les insti- « tutions de chaque pays. » (Ibid., p. 608.)

« Une nation n'est acceptée pour modèle que

« quand elle a voulu fortement s'élever au-dessus « des autres par l'ensemble de ses aptitudes. Elle « ne devient éminente dans les détails, admirée par « ses émules que lorsqu'elle a résolu les difficiles « problèmes que soulève l'amélioration physique, « intellectuelle et morale de sa propre race.

« L'étude de l'histoire et l'observation des faits « contemporains s'accordent pour établir que le per- « fectionnement des races humaines se produit sous « des régimes sociaux très divers. Ces régimes sont « bons ou mauvais, selon les doses de vertus ou de « vices que ces races ont acquises. » (*L'Organisation de la famille*, p. 4.)

« Ceci établi, tout le problème politique consiste « à instituer de bons mécanismes pour assurer le « règne de la loi suprême, ou, en d'autres termes, « pour seconder les agents des deux autorités qui « se partagent le gouvernement des peuples, l'au- « torité de Dieu et celle des souverains. » (*La Réforme en Europe*, p. 244.)

C'est à cette recherche que Le Play s'est appliqué dans tous ceux de ses écrits qui ont pour but *la pratique* de la réforme. Il a toujours considéré cette partie de ses écrits comme inachevée, et il a provoqué lui-même la critique. « Nous mettrons à

« profit, dit-il dans les éditions suivantes, toute ob-
« servation indiquant le moyen de mieux atteindre
« le but que nous nous sommes proposé. » (Ibid., p. 44.)
Il déclare qu'à chaque édition nouvelle, il retranchera ce qui aurait été précédemment critiqué.

Si nous avions à nous livrer à ce travail de critique, il nous serait facile de démontrer qu'au point de vue de l'application des principes, la plupart des opinions de Le Play sont heureuses et applicables. Mais ce n'est pas ici le lieu d'en aborder la discussion : nous ne nous occupons que de sa doctrine.

CHAPITRE VII

LES OBJECTIONS CONTRE L'ENSEIGNEMENT DE LE PLAY.

§ 1er. — *Les difficultés de l'attitude prise par Le Play en présence des partis politiques et des dissidences religieuses.*

Nous avons vu que le grand but de Le Play, sa préoccupation exclusive, fut de procurer la paix sociale. Mais cette paix ne peut se produire que par l'union des esprits et des cœurs dans une action commune.

Il dut donc borner provisoirement ses efforts à procurer l'union sur le seul terrain sur lequel elle lui parut alors possible, celui des principes essentiels, universels, permanents, constitutifs de toute société humaine, abstraction faite des formes gouvernementales et des dogmes religieux. « Comme « les particuliers sont profondément divisés au sujet

« des débats nationaux, politiques et religieux, il « faut, dit-il, que notre enseignement ne s'étende « jamais jusqu'à ces questions. » (*Ouv. europ.* t. Ier, p. 594.)

Mais « la constitution essentielle n'est spéciale à « aucun lieu, à aucune race, à aucune forme de « religion ou de souveraineté ». (Ibid., p. 616.) Elle est essentielle dans tous les lieux, pour toutes les races, quelle que soit la forme de la souveraineté et quelles que soient les institutions religieuses. Or, le premier, le principal, *le principe*, enfin, des éléments de cette constitution, c'est, selon Le Play, « la loi de « Dieu, les prescriptions du Décalogue, avec les in- « terprétations établies, chez les peuples fidèles à la « constitution essentielle, par la religion, la cou- « tume et les lois écrites ».

Il a donc pris « pour principe fondamental de « l'Union : *le Décalogue éternel* ». (Lettre du 20 février 1875.) Il l'a pris pour base de l'union, parce qu'il a constaté que : « Toutes les races modèles ont « cru et croient encore qu'il a été révélé par Dieu « aux hommes » (*Ouv. europ.* t. Ier, p. 450), et que, par conséquent, il ne pouvait pas asseoir son œuvre sur une base plus solide, ni qui fût mieux à l'abri de toute discussion. Il élargissait ainsi la base de l'union en y donnant accès à tous ceux qui croient en Dieu et à une loi morale d'origine divine, et il écartait toute contestation contraire à ce grand fait d'ordre surnaturel.

Toujours préoccupé de mettre la loi de Dieu hors de contestation et d'empêcher les dicussions anarchiques et irritantes, il nous écrivait: « Je soumets « à vos méditations le projet de formule suivant : « *La bibliothèque de l'Union reçoit seulement les* « *écrits qui tendent à* DÉCRIRE OU à PROPAGER LA LOI « DE DIEU et les COUTUMES DE LA PAIX SOCIALE.

« Nous trouverons en commun les formules qui « excluront absolument de ces écrits les matières « politiques, philosophiques et religieuses qui « depuis deux siècles ont chez nous le déplorable « résultat de diviser les hommes. » (Lettre du 3 décembre 1874.)

Le Play invitait donc tous les gens de bien à faire abstraction de ces grandes causes de division, et à s'unir dans des efforts communs pour restaurer la paix sociale. Il ne leur proposait aucune capitulation de conscience ; il ne leur demandait le sacrifice, ni de leurs principes, ni de leurs opinions, ni de leurs intérêts ; il ne leur déniait pas la liberté de travailler, chacun de son côté et selon ses convenances, au triomphe de leurs doctrines religieuses et politiques : il leur démontrait qu'il était de leur intérêt à tous de sauvegarder l'ordre social et de s'unir dans ce but supérieur, parce qu'il est évident qu'aucun régime politique n'est possible en dehors d'une société constituée et stable, et que, dans notre état actuel d'anarchie matérielle, intellectuelle et morale, aucune doctrine saine en matière politique, philosophique et religieuse n'a chance de se faire accepter.

Et comme, à cette union, il fallait une base, un programme accepté d'avance sans conteste, il leur proposait le Décalogue, qui est la loi de Dieu primitive, réduite à son minimum, incomplète, mais qui ayant suffi à élever les hommes primitifs jusqu'à la connaissance de vérités plus complètes et à les rendre capables de recevoir une loi plus parfaite, peut encore les ramener, par son observance, à la connaissance des vérités sociales, politiques et religieuses qu'ils ont perdues.

Telle est, du reste, la marche que la Providence a suivie dans l'éducation du genre humain et dans l'expansion de la verité, dont il lui a fait trois révélations successives de plus en plus complètes.

Dans son homélie à propos du sermon de Notre-Seigneur Jésus-Christ sur la montagne (au ch. v de saint Matthieu), saint Augustin remarque que Dieu avait donné des préceptes moindres (*minora precepta*) au peuple juif, peuple charnel, à la tête dure, et qu'il lui convint de donner des préceptes plus étendus et plus élevés (*majora precepta*) au peuple chrétien qu'il voulait rendre parfait (*perfecti estote*). Les uns et les autres de ces préceptes, ajoute saint Augustin, ont été donnés par celui qui seul sait apporter au genre humain les secours efficaces aux diverses époques : *Cum autem minora minoribus, majora majoribus dantur, ab eo dantur qui solus novit congruentem suis temporibus generi humano exhibere medicinam.*

Quoi qu'il en soit, la base d'union proposée par Le Play a soulevé l'opposition de deux groupes radicalement ennemis entre eux : les libres penseurs repoussent le Décalogue, parce qu'ils n'admettent aucune restriction à la liberté de penser ; certains catholiques, faute d'avoir compris le but poursuivi par Le Play, ont refusé d'entrer dans l'union, estimant que la base simplement *décaloguère* était insuffisante et serait inefficace. Il est très évident qu'entre ces deux groupes radicalement opposés aucune union doctrinale n'est possible ; mais il ne s'agissait pas d'une telle union : il était simplement question de travailler ensemble, *salva doctrina et consciencia*, à rétablir la paix sociale.

« Les faits eux-mêmes, nous écrivait Le Play, « mettent en pleine lumière l'efficacité du principe « sur lequel repose l'enseignement de notre Ecole, à « savoir : la fécondité de la pratique adoptée par les « races d'hommes, qui, étant attachés à des croyances « religieuses fondées sur des rites rigoureusement « définis, n'exigent pas que leurs voisins, même ceux « qui sont soumis à leur domination, remontent aux « rites positifs d'un culte différent. C'était la situa- « tion des Français sous Louis XIII et Richelieu. » (Lettre du 10 septembre 1881.)

Il ne s'agissait donc pas de fonder l'union sur l'indifférence *doctrinale*, mais sur une tolérance mutuelle, impartiale et bienveillante, non quant aux erreurs, mais pour les personnes : « J'ai tou- « jours voulu conquérir les égarés sans manquer « à l'occasion d'*affirmer mon zèle catholique*, « mais j'ai repoussé énergiquement les obsessions « par lesquelles on voulait me faire arborer le « drapeau du catholicisme ; me faire supprimer la « critique des catholiques défaillants, et l'éloge « des non catholiques donnant de bons exemples. »

(Lettre du 5 septembre 1872.) A toutes les obsessions de cette nature, il repondait invariablement : « je ne dogmatise pas ; je n'ai pas qualité « pour cela ».

Jusqu'aux derniers jours de sa vie, Le Play s'est efforcé de faire comprendre le véritable esprit de son œuvre ; il pensait comme nous, que la France et la société elle-même ne peuvent être sauvées que par le catholicisme ; c'est précisément pour avoir déserté la foi et les pratiques catholiques, que la société se perd. Mais pour ramener la société au catholicisme, ne faut-il pas la ramener à l'observance du Décalogue ?

Ainsi le pensaient également les savants et pieux auteurs du *Catéchisme du Concile de Trente*, car ils se sont bornés à enseigner et à commenter les dix principes du Décalogue, sans parler des commandements de l'Eglise : on ne les accusera pas, apparemment, de les avoir rejetés. L'observance du Décalogue *révélé* étant une fois admise comme la première des nécessités sociales, la logique impose la foi à la révélation chrétienne dont le Décalogue est le point de départ : de là ressort, sans qu'il y ait à en douter, la nécessité du catholicisme.

Mais il ne suffit pas de se dire catholique, ni

même catholique *avant tout*. Le Play proclame énergiquement que nulle part, pas même chez les nations catholiques, on ne peut obtenir la paix sociale sans l'observance du Décalogue. Voilà pourquoi il a dû signaler sur ce point ce qu'il appelle les défaillances des catholiques : défaillances qui eurent pour résultat de faire, de nos jours, des nations catholiques, les nations les plus malheureuses de l'Europe. Il a froissé les catholiques par ses justes critiques, et surtout en leur citant des exemples d'une meilleure observance empruntés aux pratiques de certains peuples non catholiques. Il n'a fait en cela que leur rappeler le conseil de saint Jacques, quand il leur recommandait de « ne « pas se contenter d'écouter la doctrine, mais de « la pratiquer et de ne pas se tromper eux-« mêmes ». *Estote factores verbi, et non auditores tantum, fallentes vosmetipsos.* (S. Jac., I, 22.)

Les membres éclairés du clergé catholique, bien loin de se sentir froissés par ces avertissements consciencieux et courageux, en reconnaissaient la justesse et en sentaient l'importance.

Après avoir lu la brochure de M. Urquhart, *la Déclaration de la chrétienté*, le R. P. Roh écrivait le 7 mars 1871 :

« Quoique je sois bien occupé, j'ai achevé la lecture très attentive de l'admirable travail de M. Urquhart ; c'est un ouvrage que je relirai et méditerai souvent. J'éprouve un profond regret et une profonde humiliation d'être arrivé à l'âge de 60 ans ignorant de tant de choses si nécessaires et si simples, après tant d'études ! Si j'avais su tout cela il y a trente, quarante ans, mon action en classe et à l'église eût été toute autre... Il nous dit de dignes et bonnes vérités à nous autres catholiques. *Que Dieu l'en récompence ! C'est le fait d'un honnête homme qui nous aime et nous estime.* »

Nous verrons bientôt que des encouragements parvenus de haut n'ont pas manqué à Le Play, mais son œuvre n'en a pas moins été entravée par des critiques intéressées ou irréfléchies de libres-penseurs et de certains publicistes catholiques. A ces obstacles, il faut joindre l'inintelligence et l'inertie de ceux qu'on nomme improprement les *conservateurs*. Les réformes proposées par l'éminent penseur étaient pour eux tellement inattendues et si appropriées à tous nos préjugés contemporains, qu'ils les ont considérées comme des utopies dont la réalisation était impossible.

Mais ses écrits nous restent. Ils témoignent de

la perspicacité avec laquelle il avait su découvrir les causes et prédire les résultats de notre désorganisation sociale, et de la sagesse avec laquelle il avait indiqué les moyens d'en conjurer les périls et d'en réparer les désastres. Ses avertissements n'ont pas été écoutés, ses conseils n'ont pas été suivis ; il a pu dire comme le prophète : « Sei-
« gneur, vous les avez frappés, et ils n'ont pas gémi ;
« vous les avez brisés, et ils n'ont tenu aucun
« compte des châtiments : ils ont rendu leur front
« plus durs que la pierre, et ils n'ont pas voulu
« revenir à vous. » *Percussisti eos et non doluerunt ; attrivisti eos, et renuerunt accipere disciplinam ; induraverunt facies suas supra petram et noluerunt reverti.* (Jérémie, v, 3.)

§ 2. — *La doctrine de Le Play et les libres-penseurs.*

L'année qui suivit la mort de Le Play, ses disciples invitèrent M. Vacherot à présider leur réunion annuelle : celui-ci ouvrit la session par un discours qui fut inséré dans la *Réforme sociale* du 15 juin 1883. Dans ce discours, après avoir donné à la méthode de l'éminent penseur son adhésion et ses éloges, M. Vacherot, avec certains ménagements dans la forme, ménagements que lui imposait assurément l'honneur qu'on lui avait fait et qu'il eût été mieux séant de sa part de décliner, formula des objections qui ne sont rien moins que la répudiation de sa doctrine.

Il convient de relever tout d'abord cette assertion que, « pour bien juger Le Play, il faut encore « plus considérer sa méthode que sa doctrine ».

La méthode, c'est le moyen ; la doctrine est le *but* : donc, c'est par la doctrine qu'il faut juger l'homme. La méthode d'*observation* a été enseignée par Le Play à titre de *procédé de démonstration* permettant de retrouver la doctrine sociale oubliée, perdue ou contestée : cette méthode a pour but d'établir, ou plutôt de rétablir la vraie doctrine sociale par induction, et Le Play définit ainsi l'induction : « système de raisonnement par lequel, de « plusieurs faits observés, on tire la loi générale « qui semble les gouverner tous ». (*Vocabulaire social, Ouv., europ.* t. Ier, p. 460.)

L'observation des faits ne fournit donc qu'une présomption plus ou moins bien fondée, selon le degré d'intelligence, de jugement et de droiture dont est doué l'observateur, et la méthode n'a de valeur scientifique qu'autant qu'elle l'aura amené à trouver hors d'elle-même une base de certitude qu'elle-même ne fournit pas.

« On pourra, dit M. Vacherot, contester certai-
« nes doctrines de Le Play sur la constitution et
« l'organisation de notre société moderne. La
« méthode restera. »

Le critique confond ici ce qu'il y a de *constitutionnel* et ce qu'il y a d'*accidentel* dans la vie sociale : c'est, en effet, une des *idées modernes* que, dans chaque pays et à chaque époque, les contemporains peuvent *constituer* la société à leur guise. Le Play ne l'a pas compris ainsi. Au moyen de sa méthode d'observation, il est arrivé à constater qu'il y a une *constitution essentielle de l'humanité*, ayant pour base des principes éternels, immuables, essentiels partout et toujours, sans lesquels aucune société n'est possible : voilà le fond même de sa doctrine, et voilà pourquoi sa méthode, qui l'a conduit à constater cela, restera. Mais si cette doctrine peut être constestée, comme le prétend M. Vacherot, la méthode ne restera pas: elle serait trompeuse et fausse, si elle avait pu induire en erreur, sur la constitution essentielle de toute société humaine, un penseur aussi éminent.

Sans aucun doute, la mise en pratique des principes peut admettre des modifications suivant les temps et les lieux ; Le Play l'a reconnu lui-même : mais c'est là une question d'organisation et non pas de constitution ; c'est la matière des lois écrites, qui ne doivent être rien autre chose que des règlements pour la mise en pratique des principes immuables de la constitution essentielle de l'humanité.

L'expression *société moderne* est un contre-sens ou un non-sens. L'institution sociale, l'ordre social, la société, en un mot, est permanente dans son essence, fondée qu'elle est sur des principes éternels ; il n'y a de moderne dans la société que les hommes qui y passent successivement, avec leurs idées mobiles, leurs aptitudes diverses, leurs besoins spéciaux, leurs maux qui diffèrent selon que diffère le mélange de vérité et d'erreur, de vertus et de vices qui s'y rencontre.

L'homme ne constitue pas la société ; il naît dans la société constituée sur des fondements qu'il n'a point construits, et qu'il ne peut détruire sans être écrasé sous leurs ruines. Disons mieux : l'homme ne peut pas détruire les fondements de l'ordre social, qui sont des principes indestructibles ; il ne peut que s'en écarter, essayer de bâtir à coté selon ses conceptions éphémères, et alors ses prétendues *constitutions modernes* ne vieilliront pas faute de base.

Or le droit préexistant, auquel il faut consentir pour qu'il y ait société, peuple, nation constituée, c'est le droit divin, la loi de Dieu et ce que Le Play appelle *la paix de Dieu.* Sur ce fondement indispensable et auquel rien ne peut suppléer, *les modernes*, à mesure qu'ils arrivent et en attendant qu'ils s'en aillent, peuvent établir des institutions diverses pour leur utilité commune, mais ces institutions doivent toujours être subordonnées à la loi de Dieu, et les modernes d'aujourd'hui ne doivent pas avoir la prétention absurde, et au surplus vaine, d'imposer ces institutions, secondaires et facultatives, aux modernes de demain, qui auront sur ce point la même liberté et le même droit.

M. Vacherot appelle la méthode de Le Play la « méthode *expérimentale* proprement dite. » C'est mettre de la confusion dans son système que de le qualifier ainsi, parce que le mot *expérimental* signifie tout aussi bien et même plus habituellement : expérience *à faire* qu'expérience acquise. Or, c'est en ce dernier sens seulement que Le Play l'entend, il veut qu'on observe les faits et les traditions du passé ; il repousse au contraire la prétention de tenter en matière sociale des expériences nouvelles, ce qu'il appelle la méthode d'*invention*, opposée à celle d'*observation*.

La science sociale, telle que Le Play l'a entendue, n'est rien autre chose que la déduction logique de ce fait primordial qui lui a été démontré par l'observation, à savoir : qu'il y a une loi morale révélée par Dieu à l'origine, et que la science sociale consiste à prendre cette loi pour règle de tous les actes humains, privés et publics, individuels et sociaux.

M. Vacherot dit : « tout par la science et la « liberté », entendant par là la science, abstraction faite de l'ordre surnaturel, et la liberté sans règle et sans frein. Le Play dit au contraire : « En analysant « les faits et en remuant les chiffres, la science « sociale ramène toujours les vrais observateurs « aux principes de la loi divine. » (*Les Ouvriers européens*, t. Ier, p. 437.)

Or, quand on en est arrivé à constater ce grand fait de l'existence d'une loi divine révélée, toute la question se réduit, pour connaître les principes de la science sociale, à consulter l'Ecriture dans laquelle ils ont été monumentés. Et Bossuet remarque que, pour entendre l'Ecriture, « il faut avoir imposé « silence au sens humain, et ne se servir de sa « raison que pour remarquer attentivement ce que « Dieu nous dit dans ce divin livre. En effet, il n'y « a jamais que deux sortes d'examen à faire dans « la lecture d'un livre : l'un pour entendre le sens « de l'auteur ; l'autre pour considérer s'il a raison, « et juger du fond de la chose. Mais comme ce « dernier cesse tout à fait lorsqu'on voit que Dieu « a parlé, la raison ne doit plus servir de rien alors, « que pour bien entendre ce qu'il veut dire. » « (*Exposé de la doctrine catholique*, t. XXXI des Œuvres, p. 263, éd. 1827.)

M. Vacherot n'a donc pas compris la méthode de Le Play ; et il ne se comprend pas lui-même quand il y adhère, et qu'il affirme « qu'elle restera ». Elle restera sans aucun doute ; et elle restera comme une démonstration sans réplique de l'erreur des libres-penseurs, puisqu'elle amène toujours les vrais observateurs à la révélation divine, qui exclut le libre examen.

Quand on est dans l'erreur sur les principes, on est inévitablement inconséquent dans ses actions et dans ses jugements : c'est ainsi que M. Vacherot, qui juge la méthode de Le Play excellente pour arriver à la science sociale, conteste les conclusions auxquelles il a été amené par l'emploi même de cette méthode.

« Ne s'est-il pas trop enfermé dans le cadre de la tradition ? dit-il. N'a-t-il point parfois *élevé à la hauteur de lois immuables* certains faits généraux, auxquels *la loi du progrès* ne permettrait pas de donner cette valeur absolue ? Son instinct conservateur, si sagace et si pénétrant, a-t-il en tout raison contre les Ecoles qui, sans dédaigner l'expérience, entendent autrement que lui la *constitution* et l'organisation *de notre démocratie moderne* ? Faut-il remanier aussi radicalement notre code civil et changer notre loi sur l'héritage? Faut-il *sortir aussi résolument de la révolution* pour rentrer dans la tradition ? N'y a-t-il pas un accord à faire entre l'autorité de l'une et *la nécessité de l'autre* ? N'y a-t-il pas au fond de notre société moderne des vertus propres, *des principes nouveaux*, auxquels on pourrait faire appel, pour l'œuvre de reconstruction sociale? Autant de problèmes que vous. Messieurs, les fidèles et intelligents continuateurs de l'œuvre du maître, *vous aurez à résoudre.* » (*Réf. soc.* du 15 juin 1883, page 593.)

Mais tous ces problèmes, Le Play les a étudiés pendant cinquante ans à l'aide de sa méthode ; et il croyait les avoir résolus, et ses disciples le pensaient comme lui. C'était illusion. Cet observateur que l'on proclame *sagace* et *pénétrant*, qui a inventé une méthode que l'on déclare excellente, n'a donné sur les questions sociales que des solutions fausses. On invite ses disciples à recommencer l'œuvre du maître, c'est-à-dire à la détruire, et à *résoudre les problèmes sociaux*, en face desquels il s'est montré impuissant.

C'est son honneur d'avoir mérité de telles critiques. Il a formellement nié la prétendue loi *du progrès*. « Expression absolue employée à tort, dit-il, « pour affirmer l'existence d'une loi fatale, en vertu « de laquelle l'humanité se perfectionnerait sans « cesse, quel que fût l'usage du libre arbitre. » (*Index, Réf. soc.*, t. Ier, p. LXXIX, 6me éd.)

Il a nié non moins formellement les prétendus droits d'une prétendue *démocratie moderne*. A son sens, la démocratie se borne à « l'organisation de « l'autorité publique dans une petite société, où les « familles sont assez rapprochées et assez soumises « à la loi de Dieu, pour que le peuple assemblé puisse, « tout en gardant la paix, régler souverainement

« ses intérêts communs. Dans les sociétés plus « étendues, cette organisation se réduit nécessaire-« ment à la gestion des intérêts spéciaux de chaque « paroisse ou de chaque commune. » (Ibid. p. LXXIII.) Encore faut-il remarquer qu'il suppose l'autorité paternelle préalablement rétablie.

Il veut que l'on sorte résolument de la révolution pour rentrer dans les saines traditions sociales. Il démontre que la révolution a toujours augmenté la corruption et la souffrance ; qu'elle a toujours été pernicieuse, bien loin d'avoir été jamais *nécessaire* ; que la réforme des abus, qui en a toujours été le prétexte, n'en a jamais été le résultat. Aussi n'a-t-il jamais cessé de combattre ce qu'il appelle les *faux dogmes*, les déclarant incompatibles avec tout régime de paix et de prospérité sociale.

Il nie qu'il y ait des *principes nouveaux*, *une morale moderne*. Il soutient que dans l'ordre moral il n'y a rien à inventer ; que les principes sont éternels, et que, dans cet ordre d'idées, le progrès consiste dans une pratique de plus en plus parfaite de la loi divine immuable. Aussi, bien loin *d'élever à la hauteur de lois immuables des faits généraux*, comme le prétend M. Vacherot, il professe que les faits, si généraux qu'ils soient, sont régis, sanctionnés ou condamnés par la loi de Dieu.

Les libres-penseurs, qui méconnaissent cette nécessité d'une loi surnaturelle et qui n'admettent d'autre lumière que leur propre raison, sont donc tombés au-dessous de la philosophie païenne, et ils tombent sous le coup de ce reproche, qu'Epictète adressait aux libres-penseurs de son temps : « Mal-« heureux ! toutes tes pensées ne sont que terre et « boue ; tu ne portes tes regards que sur les lois des « hommes, qui sont les lois des morts ; et tu mets « en oubli celles d'un Dieu vivant ».

§ 3. — *La doctrine de Le Play et les catholiques.*

Nous n'entendons pas relever ici toutes les critiques dont les écrits de Le Play ont été l'objet. La plupart ont été provoquées par la surprise qu'éveilla au premier moment l'exposition d'idées tellement opposées à nos idées *modernes*, telles qu'elles nous ont été infusées par la révolution, qu'on n'y voulut voir tout d'abord que des utopies. On s'imagina qu'il prétendait, non pas seulement *réformer* la société, mais *la refaire.*

Quand il publia son livre sur l'*organisation de la famille*, un écrivain catholique, d'un mérite réel, écrivit deux volumes pour la réfuter, s'étonnant qu'un *ingénieur* ait la prétention *de refaire la famille*, alors qu'elle avait été fondée par Dieu lui-même. Il n'avait pas pris garde au *sous-titre* qui indiquait qu'il s'agissait de *rétablir* l'organisation de la famille *selon le vrai modèle signalé par l'histoire de toutes les races et de tous les temps*, c'est-à-dire telle que Dieu l'avait faite.

On épiloguait ses expressions, pour peu qu'elles fussent insolites, comme si elles sentaient l'hérésie. « *La paix de Dieu* ! lui dit un jour un catholique « défiant ; où avez-vous pris cela ? — Je l'ai pris, « répondit Le Play, au Canon de la messe, alors « qu'après avoir prié Dieu de nous donner la paix, « le prêtre dit aux fidèles : que la paix du Seigneur « soit toujours avec vous : *Pax Domini sit semper* « *vobiscum* ! »

Il eût pu s'appuyer encore sur ce passage du IVe ch. de l'épître de saint Paul aux Philippiens : « Que « *la paix de Dieu*, qui suppose tout ce qu'on peut « imaginer, garde vos cœurs et vos esprits dans le « Christ Jésus, notre Seigneur ».

Les objections formulées par les catholiques contre la doctrine de Le Play se réduisent en définitive à ceci :

« Il fait absolument abstraction de l'élément sur-
« naturel dans sa réforme des nations, même chré-
« tiennes..... Le procédé qu'il adopte, borné aux
« seules applications de la loi naturelle, n'a pas
« d'affectation plus spéciale aux pays chrétiens
« qu'aux nations infidèles...

« Cependant il proclame très énergiquement que
« la religion est le fondement nécessaire de toute
« société, de même qu'elle est pour lui la raison
« essentielle des mœurs de la famille. Or, la reli-
« gion, pour une nation chrétienne, c'est le chris-
« tianisme ; son décalogue c'est l'Evangile. » (Don Eugène Garderau, *le Monde* du 10 mai 1879.)

Le Play savait bien que *pour une nation chrétienne, la religion, c'est le christianisme, et que son décalogue c'est l'Evangile*. Il savait, de plus, que pour un catholique il ne suffit pas d'en déférer au Décalogue et à l'Evangile, mais qu'il faut encore se soumettre à l'autorité de l'Eglise, soumission qui distingue le catholicisme des autres communions qui ne sont que chrétiennes ; il le savait si bien qu'il disait : « Je signerais le Syllabus : car, enfin,
« on est catholique, ou on ne l'est pas ; je le suis ».

Le Play fut toujours soumis, non seulement à l'Eglise, mais au Pape personnellement, dont il défendait l'infaillibilité contre les membres éminents du clergé, qui étaient ses amis très dévoués et qui finirent par revenir de leur erreur. Il disait à l'abbé Gratry qui avait été son condisciple à l'école polytechnique : « Tu as tort ; tu soutiens une « cause mauvaise. L'infaillibilité est la plus haute « expression du principe d'autorité. C'est un devoir « pour nous, même au point de vue social, d'accep- « ter et d'appuyer cette proclamation. »

Au même propos, il disait à celui qui était alors le Père Hyacinthe :

« Mon Père, vous vous trompez. Les hommes dis- « tingués dont vous invoquez le témoignage, ne « vous suivront pas dans cette nouvelle voie. Soyez « sûr que le jour où vous quitterez la vieille et « grande Eglise, ils vous laisseront seul, et il ne « vous restera plus que la dernière ressource des « prêtres défroqués, celle de vous faire cocher de « fiacre. » (*Les Contemporains*, n° 62 : LE PLAY, page 12.)

Le Play était donc dans l'orthodoxie personnellement, et il s'est toujours efforcé de rester dans l'orthodoxie dans ses écrits. Mais il n'avait pas mission, et il n'avait pas pris la tâche d'enseigner la théologie, pas plus que la politique ; à ces deux points de vue, il a laissé volontairement son enseignement incomplet.

Il n'est pas exact de dire *qu'il a fait complètement abstraction de l'élément surnaturel dans sa réforme des nations.* Il prend pour base de cette réforme la loi morale *révélée* par Dieu à nos premiers parents, loi formulée plus tard dans le Décalogue « révélé « à Moïse » ; il ajoute que par cette révélation Dieu « a fourni à l'homme la lumière indispensable « pour conquérir les avantages de la liberté qui est « la source des grandeurs ». (*Les Ouv. europ.*, t. Ier, page 73.) Ce n'est pas là, apparemment, *faire abstraction de l'élément surnaturel.*

Mais il est très vrai que le procédé de démonstration qu'il a adopté, *n'a pas d'affectation plus spéciale aux pays chrétiens qu'aux nations infidèles.* Il a entendu faire une œuvre sociale universelle, applicable dans tous les temps et chez tous les peuples, quel que soit leur régime politique ou religieux, pourvu, toutefois, que la religion, fût-elle chez eux erronée, soit la base de leur constitution, les théologiens catholiques enseignant que c'est un moindre mal d'avoir une religion fausse que de n'en avoir aucune, et qu'une religion fausse professée de bonne foi est efficace pour le salut éternel et pour la paix sociale.

A l'article IIe du VIIe livre de sa *Politique tirée des propres paroles de l'Ecriture sainte*, Bossuet résume ainsi l'enseignement catholique sur cette question : « Les principes de religion, quoiqu'ap-
« pliqués à l'idolâtrie et à l'erreur, ont suffi pour
« établir une constitution stable d'Etat et de gou-
« vernement. Autrement, il s'en suivrait qu'il n'y
« aurait point de véritable et légitime autorité hors
« la vraie Eglise : ce qui est contraire à tous les
« passages où l'on a vu que le gouvernement des
« empires, même idolâtres, et où règne l'infidélité,
« était saint, inviolable, ordonné de Dieu et obli-
« gatoire en conscience. »

Il dit ensuite, parlant du serment, que pour qu'il soit sacré, « il n'est pas nécessaire qu'on jure par
« le Dieu véritable, et qu'il suffit que chacun jure
« par le Dieu qu'il reconnaît ». Il ajoute que « Dieu
« même n'a pas dédaigné de punir l'irréligion
« des peuples qui profanaient les temples qu'ils
« croyaient saints, et les religions qu'ils croyaient
« véritables, à cause qu'il juge chacun par sa cons-
« cience ». Voilà pourquoi saint Paul a dit : « C'est

« Dieu qui jugera ceux qui sont hors de l'Eglise ». (*1re aux Cor.* ch. v, 8, 13.)

La vérité est essentiellement intolérante de l'erreur; mais la loi de la charité nous oblige envers ceux qui se trompent, parce que Dieu seul est juge de leur bonne foi. Aussi un théologien catholique a-t-il dit : « Il est impossible de ne pas voir quelque « chose de respectable dans le sentiment de fidélité « qui attachait le cœur des païens aux divinités dont « ils avaient de tout temps honoré les autels avec « une foi convaincue, et qui les faisait répugner si « vivement à embrasser le culte d'une autre nation ». (Dr G. Philips, *Du droit ecclésiastique*, traduction de l'abbé Crouzet, t. II, p. 278.)

Mais tout en respectant la bonne foi qu'il suppose toujours dans les dissidents, Le Play n'entend pas innocenter l'indifférence, bien loin de là. « A l'époque « d'erreur et de discorde que nous traversons, dit-il, « le devoir de toute âme droite et honnête est de savoir « comment il faut penser et agir touchant la religion « et la souveraineté. » (*Ouv. europ.*, t. Ier, page 31.) Mais il voulait qu'on s'abstînt de semblables affirmations dans les publications de l'Ecole, afin de ne pas froisser les dissidents, et de s'assurer leur concours pour la restauration de la paix sociale. « Quant

« à l'affirmation spéciale de la vérité, en matière « de religion, je suis arrivé depuis longtemps à la « distinction que vous établissez, *pour les membres* « *de notre Ecole*, entre la règle de la vie publique « (dans l'Ecole) et celle la vie privée. A cet égard, « quand nous ferons la 7e édition de *la Réforme* « *sociale*, il sera nécessaire, *pour conjurer les mal-* « *entendus*, de faire quelques retouches à l'édition « actuelle : je ne saurais confier cette mission à un « homme plus prudent et plus expérimenté que « vous. « (Lettre du 12 décembre 1881.)

Le Play ne se dissimulait pas les difficultés du terrain sur lequel il s'était placé pour procurer l'union, sur le terrain purement social, de groupes très dissidents au point de vue religieux et au point de vue politique.

Il fallait se résoudre à des ménagements, à des réticences, à une réserve qui devait inévitablement produire des malentendus. Il nous écrivait à ce sujet : « Les trois dernières lettres de notre corres- « pondance actuelle sont inspirées par une pensée « dominante : concilier la propagation universelle « de notre doctrine avec la diversité des religions, « qui a été dans tous les temps le caractère principal « de l'humanité. A cet effet, il faut éviter toute

« chance d'un de ces malentendus que vous révéliez « dans votre avant-dernière lettre, entre l'une de « mes affirmations et la doctrine de l'Eglise catholi- « que touchant le vice originel. Dans les articles « que je vous demande, il suffit que vous résol- « viez le problème à la satisfaction des catholiques « romains, intelligents et orthodoxes. Il me semble « d'ailleurs que ce même problème est soluble « pour toutes les religions. » (Lettre du 28 octobre 1881.)

Sans aucun doute, pourvu qu'on l'étudie avec attention et bonne foi, le problème posé par Le Play est soluble pour tous, les libres-penseurs exceptés.

Il faut considérer d'abord qu'en prenant pour base de la *constitution* essentielle de l'humanité le Décalogue, il a entendu se réduire, *s'abaisser*, c'est son expression, au *minimum* des conditions essentielles de tout ordre social. « On ne peut, dit-il, « guider notre race dévoyée qu'en *s'abaissant*, selon « l'expression de N.-S. J.-C. Ma petite force vient « de ce que je comprends la haute vérité de cette « parole, et trouve mon bonheur à la pratiquer. » (Let. du 15 octobre 1872.) Il aurait pu simplifier encore son programme en le réduisant aux deux commandements dont il est dit dans l'Evangile, « qu'ils contiennent toute la loi et les Prophètes ».

Il faut prendre garde encore qu'il définit la loi morale : « Les prescriptions du Décalogue, *avec les « interprétations établies chez les peuples fidèles à la « constitution essentielle, par la religion, la coutume « et les lois écrites.* » (*Vocabulaire*, t. Ier des *Ouvriers européens*, au mot *Loi morale*.) D'où il suit que, dans la pensée de Le Play, il s'agit du Décalogue tel qu'il est connu et compris, chez les diverses nations, peuples et peuplades. Donc, il s'agit, pour les peuples chrétiens, du Décalogue complété par l'Evangile, et chez les catholiques, du Décalogue complété par l'Evangile, et interprété par l'Eglise, sous l'autorité du Souverain Pontife.

On retrouve chez tous les peuples stables et vivant en paix, le Décalogue comme base de l'ordre social, et l'on constate que ces peuples n'ont de stabilité et de prospérité que dans la mesure de leur fidélité à observer cette loi primitive, universelle et permanente, ce code éternel de l'humanité, que le Sauveur est venu, non pas détruire, mais accomplir et compléter.

Il est évident que la révélation primitive n'est efficace, pour le maintien de la paix sociale, que chez les peuples qui n'en ont pas reçu d'autre, et qui sont restés dans l'état de simplicité des sociétés primitives. Mais, alors que la civilisation s'est compliquée, il est nécessaire, dit Le Play, de donner aux mœurs publiques un supplément d'énergie : voilà pourquoi il a plu à Dieu de compléter le Décalogue par l'Evangile, et de préposer à la garde et à l'interprétation de l'Evangile l'autorité de l'Eglise. « L'œuvre de l'union de la paix sociale, « dit Le Play, écarte les questions religieuses et « politiques ; mais par la force des choses elle con- « duit naturellement la pensée du lecteur vers sa « meilleure solution. » (Lettre du 2 janvier 1875.)

La seule vraie solution au point de vue religieux et au point de vue politique, c'est le catholicisme ; et c'est là qu'il conduit naturellement et inévitablement son lecteur. En effet, il proclame très énergiquement que la loi de Dieu est le fondement nécessaire de toute société; que cette loi a été révélée par Dieu lui-même : il ne peut donc y avoir qu'une seule religion véritable, puisqu'il n'y a qu'un seul révélateur, un seul Dieu, qui « seul sait, dit saint « Augustin, offrir au genre humain des secours « opportuns à chaque époque », afin de lui donner ce *supplément d'énergie* que Le Play juge nécessaire aux sociétés compliquées, pour combattre le mal et pratiquer le bien.

De là ces révélations successives, qui, loin de se contredire ni de se détruire, sont le complément nécessaire l'une de l'autre, et ne forment qu'une seule loi promulguée successivement et qui n'en est pas moins une et éternelle dans son ensemble. Mais encore aujourd'hui, cette loi n'est pas connue partout dans son ensemble : ici, faute de promulgation, de prédication ; là, par suite d'oubli ou de corruption. Or, la bonté de Dieu a voulu que les sociétés humaines qui n'ont connu, ou qui n'ont retenu que les premiers principes de cette loi, le Décalogue, puissent, en en observant fidèlement les prescriptions, se procurer la paix sociale d'abord, et arriver à la connaissance de la loi complète. Voilà la thèse de Le Play.

Les catholiques ne l'ont pas comprise, et il en gémissait : dans sa volumineuse correspondance, on rencontre souvent des plaintes douloureuses à ce sujet. « Ce qui a aggravé le mal dont je souffre « depuis deux ans, c'est le sentiment de mon im- « puissance devant mes contemporains... les catho- « liques ne comprennent pas ma méthode... Quand « je dis que les races oscillent d'autant plus entre

« la prospérité et la souffrance, qu'elles sont plus « civilisées; quand je dis qu'en fait, les races « constamment heureuses sont les populations « patriarcales, chez lesquelles le climat ne se prête « pas à l'industrie manufacturière et au tracé des « voies de communications perfectionnées, on dit : « M. Le Play veut nous ramener à la Steppe; « et je réponds en vain : non!... Quand je dis que « les races patriarcales du Nord pratiquent mieux « que toutes les autres les quatre premiers com« mandements, les catholiques disent : « Le Play « sent le fagot. » (Lettre du 27 octobre 1881.)

Quand Le Play constate qu'en fait les races les moins civilisées sont les plus constamment heureuses, il n'entend pas condamner la civilisation. Les exemples qu'il cite tendent à prouver que la meilleure garantie de la paix sociale et du bonheur se rencontre dans la modération des désirs et la retenue dans les jouissances. Chez les races patriarcales, cette retenue, cette modération sont faciles et pour ainsi dire naturelles, parce que ces races n'ont pas même l'idée d'un mieux être. Au contraire, chez les sociétés compliquées, les progrès de la civilisation matérielle, en multipliant les moyens de jouissance, surexcitent dans la même proportion les désirs : d'où il résulte que, pour maintenir leurs jouissances dans une juste mesure, pour résister à la tentative des excès, il faudrait à ces races une vertu rendue plus difficile par la multiplicité et la facilité des moyens de jouissance.

Avant Le Play, Helvétius avait signalé ce contraste ; mais il n'en avait pas, comme lui, indiqué la véritable cause.

« Il est bien singulier, dit-il, que les pays vantés « pour leur luxe et leur police soient les pays où « le plus grand nombre des hommes est plus mal-« heureux que ne le sont les nations sauvages, si « méprisées des nations policées... Pour procurer « le bonheur aux hommes, peut-être faudrait-il « les rapprocher de la vie de pasteur ; peut-être « les découvertes en législation nous ramèneront-« elles, à cet égard, au point d'où l'on est d'abord « parti. » (*De l'Esprit*, t. Ier, p. 101, note.)

C'est bien le cas de répondre avec Voltaire : « Eh ! mon ami, ne nous ramène pas au gland, « quand nous avons du blé ». Le remède, c'est de se contenir dans l'usage légitime des progrès matériels acquis, de cesser de se pâmer dans des jouissances malsaines, d'avoir la vertu de modérer ses désirs.

« La stabilité est l'un des caractères de la race « qui possède la meilleure religion », dit Le Play : et il constate avec douleur que les nations catholiques sont aujourd'hui les plus désorganisées et les plus malheureuses de toutes les nations de l'Europe. Est-ce à dire qu'il faut en conclure l'impuissance du catholicisme ? Non, assurément. Le catholicisme ne peut avoir d'influence réformatrice et conservatrice que sur les peuples qui ont foi en lui ; sur ceux qui connaissent la loi de Dieu, qui l'acceptent et qui la mettent en pratique. Or, on ne peut que trop justement appliquer aux catholiques de notre époque le reproche que saint Paul adressait aux catholiques romains de son temps : « Vous, qui vous glorifiez d'être en « possession de la loi, vous déshonorez Dieu par « vos prévarications contre la loi. » (*Aux Romains*, c. II, v. 23.)

« Aujourd'hui, a dit Le Play, la tradition se « retrouve à peine chez quelques familles qui, avec « une vertu presque surhumaine, ont résisté à une « impulsion antisociale de deux siècles. » (*Ouv. europ.* t. Ier, p. 593.) A part une minorité qui, par la grâce de Dieu, est demeurée radicalement catholique, ceux qui se parent encore de ce nom ne pratiquent plus le Décalogue, dont Le Play a mis en évidence l'efficacité sociale. Ils pratiquent tant bien que mal les commandements de l'Eglise en ce qui concerne les actes extérieurs qu'elle prescrit, ils font même certaines *manifestations* qu'elle n'exige pas; mais ils ne tiennent pas compte, dans leur conduite, de ses décisions dogmatisées, et ils la desservent, en fait, tout en lui rendant des respects extérieurs de simple convenance.

La *Déclaration des droits de l'homme*, qui contient en germe toutes les pernicieuses erreurs qui mettent aujourd'hui la société en péril, fut condamnée par Pie VI; Le Play a réfuté avec énergie et persistance ce qu'il appelle ses *faux dogmes*. Néanmoins, toute une grande fraction des catholiques s'est fait un drapeau de ce qu'on nomme faussement les *principes* de 1789, et la plupart des autres, sans les professer doctrinalement, les acceptent comme une prétendue *nécessité des temps modernes*.

De là est né le libéralisme, dont la doctrine, absolument hérétique, a été formellement condamnée par l'Eglise. Malgré cette condamnation souvent renouvelée, les catholiques, tout en adhérant, plus ou moins explicitement, aux décisions de l'Eglise, sont restés imbus de la doctrine hérétique, dont ils font, plus ou moins inconsciemment, la règle de leur conduite politique.

Telle est la cause de la désorganisation extrême des nations catholiques ; et voilà pourquoi « elles déshonorent Dieu », selon l'expression de saint Paul, en donnant lieu de douter de l'efficacité sociale du catholicisme. Surtout alors que l'on voit des peuples non catholiques, et même non chrétiens, donner de meilleurs exemples sociaux, uniquement parce qu'ils ont conservé la tradition des préceptes du Décalogue : nous disons, non pas le texte, mais seulement la tradition. — Un Chinois converti au catholicisme, traduit pour ce fait devant le mandarin, lui ayant, sur sa demande, récité le Décalogue, le mandarin lui dit : « Mais ces dix commandements se trouvent dans tous nos livres, et il n'est personne qui ne soit tenu à les observer, ou si quelqu'un les transgresse, on le punit de la manière que prescrit la loi ». *(Mémoires des Jésuites sur la Chine)*.

Dans un bref adressé par Pie IX à l'évêque de Quimper, le 28 juillet 1873, à propos d'une assemblée générale des associations catholiques, on lit ce qui suit :

« Assurément, ces associations ne s'éloigneront pas de l'obéissance due à l'Eglise, ni à cause des écrits, ni à cause des actes de ceux qui les poursuivent de leurs invectives et de leurs injures, *mais elles pourraient être poussées dans le sentier glissant de l'erreur par les opinions appelées libérales; opinions acceptées par beaucoup de catholiques qui sont d'ailleurs honnêtes et pieux, et qui, par l'influence même que leur donne leur religion et leur piété, peuvent très facilement capter les esprits et les induire à professer des maximes très pernicieuses.* Inculquez, en conséquence, Vénérable Frère, aux membres de cette catholique assemblée, que lorsque nous avons tant de fois blâmé les sectateurs de ces opinions libérales, nous n'avons pas eu en vue les ennemis déclarés de l'Eglise qu'il eût été oiseux de dénoncer, *mais bien ceux dont nous venons de parler, qui gardent caché le virus des principes libéraux qu'ils ont sucé avec le lait.* Ce virus, ils l'inoculent hardiment dans les esprits, comme s'il n'était pas imprégné d'une palpable malignité, et qu'il fût aussi inoffensif pour la religion qu'ils le pensent. Ils propagent ainsi la semence de ces troubles, qui depuis si longtemps tiennent le monde en révolution. Qu'ils évitent donc ses embûches; qu'ils s'efforcent de diriger leurs coups contre ce perfide ennemi, et certainement ils auront bien mérité de la religion et de la patrie. » (Cité par D. Sarda dans *Le libéralisme est un péché*, p. 42.)

La démoralisation des nations catholiques est dans le fait des catholiques eux-mêmes ; leurs opinions et leurs pratiques sont anti-catholiques, et par conséquent anti-sociales. La révolution a été une grande apostasie : le libéralisme n'est rien autre chose que l'esprit de la révolution. *Or le libéralisme doctrinal est une hérésie, et le libéralisme pratique est un péché :* ces deux affirmations sont formulées et justifiées par Don Sarda y Salvany, docteur en théologie, dans un livre qui, ayant *été déféré* à la sacrée congrégation de l'Index, a été approuvé par elle en ces termes : « Non seulement, elle n'a rien trouvé qui soit contraire à la saine doctrine, mais son auteur D. Félix Sarda mérite d'être loué, parce qu'il expose et défend la saine doctrine sur le sujet dont il s'agit, par des arguments solides, développés avec ordre et clarté, sans nulle attaque à qui que ce soit. » (V. *Le libéralisme est un péché*, chez Retaux-Bray, Paris, 1887.)

Et qu'on ne dise pas que le mal ne se trouve que dans les masses dévoyées : Pie IX le signale, avec trop de raison, parmi les promoteurs et les orateurs des associations catholiques elles-mêmes, qui, « par l'influence même que leur donne leur « religion et leur piété, peuvent très facilement « capter les esprits et les induire à professer des « maximes très pernicieuses ». Pour qu'on ne puisse pas s'y tromper, le pieux Pontife insiste : « Lorsque nous avons tant de fois blâmé les secta- « teurs de ces opinions libérales, nous n'avons pas « eu en vue les ennemis déclarés de l'Eglise, qu'il « eût été oiseux de dénoncer, mais bien ceux dont « nous venons de parler, *qui gardent caché le virus des « principes libéraux qu'ils ont sucé avec le lait.* »

Le Play a donc fait œuvre catholique en combattant énergiquement *les faux dogmes* du libéralisme, dont certains catholiques ont infecté leur conscience ; et il n'a eu que trop raison de les rappeler à l'observance du Décalogue, qu'ils ne comprennent et ne pratiquent plus.

§ 4. — *Les adhésions catholiques à l'œuvre de Le Play.*

Malgré les critiques mal fondées dont nous venons de démontrer l'injustice, l'œuvre de Le Play n'en recueillit pas moins, parmi les catholiques, d'éclatantes adhésions.

Lettre du R. P. Félix a M. Le Play.

M. de Lalaing, notre secrétaire, qui a eu l'honneur de vous voir, m'a dit que vous lui aviez exprimé quelque crainte que les attaques dont vous avez été l'objet, n'aient diminué la haute estime que je vous ai autrefois témoignée. Je ne sais point bien de quelles attaques il s'agit, je n'en ai pas eu connaissance. Mais en tous cas, ces attaques, si je les avais connues, n'auraient fait probablement qu'augmenter mon estime pour votre personne, et pour la grande thèse que vous défendez avec tant de courage et de persévérance; car je sais trop qu'en ces jours mauvais, il suffit de défendre une grande vérité conservatrice pour être en butte à des attaques plus ou moins violentes.

Je viens d'apprendre avec bonheur la haute distinction dont vous a honoré récemment notre Saint-Père Léon XIII, et je vous en félicite d'un cœur bien sincère.

Daignez agréer, très honoré Monsieur, l'expression de ma haute estime et de mon profond respect.

Félix, S. J.

Nancy, 31 octobre, 1881.

Sur la proposition du R. P. Ramière, de la Société de Jésus, le congrès catholique tenu à Poitiers, en 1875, vota une déclaration dans laquelle il est dit : « Les catholiques doivent accepter *avec* « *reconnaissance* le concours des hommes qui, « appuyés sur l'étude consciencieuse des faits, « démontrent l'union essentielle de l'ordre social « et de la religion, et la nécessité de revenir aux « saines traditions du passé, *sans renoncer pour* « *cela en aucune manière à défendre la vérité* « *exclusive de la religion catholique*. »

Cette réserve avait pour but de donner satisfaction à ceux qui accusaient Le Play *d'indifférentisme* en matière religieuse et politique. Nous avons démontré que cette accusation n'était pas fondée. En fait, les unions comptaient parmi leurs membres actifs des hommes dont les convictions religieuses et politiques étaient très profondes, très connues, et qui les défendaient très énergiquement par la parole et par la plume, en dehors des réunions et des publications spéciales à l'œuvre de la paix sociale.

Bientôt arrivèrent à Le Play des encouragements plus autorisés.

« Après de longs entretiens, poursuivis depuis

« trois ans, S. E. Mgr de Bonnechose a enfin acquis « la conviction que notre œuvre pouvait devenir le « principal moyen de propagande sociale pour le « clergé. Sous son inspiration, deux articles rédi- « gés par le doyen de la Faculté de théologie de « Rouen ont été publiés dans deux numéros de la « *Semaine religieuse* du diocèse...... Je vous adresse « deux lettres qui m'ont été écrites au sujet de la « part importante qu'y a prise le Cardinal. Elles sont « d'un chanoine de Rouen qui m'a précédé de deux « années à l'école polytechnique et qui avait été « mon condisciple dans une petite école primaire. » (Lettre du 25 août 1878.)

Voici ces deux lettres :

Rouen, le 9 août 1878.

Mon cher Frédéric, — Monseigneur doit être d'autant plus remercié, qu'il a pris une part plus directe à la publication du second article. L'auteur, qui est M. Delalonde, doyen de la Faculté de théologie, s'était plaint de ce que M. Le Play s'était arrêté à moitié chemin, et n'avait pas été jusqu'au catholicisme. Monseigneur m'a fait appeler au moment où il avait arrêté la publication de ce second article, trouvant la critique peu juste et moins bienveillante encore. J'ai dit à Monseigneur que je partageais son sentiment et que c'était le cas d'appliquer la maxime : *qui affirmat de uno, non negat de altero*. J'ai ajouté que M. Le Play, cherchant des exemples chez tous les peuples, y trouve, quand ils sont prospères, l'observation du Décalogue ; que c'est toujours autant d'acquis : qu'il peut y avoir un second travail à faire pour prouver la supériorité du catholicisme, mais que cela n'infirme pas la thèse de M. Le Play. Alors S. E. a fait venir l'auteur de l'article, qui s'est exécuté de bonne grâce, ainsi que tu as pu le constater...

Rouen, le 12 août 1878.

Mon cher ami, tu ne sais pas encore toutes les obligations que tu as à notre archevêque. A la dernière retraite, qui s'est terminée samedi dernier, il a pris la parole, et après avoir montré l'état déplorable de nos affaires, il a dit qu'au milieu de ces désastres brillait un rayon d'espoir : qu'un homme s'était rencontré, qui avait résolument brisé avec la Révolution ; un homme qui avait eu le courage d'en montrer les erreurs, et de prêcher la doctrine de la chute originelle. Il a ajouté que M. Le Play s'était associé un groupe d'hommes convaincus et laborieux, qui travaillaient en silence, mais dont les travaux ne seraient pas perdus. Il a engagé les prêtres à se mettre au courant de ces efforts. Prévoyant que la souscription de dix francs les effraierait peut-être, il leur a dit que chez son libraire ils trouveraient de petites brochures qui les mettraient au courant du travail qui s'opérait dans les groupes. Il les a engagés à se les procurer et à les lire.

Je te traduis imparfaitement ce que notre archevêque sait dire en très bon langage. Je pense, mon cher, que ces résultats te consoleront, et c'est à ce titre que je te les communique. — Tout à toi.

Signé : ROBERT.

Dans son mandement pour le carême de 1881, le cardinal de Bonnechose disait :

« Pouvons-nous taire cette grande expérience faite de nos jours par un philosophe vraiment digne de ce nom ? Comme les anciens sages allaient, en Egypte et dans les contrées les plus reculées de l'Orient, recueillir, de sanctuaire en sanctuaire, les traditions primitives du genre humain, pour y trouver le secret de son origine et de ses destinées, M. Le Play a consacré vingt années de sa vie à explorer toutes les parties du monde civilisé, pour y découvrir et constater le secret de la prospérité des peuples. Quel a été le fruit de ses recherches ? A-t-il reconnu *une loi commune applicable à toutes les nations, comme condition de leur durée et de leur bonheur ? Oui*, N. T. C. F., partout où il a vu des familles ou des *peuples heureux et prospères, il déclare avoir vu en même temps l'autorité de Dieu respectée, la puissance paternelle exercée en son nom, les sentiments religieux inspirant toutes les institutions sociales, et les doctrines religieuses formant la base de l'éducation.* »

Les expressions que nous avons soulignées sont celles dont Le Play s'est servi lui-même : en se les appropriant, l'éminent cardinal témoigne assez qu'elles ne s'écartent pas de l'orthodoxie, et que les critiques dont elles ont été l'objet étaient irréfléchies et sans fondement.

Cette même année, Monseigneur l'archevêque de Bourges se faisait inscrire parmi les membres de l'œuvre. « C'est avec plaisir, écrivait-il, que je vous donne mon nom pour votre liste des associés des Unions de la paix sociale ; il m'est agréable de me voir reçu et présenté par vous, en témoignage de mon estime pour l'œuvre, et de mon ancienne et respectueuse sympathie pour son promoteur. Dès leur apparition, j'ai suivi, avec le plus vif intérêt, les travaux de M. Le Play, et j'espère que la France, un jour, en recueillant la moisson qu'il prépare avec une persévérance si admirable, le mettra au rang de ses bienfaiteurs. »

Mgr Isoard écrivait à Le Play, de Rome, le 28 novembre 1878 :

« Monsieur et cher maître, — J'ai l'honneur de vous faire passer le procès-verbal d'une conversation qui a été tenue hier au dîner de l'ambassadeur de France. Les prenant part étaient : l'archevêque de Reims, le frère et vicaire général de l'évêque de Belley, l'abbé Guthlin, professeur au grand séminaire de Strasbourg et depuis quelques jours canoniste de l'ambassade, enfin votre serviteur.

« J'avais parlé de ce que le cardinal de Rouen a fait pour la réforme en septembre dernier. L'archevêque a dit que le cardinal étant venu à Reims au commencement d'octobre dernier, pour la Saint-Rémi, avait parlé de nos travaux plusieurs fois devant cinq autres évêques. Le vicaire général de Belley a repris : « Mon frère et moi nous avons lu et relu M. Le Play, la plume à la main, et nous avons tiré de ces lectures l'argument ou le complément de plusieurs prédications ». L'abbé Guthlin a ajouté qu'au séminaire de Strasbourg il y avait bien peu d'élèves qui n'étudiassent pas sa doctrine. Et comme je paraissais un peu étonné, ils ont tous dit : « Le clergé s'occupe des œuvres de M. Le Play « plus que vous ne pensez et, probablement, plus « qu'il ne le croit lui-même ». L'évêché de Belley paraît vous être tout à fait acquis. L'ambassadeur a écouté tout cela sans mot dire, et il a avoué ensuite qu'il n'avait rien lu de vous. »

On va voir, par la lettre suivante, que S. E. le cardinal de Bonnechose n'a jamais cessé de s'intéresser activement à l'œuvre de Le Play.

« Vendredi dernier a eu lieu l'événement qui contribuera peut-être plus que toute autre cause au progrès de notre Ecole. Le cardinal archevêque de Rouen est venu se concerter avec moi pour rechercher le moyen de procurer à l'Ecole le concours du clergé. La lettre ci-incluse vous indiquera l'objet principal de cette entrevue. Elle était destinée à rappeler au cardinal, qui va à Rome, la promesse qu'il m'avait faite la veille. Toutefois, par le motif suivant, elle n'a point été expédiée. Le cardinal nous avait promis de mettre M. l'abbé A. Riche (mon directeur spirituel, dévoué à notre œuvre) en situation de nous aider. Or, après mûre réflexion, j'ai jugé convenable de concentrer l'attention du cardinal sur ce but principal. Une heure avant l'audience accordée à l'abbé Riche par le cardinal, j'ai fait remettre à ce dernier une autre lettre. Le succès a été complet. L'abbé a réfuté complètement les objections qu'on avait cherché à élever dans l'esprit du cardinal. Il lui a démontré que nous devions *limiter notre enseignement aux vérités révélées par notre méthode, c'est-à-dire les monographies de familles ayant pour objet les faits sociaux*. Le cardinal, convaincu par la démonstration de l'abbé, lui a promis de s'entendre avec le cardinal Guibert, qui se rend également à Rome, pour que celui-ci, chef hiérarchique de l'abbé, lui accorde les loisirs nécessaires. L'abbé Riche, une fois en possession des loisirs, s'emploiera à démontrer que depuis Jésus-Christ jusqu'à Léon XIII, les autorités ecclésiastiques ont enseigné, que la paix sociale a été le but de l'Eglise, et ont ainsi justifié la doctrine de notre Ecole.

« Seriez-vous disposé à développer cette thèse de l'abbé dans une seconde brochure intitulée : *La science et la religion ; diversité des méthodes, similitude des conclusions* ? — J'espère vous donner bientôt le résultat du rude travail que je viens de faire.

« Très satisfait, mais quelque peu fatigué, votre affectionné. F. LE PLAY (22 novembre 1881). »

Cette lettre exprime bien clairement la pensée de Le Play : *limiter son enseignement* aux vérités révélées par les faits, et non pas du tout *limiter la vérité* à ce que lui ont révélé les faits observés. Il déclare de plus que si les méthodes d'enseignement diffèrent, les conclusions sont identiques.

Ce ne fut qu'après le retour de Rome de S. E. Mgr Guibert que M. l'abbé Riche put obtenir de lui une audience, dont Le Play nous annonçait ainsi le résultat :

« M. l'abbé Riche vient de nous rendre un grand service auprès de Mgr Guibert, cardinal archevêque de Paris. Ce prélat, qui n'avait jamais été complètement gagné à notre doctrine, approuve maintenant que l'Ecole de la paix sociale se borne à propager le Décalogue, qui lui permet d'attirer à elle les Chinois, les mahométans, etc., et qu'elle évite ainsi d'écarter les chrétiens protestants.

« L'abbé Riche a obtenu ce succès auprès de son supérieur en insistant sur cette vérité qui lui paraît évidente : c'est que la science sociale consiste surtout à constituer trois autorités. C'est ce que j'ai fait accepter à Mgr Dupanloup qui déjeunait chez moi. Il résistait d'abord à ce que je lui disais à cet égard, mais il se leva tout à coup et me dit : « Vous « avez raison : la science de l'humanité ne nous « montre que trois autorités : Dieu, le père et « la mère ». Puis il ajouta : « au fond tous les « grands docteurs de l'Eglise, saint Thomas d'A- « quin, saint Chrysostome, saint Basile, nous « enseignent cette vérité sous une multitude de « formes. »

« Depuis dix ans je désire trouver un prêtre catholique qui rétablisse l'unité dans la chrétienté en composant un livre qu'on pourrait intituler *La sagesse des siècles :* c'est celui qui rappellerait tous les textes des docteurs de l'Eglise qui ont signalé les trois autorités qui président au gouvernement de l'humanité. Depuis que l'abbé Riche a fait accepter cette vérité par notre cardinal, je voudrais qu'il eût la gloire de composer ce livre. » (Lettre du 7 mars 1882.)

M. l'abbé Riche s'est expliqué lui-même sur ce sujet dans un opuscule qui n'a reçu qu'une publicité très restreinte.

« D'autres auraient voulu, dit-il, que Le Play appuyât sa doctrine sociale sur l'autorité de l'Eglise à laquelle il appartenait. Mais on oublie que son enseignement social s'adressait aux hommes de toutes les religions et même aux hommes sans religion ; et dès lors, comment le blâmer d'être resté sur un terrain où chacun pouvait le suivre ? Si, par son enseignement, M. Le Play avait ramené beaucoup d'hommes, et des autorités sociales surtout, à la pratique du Décalogue, le service qu'il aurait rendu aux sociétés aurait été immense. Or, il l'a fait dans une bonne mesure, et ce sera là sa gloire devant Dieu comme devant les hommes. Après cela, disait-il, à vous les ministres du culte, à vous les membres du clergé, à vous de poursuivre la tâche et de la compléter, en faisant des chrétiens et des catholiques, de ces hommes qui acceptent déjà le Décalogue ; c'est la part du prêtre, mais ce n'est pas la mienne. J'avoue que cette attitude et cette déclaration m'ont toujours paru irréprochables. Il n'y a pas longtemps, celui qui écrit ces lignes avait l'honneur d'exposer les idées qu'elles expriment à Mgr le cardinal Guibert, archevêque de Paris, et Son Eminence, après avoir résumé elle-même les avantages d'une nation qui pratique le Décalogue: « Ah ! s'écriait-elle, si seulement notre société, en France, acceptait pratiquement le Décalogue, nous en ferions bientôt une société chrétienne, une société catholique ; et nous serions sauvés ! » Le vénérable cardinal exprima alors le désir d'aller dire lui-même ses sympathies à l'illustre vieillard; la mort soudaine de M. Le Play ne le lui permit pas. » (*Quelques pages intimes des dernières années de F. Le Play*, par A. Riche, prêtre de Saint-Sulpice. Paris, 1882, brochure autographiée chez Paul Hall, place Saint-Sulpice, 7, tirée à 70 exemplaires.)

S. E. le cardinal Lavigerie écrivait à Le Play, de Tunis, le 4 avril 1882 :

« Je suis vraiment touché et reconnaissant de vos cordiales paroles. Elles me sont d'autant plus agréables que vous êtes l'un des hommes que je respecte et que j'admire le plus, et dont je bénis le plus les travaux. Je vous respecte et vous admire, pour la sincérité et le courage de votre foi, et je vous bénis parce que vous ouvrez avec vos disciples la voie féconde où l'apologie chrétienne doit entrer, sous peine de manquer un grand dévoir que lui impose l'état actuel des esprits.

« Les impies de ce temps sont positivistes, ou du moins ils se disent tels, car ils ne sont le plus souvent que superficiels et emportés. Nous, nous devons être vraiment positivistes à votre exemple, en constatant rigoureusement les faits qui sont à notre portée, en fixant leurs lois, et en ramenant ainsi la raison humaine dans les sentiers de la vérité, et, par suite, de la foi.

« Je fais donc, pour votre succès, tous les vœux possibles, parce que votre succès sera en même temps le triomphe de la religion et de la science.

« C'est avec une vraie joie que je vous verrai à Paris, à l'époque de mon prochain voyage, et, en attendant, j'aime à me dire votre très respectueux et très dévoué serviteur et admirateur.

« Ch. archevêque d'Alger,
« Cardinal Lavigerie. »

L'éminent cardinal ne devait plus retrouver à Paris M. Le Play ; il n'y arriva qu'après sa mort ; aussi n'aurons-nous plus à citer que des adhésions posthumes, qui n'en sont que plus concluantes.

Empêché de présider à son inhumation au Vigen (Haute-Vienne), Mgr Lamazou, évêque de Limoges, adressa à M. l'abbé Marévédy, vicaire général, la lettre suivante, qui fut lue en chaire après l'absoute :

Limoges, le 9 avril 1882.

« MONSIEUR LE VICAIRE GÉNÉRAL,

« J'apprends que le corps de M. Le Play sera déposé mardi prochain dans son tombeau de famille, après un service funèbre célébré à l'église du Vigen, près Limoges. Si une affaire urgente ne m'appelait demain à Paris, je me serais fait un devoir de présider cette cérémonie religieuse, afin d'honorer de mon mieux un Français si grand par l'intelligence et le cœur. Je vous prie de m'y représenter.

« J'ai déjà exprimé à la famille de M. Le Play mes sentiments d'admiration et de reconnaissance pour l'incomparable économiste, si haut placé dans l'estime de Dieu et des hommes, dont les étonnants travaux ont éclairé d'une manière si vive la plus compliquée et la plus grave des questions modernes, la question sociale. Mais cela ne pouvait me suffire ; je désire que le diocèse de Limoges, dont M. Le Play est une des gloires les plus pures, sache quel souvenir il doit garder de ses travaux, de ses services, et en un mot de sa longue vie consacrée à l'amélioration morale et matérielle de l'humanité.

« M. Le Play a eu, au plus haut degré, la passion de la vérité et du dévouement, et il a mis au service de ces deux nobles causes une intelligence merveilleuse et des travaux de géant. On a pu discuter la valeur de quelques-unes de ses idées, personne n'a songé à contester le mérite transcendant de l'homme. Il y a déjà plus de quinze ans, le comte de Montalembert disait de *la Réforme sociale* : « c'est le livre le plus fort de notre siècle ».

« La France et l'Eglise lui doivent une grande reconnaissance : la France parce qu'il l'a honorée aux yeux de l'Europe par une science économique d'une admirable profondeur ; parce qu'il lui a prodigué les plus patriotiques avertissements, et les plus sages conseils sur les dangers intérieurs qui la menacent ; l'Eglise, parce que M. Le Play s'est dévoué, avec un rare désintéressement, à l'étude des questions vitales qui l'ont toujours préoccupé : la bienfaisance, le culte du travail, une saine direction des classes populaires, l'harmonie de la paix sociale ; parce que ses savantes recherches l'ont conduit à cette conclusion significative : « Pas de « solution pour la question sociale en dehors du « Décalogue et de la religion: pour les sociétés « comme pour les individus, il n'y a de salut que « dans le respect des commandements de Dieu et « les lois de l'Evangile. »

« Dans les temps actuels, un Père de l'Eglise n'aurait pas pu rendre un plus éminent service à la cause religieuse.

« Constatons avec bonheur que, malgré la division des partis, toutes les opinions honorables rendent un hommage éclatant au caractère et à l'œuvre de M. Le Play. Il ne faut pas désespérer d'un pays et d'un siècle qui ont produit un tel homme et qui savent si loyalement glorifier une vie de travail et d'honneur.

« PIERRE-HENRI,
« Evêque de Limoges. »

Son Eminence le cardinal de Bonnechose, archevêque de Rouen, avait entretenu plusieurs fois le Souverain Pontife des travaux de M. Le Play. S. S. Léon XIII y prenait un très vif intérêt, et comme témoignage de sa sympathie, elle le fit commandeur de Saint-Grégoire-Le-Grand.

Dans les premiers jours d'avril 1882, Mgr Bouland, camérier secret du Saint-Père, curé de la paroisse française de Boston (Etats-Unis), étant venu voir M. Le Play et lui ayant dit qu'il allait faire un voyage à Rome, ce dernier eut l'idée de profiter de cette occasion pour faire hommage de ses ouvrages au Pape. Il écrivit à Sa Sainteté la lettre suivante, que Mgr Bouland se chargea de lui présenter :

« *Paris, 3 avril 1882.*

« TRÈS SAINT-PÈRE,

« C'est avec un profond sentiment de piété filiale « que je viens déposer aux pieds de Votre Sainteté « un tribut de reconnaissance et de respect.

« En daignant, à plusieurs reprises, approuver « mes efforts, sur l'exposé qui lui en a été fait par « mon illustre ami, S. Em. le cardinal de Bonne- « chose, Votre Sainteté nous a encouragés à lui « présenter l'ensemble de nos travaux et à solliciter « la lumière de ses avis.

« Nous vous prions, Très Saint-Père, de vouloir « bien agréer l'hommage de la collection entière « des ouvrages de l'Ecole de la Paix sociale.

« Je suis heureux d'avoir l'occasion de vous « faire présenter ces livres par Mgr L. Bouland, « camérier secret de Votre Sainteté.

« Il compte parmi les amis dévoués de nos études, « dont il veut bien se faire l'apôtre à Boston, la « nouvelle Athènes des Etats-Unis.

« Nous osons espérer que, malgré leurs imper- « fections, ces études, sans cesse développées « depuis cinquante ans, répondent quelque peu au « vœu de V. S. Notre école s'efforce, en effet, de « retrouver, par la méthode en usage dans toutes les « sciences, la démonstration des vérités sociales tradi- « tionnelles. Elle emploie toujours un langage grave « et modéré, sans aigreur dans le reproche, avec « indulgence pour les personnes ; elle tend enfin de « tous ses efforts à réaliser la condition la plus néces- « saire au bonheur des nations, d'après saint Tho- « mas, « *ut multitudo in unitate pacis constituatur* ».

« C'est donc avec confiance que nous venons « auprès de l'auguste représentant du Dieu de Paix, « auprès de celui dont la voix écoutée avec respect « dans les deux mondes a tant de fois, et avec une

« égale autorité, recommandé le culte de la science « et la pacification des esprits.

« Daignez, agréer, Très Saint-Père, l'expression « du profond respect avec lequel je suis, de Votre « Sainteté, l'humble et obéissant serviteur.

« F. LE PLAY. »

C'est par erreur que, dans *la Réforme sociale* du 15 mai 1882, cette lettre a été datée du 5 avril : elle fut écrite le 3, mais Le Play voulut qu'elle fût copiée en belle écriture, ce qui en retarda l'envoi. Le 4, il s'inquiétait de n'avoir pas reçu cette copie qu'il tenait à signer. Il mourut le 5 à midi, et la lettre ne put partir qu'après son décès. Voilà pourquoi la réponse du Saint-Père fut adressée au cardinal de Bonnechose. En voici la traduction :

« A Notre Vénérable Frère Henri-Marie de Bonne-« chose, cardinal prêtre de la Sainte Eglise Ro-« maine, archevêque de Rouen,

« LÉON XIII, PAPE.

« *Vénérable Frère, Salut et Bénédiction apostolique.*

« Vos lettres Nous ont été remises, Vénérable « Frère, par lesquelles vous Nous annonciez que

« l'illustre M. Frédéric Le Play était dans l'intention « de Nous envoyer tous les exemplaires des ou- « vrages qu'il a écrits et édités jusqu'à ce jour. « Nous avons reçu cet envoi, peu de temps après, « par Notre cher fils Léon Bouland, Notre camérier « secret, qui, en même temps, Nous a remis des « lettres du même auteur, écrites en son nom et au « nom de ses disciples, et remplies d'assurances « de respect envers Nous et le Saint-Siège aposto- « lique.

« Nous eussions vraiment désiré exprimer à sa « personne même les sentiments de Notre reconnais- « sance, mais comme la triste nouvelle de sa mort « Nous est parvenue dans l'intervalle, il Nous plaît, « Vénérable Frère, de vous témoigner combien « Nous a été agréable, et combien Nous avons « apprécié le suprême hommage de cet homme « illustre, par lequel sont rendues manifestes sa « déférence envers l'Eglise et sa disposition affec- « tueuse envers Nous.

« Aussi désirons-Nous que vous communiquiez « ces sentiments de Notre âme à ces hommes « savants qui, marchant sur les traces de M. Le Play, « non seulement se proposent de ne jamais s'écarter, « dans leurs écrits, de la doctrine catholique, mais

« encore tendent à ce but, de procurer par elle le « salut de la société civile.

« Le bienfait de la bonté divine serait assurément « bien grand si, les fausses conceptions de tant « d'opinions erronées venant à disparaître, tous « comprenaient par l'observation et l'expérience ce « que l'illustre Le Play a compris : à savoir, qu'il « fallait chercher dans la vertu de l'Eglise du « Christ, dans ses doctrines et ses préceptes, le « remède efficace et souverain pour la société « civile, qui souffre cruellement, et est déjà parve- « nue aux extrêmes limites d'une très périlleuse « situation. Tout en appelant ce résultat de Nos « espérances et de Nos vœux, en gage de Notre « bienveillance particulière, Nous vous accordons « très affectueusement, en Notre-Seigneur, la « Bénédiction apostolique, à vous, Vénérable Frère, « à tout votre clergé et à votre peuple.

« Donné à Rome, près de Saint-Pierre, le ving- « tième jour d'avril 1882.

« De Notre pontificat, l'an cinquième.

« LÉON XIII Pape. »

C'est à dessein que nous nous sommes bornés à invoquer ici en faveur de l'œuvre de Le Play des témoignages recueillis exclusivement dans l'ordre ecclésiastique ; au point de vue catholique, nous n'avons pas besoin d'en citer d'autres.

CHAPITRE VIII

ÉLEVÉ DANS LA RELIGION CATHOLIQUE, LE PLAY A TOUJOURS CONSERVÉ SES CONVICTIONS CATHOLIQUES.

§ 1er. — *Le Play n'a pas été connu tel qu'il était. — Pourquoi.*

Les sentiments catholiques de Le Play étaient si peu connus, que lorsqu'on apprit sa mort chrétienne, on le considéra comme un converti de la dernière heure qui avait été ramené, enfin, à la religion catholique par ses longues et sérieuses études. Ce fait d'une bonne et pieuse mort, venant couronner sa belle et glorieuse vie et sanctionner sa gloire, qui n'eût été que futile et éphémère sans cet indispensable achèvement, passa presque inaperçu. Dans tous les discours, dans toutes les notices qui ont été imprimés en son honneur, on vante en lui l'homme éminent par sa science, par sa persévérance dans le travail, par sa perspicacité, par son dévouement à l'ordre social, par son désintéressement, par la droiture et la noblesse de son caractère ; personne n'a osé dire que, s'il a mérité tous ces éloges, c'est parce que sa vie fut coordonnée, réglée, dominée par ses convictions catholiques.

C'est là un des signes du temps ; si Le Play s'est abstenu d'aborder les questions politiques et les questions religieuses, dans ses écrits destinés à fonder l'Œuvre de l'Union de la Paix sociale, il n'a jamais entendu qu'en adhérant à cette œuvre et en entrant dans cette Union, un catholique dût cesser d'être catholique et cesser d'en remplir les devoirs. Or, parmi ces devoirs, l'un des plus importants est celui de l'exemple.

Le Play le comprenait si bien que, quand sa vie fut mise une première fois en péril, au mois de novembre 1879, il fit appeler M. l'abbé A. Riche, premier vicaire de Saint-Sulpice, et lui dit : « Je me sens très dangereusement malade. Je vous prie de m'aider à régler, devant Dieu, les comptes de ma conscience. Pour ma conscience et par devoir personnel d'abord, et puis pour m'acquitter d'ailleurs de ce que je considère comme *un devoir social.* Je ne suis pas seulement religieux par principe et par sentiment intime ; je veux l'être en pratique : je suis chrétien et catholique, et c'est comme tel que je veux mourir, après avoir accompli tous mes devoirs. Persuadé que le bien des individus, comme celui de la société, dépend de la foi religieuse et de la pratique du culte, je dois l'exemple à ma famille, à mes amis, à tous ceux qui me connaissent ; je suis prêt à le donner. Et si vous croyez que je doive le faire par quelque acte public, dites-moi de quelle manière je devrai l'exprimer ; je le ferai. » (*Quelques pages intimes des dernières années de F. Le Play*, par l'abbé A. Riche, prêtre de Saint-Sulpice, page 9.)

Ceux qui, dans leurs dicours ou leurs brochures biographiques, ont dissimulé les sentiments catholiques de Le Play, ont, par cela seul, amoindri sa gloire et blessé sa mémoire. Le Play ne fut pas seulement un grand savant, il fut, de plus, un grand chrétien. Ils ont, en outre, transgressé et offensé sa volonté suprême. N'était-ce pas, en effet, un admirable codicille ajouté à son testament, alors qu'il croyait, comme il le disait, toucher aux joies éternelles ? Il y déclare qu'une mort chrétienne est non seulement un devoir personnel, mais encore un devoir social ; il dit qu'il veut donner cet exemple à sa famille, à ses amis, à tous ceux qui l'ont connu ; il manifeste le désir de les monumenter par un acte public ; et ce désir suprême et sacré, ce grand exemple de foi et de piété, cette préoccupation persévérante d'accomplir jusque dans la mort le devoir social, eussent été ensevelis avec lui, sans le dévouement du digne prêtre qu'il appelait à juste titre son ami et son père.

Il n'est donc pas étonnant que les sentiments catholiques de Le Play aient été méconnus ; il semble que tout ait conspiré vers ce but ; lui-même il s'était interdit de le proclamer dans ses écrits et d'arborer le drapeau du catholicisme, ayant constaté que, « dans notre malheureux temps, on est mieux écouté quand on parle au nom des intérêts matériels, que quand on parle au nom de Dieu ». (Lettre du 2 décembre 1875.) Mais il considérait cette condescendance, jugée nécessaire, comme un abaissement, et il ne s'y soumettait pas dans ses relations privées : « J'ai toujours voulu, nous écrivait-il, conquérir les égarés, sans manquer à l'occasion d'affirmer mon zèle catholique. » (Lettre du 5 déc. 1872.) Cette date est à remarquer, elle précède de dix ans celle de sa mort.

Nous avons dit que Le Play avait reçu une éducation chrétienne ; il nous a appris lui-même que son instruction religieuse fut complétée par un prêtre, dont « la cendre repose aujourd'hui dans le tombeau de sa famille ». Cette preuve de reconnaissance et d'affection donnée à son précepteur est déjà un indice suffisant de son attachement à la doctrine qu'il en avait reçue. Le résultat de son éducation familiale fut la conviction « que les principales conditions du bonheur se rencontrent dans « la religion, la paix et la coutume nationale » : comme il le dit dans le style convenu de l'école, pour n'arborer aucun drapeau, mais ce qui signifie, en réalité, qu'il avait alors les convictions catholiques et monarchiques.

Entré dans la vie active, bien loin de céder au courant contraire à ces convictions, il se sentit froissé dans le patriotisme inculqué à son enfance, « par la destruction de la coutume, poursuivie depuis 1789, par l'association des lettrés, des violents et des hommes de proie », c'est-à-dire que sa conscience se révolta contre le libéralisme qui, en 1830, entrait dans une nouvelle recrudescence.

Nous ne devons pas dissimuler, pourtant, que chez Le Play l'instruction religieuse et la pratique avaient laissé à désirer. Les 25 premières années de sa vie active avaient été employées à l'exercice de ses travaux d'ingénieur des mines et à parcourir toutes les contrées de l'Europe. Il lui fallut coordonner ensuite l'énorme quantité de renseignements et de documents recueillis par lui, en tirer les conclusions qui s'en induisaient, et enfin saisir le public, par de nombreux et volumineux écrits, de la science sociale pratique qu'il avait acquise avec tant de labeur. Il voulait passionnément procurer la réforme sociale; il aimait non moins passionnément le travail, et le travail était, pour ainsi dire, sa vie.

« Pour moi, nous disait-il, le travail n'est pas un châtiment, c'est un plaisir, c'est un bonheur. » — Il y a, dans le travail, répondîmes-nous, tout à la fois châtiment et plaisir. Le travail, qu'il soit intellectuel ou manuel, n'est pas de soi un châtiment. Adam, travaillait avant sa chute, dans le Paradis terrestre, où Dieu l'avait mis pour qu'il le cultivât et le gardât : *ut operatur et custodiret illum.* (Gen. c. II, v. 15.) Le châtiment est en cela, qu'après la chute, le travail fut rendu difficile et pénible : *maledicta terra in opere tuo... In sudore vultus tui vesceris pane.* (Gen. c. III, v. 17 et 19.) Ce qui est plaisir et bonheur dans le travail, c'est l'activité de l'esprit et du corps appliquée à la poursuite d'un but agréable ou utile; mais cette activité qui, avant la chute, s'exerçait impunément, est devenue inséparable de la fatigue : c'est là qu'est le châtiment. « C'est cela, dit Le Play : mon bon« heur est de travailler sans relâche à la réforme « sociale; ma très grande peine, c'est d'y fatiguer « ma tête, d'y user mon corps, sans parvenir à « me faire comprendre de mes contemporains. »

Absorbé par cette préoccupation exclusive de démontrer la vérité sociale, sans autre secours que celui des sciences naturelles, il avait laissé de côté l'étude de la théologie : sur ce point il n'avait rien ajouté à l'instruction religieuse qu'il avait reçue dans son enfance. Ayant conscience de l'insuffisance de ses études en cette matière si importante, et soucieux de ne jamais s'écarter de l'orthodoxie, il soumettait ses écrits au contrôle, provoquait les critiques et se montrait reconnaissant des avis qui lui étaient donnés.

Il écrivait à un savant Religieux :

« Toute bonne semence que vous voudrez bien « jeter en moi germera, et si quelqu'une périt, cro« yez que ce ne sera pas par orgueil ni par manque « de dévouement à la vérité. » (*Les Contemporains*, n° 62. Le Play, page 9.)

Il nous écrivait : J'ose vous prier d'avoir la « bonté de noter, en me lisant, les passages que « vous n'approuvez pas ». (Lettre du 30 août 1872.)

« Si, dans le cours de votre étude, comme vous « l'avez fait déjà, vous trouvez des mots malsonnants, « je vous prie de me les signaler. J'ai maintenant « l'occasion de faire mon profit de ces bons avis. « Bien peu de gens liront mes gros volumes. Pour « en faire venir le goutà quelques-uns, j'écris main- « tenant deux petits livres qui se vendront quelques « centimes et qui formeront les deux parties d'une « *synthèse* des *Ouvriers européens*. Dès que le plan « en sera arrêté, je vous en enverrai les précis. Ce « sera pour moi le moyen de réparer quelque « défaillance de langage et de pensée. » (Lettre du « 22 août 1879.)

« J'ai à vous remercier des efforts que vous « suggère votre amitié pour atténuer les erreurs de « doctrine que j'ai pu commettre. » (Lettre du « 1er octobre 1881.)

Ces citations, que nous pourrions multiplier, témoignent de l'empressement de l'éminent penseur à provoquer les observations, et de la droiture avec laquelle il réparait, dans ses publications subséquentes, ce qu'il appelle ses *défaillances de langage et de pensée*. En voici un exemple :

« Une grande préoccupation de M. Le Play dans « la correction de cet ouvrage (*la Constitution essen-* « *tielle de l'humanité*), ce fut de ne rien laisser « passer d'inexact en ce qui touchait la doctrine de « l'Église. Dans cette pensée, il me demanda de « revoir toutes les épreuves, et de ne pas lui ménager « les observations. Je lui obéis. Plusieurs fois, en « effet, je dus relever certaines expressions qui me « paraissaient incorrectes, et qui pouvaient donner « lieu à quelque interprétation regrettable. Alors je « proposai mes modifications : mais M. Le Play ne « voulut jamais les discuter, et toujours ma rédac- « tion fut acceptée sans réticence.

« Le 19 février 1881, il m'envoyait l'hommage de « son livre avec ces mots : « J'envoie le livre au « collaborateur, et je demande au directeur son « concours pour m'aider à rendre grâces à Dieu ».

« Le concours que M. Le Play demandait au « directeur de son âme, c'était de le préparer à « une communion d'actions de grâces : il la fit, en « effet, quelques jours après. » (L'abbé A. Riche, *loc. cit.*, p. 24.)

Mais il ne suffisait pas à cette âme élevée d'être

revenue aux pratiques religieuses. Il éprouva le besoin de refaire son éducation chrétienne. « J'ai le « regret de l'avouer, disait-il, à travers les occupa- « tions et les préoccupations de ma vie, j'ai certaine- « ment oublié ma première instruction religieuse. Je « veux revenir au catéchisme. » Il se mit à rapprendre le catéchisme avec la simplicité d'un enfant, avec l'ardeur d'une foi ferme, avec toute la puissance de réflexion dont était capable un penseur si éminent. Son directeur de conscience venait de temps en temps conférer avec lui sur les vérités et les devoirs enseignés dans ce livre élémentaire autant que substantiel. C'était surtout le dimanche que se faisait cette instruction de M. l'abbé Riche ; « c'était ce que nous appelions notre prône du « dimanche. Après trente ans de fonction dans le « ministère sacerdotal, je puis bien le dire, jamais « je n'avais rencontré un auditeur plus attentif et « plus respectueux de la parole de Dieu. Non, je « n'oublierai pas ce catéchisme. » (*Loc. cit.*)

C'est que Le Play ne se contentait plus d'avoir conservé la foi ; il voulait que sa foi fût raisonnée, selon le conseil de saint Paul ; et il savait que si Dieu a donné à notre raison des lumières suffisantes pour régler notre conduite ordinaire, il ne lui en a pas donné assez pour pénétrer les mystères de la religion. Mais il savait aussi que l'Eglise a reçu de lui la mission de nous donner, de ces mystères, une connaissance infaillible, dans la mesure qui, nous est nécessaire pour l'accomplissement de nos devoirs : voilà pourquoi il était si attentif aux conférences qu'il avait sollicitées. Enfin, il savait que la connaissance complète de la vérité ne nous sera donnée que dans la vie future, parce que c'est Dieu qui est la vérité complète et souveraine, et que ce n'est que dans l'autre vie que nous connaîtrons Dieu tel qu'il est : *videbimus sicuti est.*

Ainsi, au début de sa carrière, Le Play n'a imaginé sa méthode d'observation que pour se démontrer par des procédés purement scientifiques le bien fondé de sa foi. Dans ses nombreux écrits, il initie ses lecteurs à son procédé de démonstration, leur fait suivre pas à pas la voie qu'il a frayée et suivie et les amène à cette conclusion : que l'homme ne peut être éclairé sur son origine, sa nature, ses devoirs et sa fin, que par la révélation divine, positive, extérieure, transmise et expliquée par un enseignement traditionnel et infaillible. C'est bien là la foi que saint Paul définit : « le fondement « des choses que nous devons espérer, et l'évidence

« de celles que nous ne voyons pas ». (Aux Hébreux, ch. xi, v. 1.)

Telle est la vraie science : car croire sur la parole de Dieu, c'est savoir avec certitude et évidence. Tel est aussi le vrai et seul moyen de procurer la paix sociale, car cette paix ne peut avoir pour base que l'union des âmes, et l'union des âmes ne peut se réaliser que par une même foi.

§ 2. — *Dernières années de Le Play. — Sa mort chrétienne.*

Nous datons ce que nous appelons les *dernières années* de Le Play, du mois de novembre 1879.

Bien qu'il fût d'une apparence frêle et d'une complexion qui semblait délicate, sa santé n'avait pas subi jusque-là d'échec notable, malgré ses nombreux et fatigants voyages ; la sobriété et la régularité de sa vie furent, sans doute, la cause de cette immunité. En 1830, une blessure, résultant d'une explosion de laboratoire, le tint suspendu pendant une année entière entre la vie et la mort, mais nous ne considérons pas ce grave accident comme ce qu'on appelle proprement une maladie.

A la fin de novembre 1879, des vomissements de sang mirent sa vie si sérieusement en danger, qu'il demanda lui-même et reçut avec piété les derniers sacrements. Cette crise était le résultat d'une affection cardiaque qui, avec des phases diverses, alla toujours en s'aggravant jusqu'à la mort.

Cependant il surmonta promptement cet accident, dont il nous fit connaître lui-même la gravité et l'heureuse issue en ces termes : « Mon cher ami, « je viens de subir la seconde maladie de ma vie. « J'y ai trouvé, comme dans la première, toutes les « satisfactions que comporte cette situation de l'hu« manité. J'ai été assisté, au moment critique, par « la famille, quelques amis, parmi lesquels j'aurais « voulu vous voir, et le premier vicaire de votre « paroisse, membre de nos unions.

« J'ai reçu du dehors, non seulement votre « bonne lettre, mais vingt autres marques tou« chantes de sympathie.

« Croyant toucher aux joies éternelles, j'ai trouvé « une grande satisfaction à penser que nos travaux « réagiraient contre les influences dominantes des « deux derniers siècles et contribueraient à procu« rer ces joies aux âmes de notre race.

« Je sors de là plus ardent que jamais pour la « réforme. Mon médecin m'a prescrit, comme régime « de convalescence, la reprise du travail social, et « en ce moment même je viens de terminer mon « introduction aux *Ouvriers européens* et à la « méthode sociale. C'est un écrit intitulé *La cons-* « *titution essentielle de l'humanité*...... Agréez, « cher ami, l'assurance nouvelle de mes vifs senti- « ments d'estime et d'affection. » (Lettre du 14 janvier 1880.)

Il écrivait à un autre de ses amis :

« J'ai vu l'approche des joies éternelles... Je n'ai pas vu, comme certains mystiques, le néant de la vie humaine, loin de là. J'en ai constaté de nouveau l'importance. La vie présente est le poste où nous devons gagner notre classement dans la vie future. Nous devons être heureux d'y rester pour faire notre devoir. Le plus grand de tous est d'acheminer par notre exemple nos concitoyens vers la vie éternelle. » (Cité par M. l'abbé Riche, *loc. cit.*)

Ceux qui l'entouraient n'avaient pas envisagé ce grave accident avec la même sérénité. Ils en étaient fort inquiets. L'un d'eux nous écrivait : « Je suis heureux de pouvoir vous donner de meilleures nouvelles de M. Le Play. Bien que son état doive toujours inspirer des inquiétudes pour l'avenir, l'amélioration s'affirme chaque jour, et l'on commence à entrevoir le moment où il pourra reprendre quelques occupations.

« Malheureusement il s'agite, s'énerve par suite du repos même qui lui est commandé, et cette extrême impressionnabilité est à la fois l'effet et la cause de sa maladie. Mme Le Play est fort absorbée, puisqu'il faut toujours distraire le malade sans le laisser se fatiguer.

L'un et l'autre ont repris courage et ne paraissent pas aussi inquiets pour l'avenir que le médecin. Comme dans toutes les maladies du cœur, ce qu'il faut surtout au malade, c'est le calme physique et moral ; mais avec l'activité intellectuelle de M. Le Play, cela est fort difficile.

« J'espère que vous ne nous abandonnerez pas. On a plus besoin que jamais de resserrer la petite phalange, quand on voit son chef prêt, hélas ! à disparaître, ou du moins quand on peut craindre de le perdre par un brusque retour de la maladie. » (Lettre de M. Delaire, 14 décembre 1879.)

Mais Le Play s'était remis au travail comme si de rien n'était, et avec une activité d'autant plus grande, qu'il avait hâte de regagner le temps perdu.

« Les moments où mes pauvres yeux peuvent mettre à profit la lumière que me refuse une détestable saison, se comptent par minutes. Or, j'ai une centaine de lettres à écrire de ma main aux amis des deux mondes qui, ayant connu mon danger, doivent connaître ma résurrection. Il y a là une besogne criarde... Agréez, cher ami, l'expression de la gratitude de votre bien affectionné. » (26 janvier 1880.)

Cette *besogne criarde* achevée, il se remit à travailler à la *Constitution essentielle de l'humanité* : cet ouvrage étant comme la synthèse des *Ouvriers européens*, il y mit un soin particulier, il en fit successivement trois rédactions. « Je toucherai prochainement à la fin de la *Constitution essentielle* récrite pour la troisième fois. Je pourrai prochainement vous en communiquer le plan détaillé.

« Agréez, cher ami, l'assurance de mes tendres sentiments d'affection. » (8 septembre 1880.)

Mais un nouvel accident vint déjouer les prévisions de Le Play : le mois suivant, il fut atteint inopinément d'une hémiplégie du coté droit, et il resta sans parole et sans pensée depuis le vendredi jusqu'à la matinée du dimanche suivant. Mme Le Play nous écrivait à ce sujet :

« Votre bonté et votre sollicitude pour la santé de mon cher mari me touchent on ne peut plus.

« Vous n'avez cessé, depuis que nous avons l'honneur et le bonheur de vous connaître, de nous donner, ainsi qu'à notre famille, toutes les preuves de vif intérêt et d'amitié sincère que puisse donner un ami comme on n'en rencontre que très peu dans la vie, aussi je vous en suis profondément reconnaissante. J'aurais voulu vous le dire plus tôt, mais mon pauvre malade m'absorbe entièrement : car il ne peut pas travailler et s'ennuie beaucoup.

« Je suis obligée de me cacher pour écrire quelques mots de remerciement à toutes les personnes qui nous ont témoigné de la sympathie à la nouvelle de cet accident qu'il ignore, et que nous lui cachons soigneusement. Excusez-moi donc d'être si laconique, mais je ne veux pas éveiller son attention. » (Lettre du 20 octobre 1880.)

Le Play n'avait pas eu conscience du grave accident qui venait de le frapper ; et quand il eut recouvré la possession de sa pensée, il ne constata dans sa situation que l'impossibilité de travailler, et il fut pris de l'ennui, non de souffrir, mais de ne rien faire. Cet ennui ne se prolongea pas longtemps : grâce à son étonnante énergie morale, il sut forcer son corps débile à servir encore sa pensée, et dès les premiers jours de novembre, il reprenait ses travaux et sa correspondance qui devint plus active que jamais.

Le comte de Butenval nous écrivait à ce sujet : « Parlons du grand exemple que nous donne M. Le Play. Il s'est arraché à la mort par sa seule volonté, et, deux fois frappé, le voici debout à sa table de travail (1), regardant comme vous, plus haut, plus loin, *au-dessus* ! complétant ses livres, fondant une revue !... J'en suis à ne pas comprendre cet intraitable dédain de l'accident, et cet œil irrévocablement fixé sur ce qui est éternel !... M. Le Play est devenu pour moi une sorte de problème qui m'attire, me charme, *m'intimide.* »

Le Play se préoccupait, en effet, depuis longtemps de la fondation d'une *Revue.* Mais, n'ayant pas alors sous la main un personnel qui pût rendre possible la réalisation de ce projet, il avait conçu

(1) Le Play écrivait debout sur un bureau approprié à cet usage, et placé près d'une fenêtre, ses yeux usés par le travail ayant besoin de beaucoup de lumière.

la pensée d'élucider par correspondance certaines questions sociales importantes. Celle qui fixa d'abord son attention, fut la question d'assistance. Il nous écrivit à ce sujet une lettre que nous devons reproduire en entier :

« Vous êtes maintenant en possession de notre programme de gouvernement et d'organisation sociale, et vous avez dû remarquer que la réforme la plus nécessaire de notre époque y est à peine mentionnée. Nous avons, en effet, à peu près passé sous silence les institutions qui doivent assurer aux pauvres le pain quotidien. Il faut cependant que ces institutions deviennent la préoccupation principale des conversateurs réformistes que nous voulons diriger.

« Ces institutions sont décrites avec détail pour l'Angleterre dans la *Réforme sociale*. Elles sont signalées pour la Suède dans les *Ouvriers européens* (t. III, ch. 1er, §§ 18 à 21).

« Les lois de l'Angleterre et de la Suède mettent plus ou moins directement à la charge de la commune l'assistance des pauvres. Le gouvernement est plus ou moins chargé de veiller à l'exécution de ces lois. Toutefois ce sont les propriétaires fonciers et les chefs d'industrie qui président à l'exécution, qui fixent notamment le montant de la taxe, sous la garantie des libertés communales. En Angleterre et en Suède, comme dans les autres États européens, les pauvres assistés ne concourent pas à l'élection des membres du Parlement.

« Il est facile de comprendre les motifs de la réserve que nous avons gardée en ce qui touche l'organisation du régime d'assistance dans notre pays.

« En France, la liberté est à peu près nulle dans le gouvernement local. Les préfets exercent, en fait, la réalité du pouvoir communal. Ils continuent, sous le régime actuel, à opérer sur les élections la dure contrainte qui a été justement reprochée au gouvernement de l'Empire. Les pauvres assistés prennent part à ces élections comme les autres classes de la société. Les abus qu'une telle situation comporte sont évidents. Il est clair que le régime forcé d'assistance est subordonné à la restauration des libertés de la commune. Il est nécessaire que les propriétaires fonciers aient l'autonomie indispensable pour se taxer eux-mêmes, sauf le contrôle du gouvernement.

« C'est pour rendre praticables, sans provoquer l'abus, les régimes forcés d'assistance que le programme de gouvernement insiste particulièrement sur la restauration préalable des libertés locales.

« Quant à l'opportunité, à la nécessité de l'assistance forcée, elle s'impose absolument sous un régime où la pauvreté prend de plus en plus un caractère endémique. Les conservateurs ne peuvent concevoir aucun doute à cet égard, s'ils veulent bien prendre la peine d'observer les souffrances qui se développent autour d'eux (19 novembre 1880).

« Je vois que vous n'avez pas encore reçu, à la date du 18, *le Programme de gouvernement et d'organisation sociale* que la Société bibliographique doit vous adresser. Je compte sur votre concours pour justifier les réformes qui y sont indiquées, et surtout pour critiquer et amender celles qui sont imparfaitement formulées.

« C'est sur la nature des réformes nécessaires à toutes les formes de gouvernement, que doit surtout rouler notre correspondance. Nous devons donc nous attacher à compléter le programme, en signalant les sujets que nous avons sciemment omis, parce qu'ils froissaient des préjugés trop enracinés pour qu'il soit possible de les discuter dès le début de notre entreprise. Ces sujets, au contraire, seront traités avec beaucoup d'opportunité dans notre correspondance. Celle-ci, en effet, sera seulement communiquée aux membres de nos Unions qui ont de la sympathie pour nos idées. » (20 novembre 1880.)

Ces lettres prouvent une fois de plus ce que nous avons déjà affirmé, à savoir : que l'on ne connaît à fond, ni Le Play, ni sa doctrine, quand on ne connaît que ses écrits : ce n'est que dans sa conversation et sa correspondance que l'on peut trouver la somme des vérités sociales qu'il ne découvrait au public que successivement, au fur et à mesure qu'il le jugeait disposé à les recueillir. Il ne fut pas donné suite à ses projets de correspondances spéciales : la lettre suivante en va dire la raison.

« Les choses ont marché vite... Au lieu de nous réunir pour disserter sur la réforme par la presse, nous avons constitué la presse de la réforme sociale. Sauf contre-temps tout à fait imprévu, la *Réforme sociale* paraîtra le 15 janvier prochain, à peu près dans les conditions indiquées dans le prospectus ci-joint, qui sera encore amendé. Au lieu de nous aider par une correspondance, vous écrirez directement dans une revue périodique.

« Ce n'est qu'une faible partie de la besogne faite par moi. La *Constitution essentielle* est presque terminée. » (18 décembre 1880.)

Elle le fut, en effet, bientôt : « J'ai fini de composer mon livre jusqu'à la dernière ligne. Me voilà en pleine santé, sauf le renoncement volontaire à la parole, en mesure de travailler de 4 heures du matin à 6 heures du soir, à la réforme de notre chère patrie. Je suis à ce sujet tout à vous. » (5 février 1881.)

Ce renoncement à la parole n'était pas tout à fait volontaire ; c'était l'ordonnance du médecin. Car la terrible affection cardiaque dont il était atteint suivait son cours et s'aggravait de crise en crise. Mais son étonnante énergie morale survivait à travers toutes ces crises, comme si son âme n'eût eu aucun souci de son corps et eût pu s'en passer.

A cette admirable énergie était jointe une exquise sensibilité qui, à cette époque de sa vie, fut mise à une bien cruelle épreuve. Une diphtérie foudroyante lui enleva deux de ses petites filles à quelques jours d'intervalle. Nous ne savons rien de plus touchant que la douleur poignante, mais sereine, avec laquelle il nous faisait part de son malheur.

« Mon cher ami, mon fils a perdu coup sur coup « deux enfants cette semaine.

« Vous voyez la rudesse de l'épreuve.

« Ma femme s'est épuisée en soins de jour et de « nuit.

« Elle sort d'un grand danger.

« Vous apercevez les angoisses de votre ami « bien affectionné.

« F. LE PLAY. »

« L'épreuve terrible m'a fort abattu ; ma femme « est encore plus éprouvée que moi. Votre sagesse « peut seule me consoler ! » (Lettre du 7 mars 1881.)

« Votre lettre qui nous est parvenue hier a « été une grande consolation pour le ménage. Ma « femme me charge de vous adresser à ce sujet « l'expression de sa reconnaissance. Nous nous re- « levons lentement l'un et l'autre de la dure épreuve « qui nous avait complètement épuisés.

« En ce qui me concerne, le travail qui tend à « ramener l'humanité au bien et au vrai, reste la « meilleure diversion aux souffrances morales et « physiques. » (12 mars 1881.)

Le résultat de ce travail fut la publication d'une nouvelle brochure de propagande : *l'Ecole de la Paix sociale*, qui vint clore la série de ses écrits. Ses médecins, en effet, durent alors lui commander le repos. Mais le repos ne pouvait être pour lui que le travail sous une autre forme : il fallait que l'activité invincible de son intelligence trouvât un nouveau moyen de s'exercer.

Ce fut alors qu'il institua ses dîners hebdomadaires. . . . .

Au mois de novembre 1881, il eut la satisfaction de revoir à Paris le général russe Vlangaly avec lequel il était lié depuis quarante-huit ans. Le général avait été ambassadeur à Pékin pendant vingt ans : il était alors adjoint au ministre des affaires étrangères en Russie. Il passa un mois à Paris, et sa présence aux dîners du lundi, en attirant des visiteurs plus nombreux aux réceptions qui les suivaient, donna momentanément un renouveau d'animation au salon de Le Play. A cette occasion, il nous raconta comment il avait fait la connaissance du capitaine Vlangaly, devenu général, ambassadeur, puis ministre de Russie.

« En 1837, je fus mandé en Russie, dans la vallée du Don, pour explorer les terrains carbonifères du Donetz. L'empereur Nicolas y portait un grand intérêt, et il attacha à cette mission un de ses aides de camp généraux. Venu cette année-là dans la Russie méridionale pour assister aux grandes manœuvres des cuirassiers qui s'étaient développées sur les steppes de Vossnessensk, il suivit avec beaucoup de sollicitude les résultats de la mission que je dirigeais. Ces résultats furent signalés avec éloge par l'aide de camp qui assurait la liberté de mon exploration au milieu d'une population militaire (les cosaques du Don). L'empereur daigna me témoigner sa satisfaction.

« Déjà, à cette époque, on s'entretenait de l'émancipation des paysans, et Sa Majesté voulut bien me demander mon avis sur cette question. Je connaissais alors trop peu la Russie pour me prononcer; et je répondis en termes tels, que l'empereur voulut bien m'inviter à revenir pour visiter le Nord de la Russie et de la Sibérie, et continuer l'étude des populations urbaines et des races pastorales, que je venais de visiter sur les rivages de la mer Noire et de la mer Caspienne.

« Je revins, en effet, en 1844 et en 1853. D'après les ordres de l'Empereur, le général Tchevkine, chef de l'Etat-major du corps impérial des mines, me présenta les capitaines Peretz et Vlangaly : c'est avec le concours de ces derniers que j'observai les populations urbaines et les races pastorales qui habitent en deçà et au delà des Monts Oural.

« Je ne dissimulai pas alors à l'Empereur que l'époque de l'émancipation, que le gouvernement voulait accomplir par sa propre initiative, me paraissait prématurée ; peut-être cette opinion a-t-elle été justifiée par les faits qui se sont depuis lors accomplis. » (Lettre du 11 décembre 1881.)

Le séjour du général Vlangaly à Paris fut le dernier incident qui mit quelque animation dans les derniers mois de la vie de Le Play. Il était condamné par les médecins au repos et même au silence : sa vue était usée par un travail excessif, son corps était réduit à l'impuissance par la maladie. Mais son intelligence, aussi active que jamais, se refusait à subir cette impuissance physique et tourmentait son corps pour le forcer à la servir. Et comme nous l'engagions à se ménager et à se faire aider, il nous répondait avec une certaine impatience : « Mes amis de Paris ne sauraient m'accorder une minute au delà du temps requis pour le dîner hebdomadaire du lundi. » (19 décembre 1881.)

L'un de ses collaborateurs les plus assidus nous écrivait : « Nous avions désiré, pour donner un aliment à son besoin fébrile d'occupation, qu'il pût dicter ou écrire de courtes notes sur sa vie et ses voyages. Il a mille souvenirs dont aucune trace ne resterait après lui ; car au moment de sa maladie, il y a deux ans, il a brûlé la plus grande partie de ses papiers. On aurait donc beaucoup de peine à refaire l'histoire de ses idées, à décrire la transformation graduelle de sa pensée et à raconter ses voyages. Mais il paraît trop fatigué, même pour cette tâche, plus facile pourtant que la plupart de celles qu'il veut entreprendre.

« Tous,nous sommes bien reconnaissants de votre correspondance avec M. Le Play ; c'est sa meilleure joie, car elle lui donne l'illusion d'une activité encore féconde. » (A. Delaire, 10 février 1882.)

Sa correspondance avec nous devint plus active que jamais ; dans la dernière année de sa vie, il nous écrivit de sa main 64 lettres, dont la dernière n'a précédé sa mort que de quatre jours.

Mais s'il s'est refusé à écrire lui-même sa biographie, c'est qu'il ne se préoccupait pas de ce qui était purement personnel ; ses pensées étaient toutes désintéressées, il ne se préoccupait que de la réforme sociale. Non pas qu'il songeât à ne rien entreprendre désormais à ce sujet, *il avouait son impuissance et il s'en désolait.* Ce qu'il voulait, c'était qu'on entreprît la publication d'une série de petites brochures de propagande, dont il avait tracé le plan. Il nous avait prié de nous en charger, et comme nous lui fîmes observer que cette tâche était trop lourde pour une seule plume et qu'il convenait qu'elle fût partagée avec ceux de ses collaborateurs qui l'entouraient, il nous répondit :

« MON CHER AMI,

« Vous avez mille fois raison dans les critiques que vous adressez à ma correspondance des deux derniers mois.

« Après votre dernière lettre, j'ai le devoir de renoncer à faire ainsi abus de votre temps. Je me bornerai donc désormais à faire emploi de vos talents pour traiter dans la Revue les diverses question sociales, suivant l'ordre qui vous paraîtra fixé à vous-même par le degré d'urgence que met en relief notre correspondance antérieure.

« Quant aux matières qui m'ont préoccupé récemment, en ce qui touche le présent et l'avenir de la Réforme sociale en Europe, je continuerai à en faire l'objet de mes réflexions, et je les communiquerai, au besoin, aux amis que réunit le dîner hebdomadaire du lundi. Peut-être le public en apprendra-t-il de loin en loin quelque chose par *la Réforme sociale!*

« Je ne renonce pas d'ailleurs à l'espoir de vous

communiquer les sujets d'articles que l'état de ma santé me permettra d'exprimer d'une manière simple et intelligible.

« Votre bien affectionné,

« F. LE PLAY.

« 12 *janvier* 1882. »

Cette lettre nous affligea, en nous faisant comprendre que, malgré les attentions et les soins dont il était entouré, Le Play se trouvait réduit à un isolement moral dont il souffrait beaucoup.

Notre correspondance fut une *diversion à son oisiveté forcée.* Mme Le Play nous écrivait après sa mort :

« Vous êtes celui qui nous avez le plus soutenus pendant les dernières années de sa vie ; le charme de votre correspondance lui faisait un grand bien. C'était généralement le soir qu'il recevait vos lettres, et elles l'aidaient à passer une nuit calme et sereine. Il vous répondait toujours avec un grand plaisir, et nous attendions avec impatience une réponse qui ne se faisait jamais attendre. C'est ainsi que nous avons pu supporter sans trop d'ennui les mois d'isolement de l'été dernier. Il me confiait vos lettres.

« Mets-les en ordre, me disait-il ; tu les reliras toujours avec joie et tu les transmettras à tes enfants. » (Lettre du 6 juin 1883.)

Cette correspondance était une distraction dans les longues insomnies de ses nuits, que des étouffements rendaient souvent cruelles. Le lendemain il nous écrivait : « Voici les réflexions de la nuit » ; et le récit de ces réflexions, qu'il nous écrivait, était encore une distraction dans sa journée solitaire.

Mais il avait une bien meilleure occupation de sa vie, devenue moralement et physiquement douloureuse. L'œil irrévocablement fixé sur ce qui est éternel, comme nous l'écrivait notre ami commun, le comte de Butenval, il priait, il récitait le chapelet ; il étudiait dans le catéchisme et méditait les vérités de la religion. On pouvait bien lui appliquer ces paroles du Psalmiste : *Paratum cor ejus sperare in Domino.*

Le 4 avril, il s'était préparé à faire la communion pascale. Son confesseur, M. l'abbé Riche, ne pouvant, à cause de ses devoirs paroissaux à Saint-Sulpice, lui apporter la sainte Eucharistie le Jeudi-Saint, il fut convenu qu'il la lui apporterait le mercredi 5 à neuf heures. Mais une crise étant survenue dans la nuit, il fallut hâter la venue du prêtre. Le Play, assis dans un fauteuil, reçut la communion avec une foi vive, à six heures du matin. A dix heures, il reçut encore la visite de son digne confesseur et ami, après quoi il voulut se mettre au lit, où, à midi, il rendit son âme à Dieu avec calme.

Pour obéir à ses dernières volontés très formellement exprimées, ses funérailles furent modestes et exclusivement chrétiennes.

Point de l'escorte militaire à laquelle il avait droit, comme grand officier de la Légion d'honneur; point de couronnes, point de cortège officiel ni de députation d'aucune sorte.

Mais l'église de Saint-Sulpice était remplie d'une assistance sympathique et recueillie, dans laquelle on remarquait toutes les illustrations du clergé, de la politique, de la science, et des partis les plus opposés.

Malgré la simplicité voulue des obsèques, il fut distribué aux pauvres une somme plus qu'équivalente à celle qu'auraient coûté les funérailles les plus solennelles.

Nous croyons devoir transcrire ici la lettre par laquelle celle que Le Play appelait à juste titre sa « courageuse femme » nous fit part de la perte si sensible qu'elle et nous venions de faire.

« 7 *avril* 1882.

« Cher et admirable ami,

« C'est près du cercueil de mon bien-aimé mari que je vous trace ces quelques lignes. Je serais bien ingrate, si, en sa présence et avant qu'il ne quitte pour toujours cette maison où il a souffert pendant deux ans et demi, et où il a reçu de vous tant de consolations intellectuelles, et la preuve constante d'une affection si vive et si dévouée, je ne venais vous exprimer ma reconnaissance profonde pour votre persévérante bonté.

« Vos lettres étaient pour lui et pour moi une jouissance infinie, et le préparaient en général à passer une bonne nuit. Elles nous parvenaient souvent le soir, et terminaient bien agréablement des soirées souvent bien tristes. La dernière nous est parvenue mardi à neuf heures du soir, et quoique cette soirée ait ressemblé à beaucoup d'autres et que la lecture de cette lettre l'ait captivé bien agréablement, la mort était proche.

« Après une nuit d'étouffements et d'agitations, après avoir eu le bonheur de recevoir la sainte Communion pour remplir son devoir pascal, comme cela avait été convenu dès le dimanche avec M. l'abbé Riche, Dieu l'a appelé à lui, à midi, d'une manière instantanée, en épargnant à ce pauvre ami les affres de la mort.

« Que de reconnaissance je dois à Dieu de m'avoir épargné la souffrance de ses angoisses !

« Dans deux heures, la cruelle séparation aura lieu : celui qui a été mon guide et mon appui dans cette vie, va me quitter jusqu'à ce que l'éternité nous réunisse.

« Soyez béni, cher et fidèle ami, qui lui avez procuré tant de jouissance par votre correspondance et par la constante affection que vous lui avez témoignée. Que Dieu vous conserve ! vous êtes si utile à la réforme sociale qui a été la dernière pensée de mon cher mari !

« Croyez, cher Monsieur et ami, à mon inébranlable et bien vive affection.

« A. Le Play. »

CONCLUSION

Les lecteurs qui auront suivi avec attention cette étude doivent être convaincus désormais que si beaucoup de gens ont loué Le Play, il ne s'en est pas rencontré beaucoup qui l'aient bien compris. D'autres l'ont critiqué sans l'avoir compris davantage.

A aucune époque de sa vie, il n'a été ni sceptique, ni éclectique, ni indifférent. Il avait reçu une éducation chrétienne, et il nous apprend lui-même que les sentiments qu'elle lui inspira furent assez fermes pour le préserver des égarements révolutionnaires et impies qui produisirent la révolution de 1830.

Mais si les sentiments qui avaient été le fruit de sa première éducation étaient suffisants pour sa propre préservation, ils n'étaient pas assez éclairés, assez étudiés pour lui fournir des armes dans la lutte acharnée poursuivie alors par le *libéralisme*. Il lui manquait ce *rationabile obsequium* que saint Paul exige ; il ne s'était pas assez rendu compte de sa foi politique et religieuse pour être apte à la défendre.

En pareil cas, les honnêtes gens qui tiennent à rester *conservateurs* et *modérés* s'abstiennent. Ce sont, comme les dépeignait Sully : « Ceux qui ne se soucient pas que devienne ni royaume, ni peuples, moyennant qu'ils puissent bonifier leurs affaires et obtenir leurs désirs : ceux encore lesquels n'étant pas autrement malins, ni avides, sont néanmoins tellement craintifs, que pour éviter la moindre menace ou incommodité, consentent à tout ; voire même aucuns qui connaissent le mal, en ont déplaisir, désirent le bien, et le procureraient volontiers ; mais ont l'âme si lâche et la vertu si languide, qu'ils se contentent de résister aux mauvaises actions par le silence, des soupirs, des branlements de tête et des haussements d'épaules. » (*Mémoires*, t. XII, p. 87.)

Tel n'était pas le tempérament de Le Play : il estimait que personne n'a le droit de rester indifférent en présence du mal et de l'erreur, et « qu'à l'époque d'erreur et de discorde que nous traversons, le devoir de toute âme droite et honnête est de savoir comment on doit penser et agir touchant la religion et la souveraineté ».

Tel a été le point de départ et tel a été le but de tous ses travaux : il a voulu se rendre compte à lui-même de la vérité des principes qui lui avaient été inculqués, et se mettre en état d'en démontrer l'existence à ceux qui les ignoraient, ou qui les avaient oubliés, ou qui les niaient.

Mais il avait constaté que l'enseignement doctrinal *a priori* avait perdu son empire sur un trop grand nombre de lettrés, infatués de l'orgueil scientifique, qui est, assurément, la plus pernicieuse de toutes les formes de l'orgueil ; que ceux-là refusaient absolument d'écouter cet enseignement ; qu'il s'élevait ainsi une barrière presque infranchissable entre la tradition qui « procurait le pain à nos an- « cêtres, et la nouveauté qui développe aujourd'hui : « la discorde parmi nous » (*Ouvr. europ.* t. I, p. 78) : il conçut donc la pensée, pour condescendre à cette infirmité morale de la science moderne, de recourir à un mode nouveau de démonstration, qui, partant des choses inférieures de l'ordre purement matériel, dans laquelle se concentre et se complaît exclusivement cette science, pût l'élever, peu à peu et par la seule force de la logique, jusqu'au monde surnaturel où elle se trouve en face de Dieu, de sa révélation, et par conséquent de la certitude, qu'elle avoue elle-même ne trouver nulle part ailleurs.

Mais la méthode d'observation n'est efficace qu'autant qu'elle est pratiquée par un observateur perspicace et loyal. Tous ses éléments de succès restent stériles ou deviennent même nuisibles s'ils ne sont pas fécondés par la vertu maîtresse de l'observateur: le respect de la science. La méthode de l'observation, pour le faux savant, comme la logique pour le sophiste, peut devenir un moyen de corruption. (*Ouvr. europ.* t. I, p. 224.)

La méthode d'observation ne présente donc pas en elle-même la certitude; mais elle mène tout observateur intelligent et droit à la source même de la certitude, puisqu'elle le mène à la révélation divine.

Le Play ayant conduit jusque-là tous ses lecteurs attentifs, il ne pousse pas plus loin ses enseignements. Dès lors qu'il les a amenés à reconnaître le Décalogue, la loi de Dieu, comme base de la science sociale, sa tâche scientifique est terminée; il ne lui reste plus qu'à confier l'achèvement de leur éducation sociale à l'enseignement doctrinal, à la théologie.

Nous avons vu d'éminents prélats approuver hautement cette attitude, et dire, dans des écrits qui ont été publiés, que : « Les travaux de Le Play étaient une véritable préparation évangélique ».

Au huitième chapitre du Deutéronome, Moïse avertissait le peuple de Dieu que « l'homme ne vit pas seulement de pain, mais de toute parole qui sort de la bouche de Dieu » ; au quatrième chapitre de saint Matthieu, cette grande vérité est rappelée par le Sauveur lui-même. La méthode d'observation a fourni à Le Play la démonstration rigoureuse de l'exactitude de cette affirmation de l'Ecriture. « J'ai vainement cherché, dit-il, parmi les contemporains une seule race d'hommes qui prospère sans prendre pour règle les croyances et les pratiques de la religion. » (*La Constitution essentielle*, p. 89.)

Au contraire, il a signalé des races pauvres, illettrées, dépourvues de tous les avantages matériels que fournit la civilisation aux grandes nations contemporaines, et qui n'en ont pas moins conservé la paix et la prospérité par leur obéissance aux préceptes du Décalogue. Ainsi se trouvent confirmées par les faits ces assertions du XVIIIe psaume : « La « loi de Dieu est pure et claire, elle convertit les « âmes ; la parole de Dieu est sûre, elle donne la

« sagesse aux petits, aux humbles, aux ignorants.
« Les jugements de Dieu sont droits ; ils réjouissent
« les cœurs ; les préceptes de Dieu sont lucides, ils
« illuminent les yeux... Ils procurent de grands
« avantages à ceux qui les observent. »

La méthode d'observation a donc conduit Le Play à cette conclusion que toute constitution sociale doit être « théocratique dans le monde des âmes », c'est-à-dire que l'ordre moral est régi par la théologie et réglé par la loi de Dieu. Arrivé à cette conclusion induite de l'observation des faits, il a eu raison de dire que, sur ce point, il avait achevé sa tâche, et que l'enseignement théologique n'était pas de sa compétence.

Sans doute, les catholiques pourront dire que toute la peine qu'il s'est donnée pour arriver à cette conclusion était inutile, parce qu'ils savaient cela d'avance. Mais si tant de longues et patientes études étaient inutiles pour ceux qui ont la foi, elles étaient nécessaires pour convaincre ceux qui, ne l'ayant pas, et ne voulant pas écouter l'enseignement théologique, ne pouvaient être ramenés à la vérité que par une démonstration scientifique. Désormais cette démonstration est un fait acquis ; et la preuve que la méthode qui la lui a fournie était rationnelle et efficace, c'est qu'elle l'a conduit tout droit à l'éternelle vérité.

C'est donc là un éminent service rendu à l'Eglise, comme l'ont reconnu les évêques dont nous avons cité les témoignages ; et les polémistes catholiques manqueraient à leur devoir s'ils négligeaient de se servir de ce procédé de démonstration pour ramener aux vrais principes les égarés qui refusent l'enseignement exclusivement doctrinal.

Mais si la méthode d'observation a dit son dernier mot en ce qui touche l'ordre moral, en le démontrant régi par la loi de Dieu, elle trouve encore et elle trouvera toujours son application dans l'ordre économique qui est la partie inférieure, quoique nécessaire, de la science sociale.

Le Play résume toute la science sociale en ces deux termes : procurer l'obéissance à la loi de Dieu et assurer à tous le pain quotidien.

Ce sont là, en effet, les deux besoins les plus essentiels de l'humanité ; et il remarque que les chrétiens en demandent chaque jour à Dieu la satisfaction dans leur prière : *adveniat regnum tuum ; fiat voluntas tua, sicut in cœlo et in terra ; panem nostrum quotidianum da nobis hodie*. Cette prière, étant d'institution divine, témoigne à la fois de la nécessité et de la légitimité de la satisfaction de ces deux besoins, en même temps qu'elle établit entre eux une relation intime.

Il a surabondamment démontré que là où ne règne pas la « paix de Dieu », il n'y a pas de prospérité sociale possible : *Nisi Dominus custodierit civitatem, frustra vigilat qui custodit eam.* La civilisation moderne, qui s'écarte de plus en plus de l'ordre divin, ne connaît plus la paix de Dieu : aussi voyons-nous la société convulsée par un antagonisme effrayant et menacée par la plaie dévorante du *paupérisme* : elle ne peut plus assurer à tous ses membres la subsistance, le pain quotidien.

La science moderne, exclusivement préoccupée de la production de la richesse, n'a pris aucun souci de sa répartition ; et il arrive qu'elle s'est accumulée dans un nombre restreint de mains ; que tout le reste du corps social en souffre, et que les classes inférieures en sont réduites à manquer du nécessaire. De là le socialisme, la prétention de partager les biens ou de les rendre communs. De là la haine farouche et les menaces sauvages des déshérités à l'encontre de ceux qui possèdent, qui ne comprennent pas, aveugles qu'ils sont, que la cause première de cette situation anti-sociale n'est autre que leur inassouvissable passion pour l'enrichissement sans bornes et pour les jouissances effrénées.

Nos économistes matérialistes, dit Le Play, « provoquent l'avènement d'un ordre de choses où la négation de la vérité se montre déjà plus dangereuse que ne le fut, dans le passé, la révolte contre la vertu... Plus les savants s'élèvent en s'attachant aux phénomènes physiques et en appliquant leurs découvertes au service du pain quotidien, moins ils sont aptes à remplacer les hommes qui savent gouverner les sociétés prospères. » (*La Constitution essentielle*, p. 227 et 228.)

Aussi recommandait-il avec insistance d'introduire la loi morale dans l'économie politique, d'accord avec l'éminent politique Edmond Burke, quand il disait : « Il faut recommander la patience, la fru-
« galité, le travail, la sobriété et la religion ; le
« reste n'est que fraude et mensonge. »

Toujours, dans tous les temps et dans tous les lieux, la Révolution a été et sera l'insurrection contre Dieu : elle ne peut pas être autre chose, elle est le *satanisme*. Quand la Révolution s'est emparée d'un peuple ; quand elle règne sur lui depuis plus d'un siècle, comme elle le fait chez nous, son esprit a fini par y pénétrer, à ses degrés divers, dans toutes les institutions et dans la plupart des consciences : car à l'adoption des faux dogmes correspondent les consciences fausses. Le Play avait donc compris que la réforme sociale n'était possible qu'à la condition de rectifier les consciences en détruisant l'empire invétéré des faux dogmes révolutionnaires ; il a courageusement entrepris cette tâche ; il a démontré, par les faits, que la corruption et la désorganisation dans lesquelles la France croupit et agonise sont le résultat direct et inévitable des erreurs anti-sociales proclamées en 1789. Il en a conclu que ces erreurs, qui ont produit tous nos désastres matériels et moraux, ne pouvaient, à aucun titre, ni à aucun degré, contribuer à une réformation sociale ; qu'il ne s'agissait pas de les appliquer avec plus ou moins d'habileté ou de modération ; qu'étant radicalement fausses et funestes, il fallait qu'elles fussent abjurées radicalement.

Voilà pourquoi, à la Déclaration des Droits de l'homme, qui a été la source de tout le mal, il oppose l'aveu et la proclamation des droits de Dieu, en affirmant qu'aucune société n'a été et ne peut être prospère, qu'à la condition de prendre pour règle de sa vie sociale la loi de Dieu elle-même, et d'en faire la base de toutes ses institutions, religieuses, politiques et économiques, et cela tout à la fois dans la vie privée et dans la vie publique.

Le Play réprouve donc tous les systèmes économiques basés sur le faux dogme d'une prétendue liberté absolue et systématique. A cette liberté oppressive qui fait des pauvres la pâture des riches, selon l'expression de l'Ecriture, il oppose la loi de *charité :* charité envers Dieu, par le respect et l'observance de sa loi ; charité envers le prochain, par le patronage et le dévouement chrétien.

« Quel est le grand commandement de la loi ? » demandait à Notre-Seigneur Jésus-Christ un des faux docteurs de son époque. Et le Sauveur lui répondit : « Tu aimeras le Seigneur ton Dieu »... Et voici le second semblable à celui-là : « Tu aimeras ton prochain comme toi-même. » Ces deux commandements renferment toute la loi et les prophètes. (Saint Matth. c. XXII.)

Ces deux grands préceptes ne régissent pas l'ordre religieux et surnaturel seulement ; ils sont le fondement même de l'ordre politique et économique. C'est par cette loi de charité que sont prévenus ou réparés les écarts de la liberté ; c'est par elle que

p...

les inégalités sociales sont atténuées ; par elle que la richesse, qui tend naturellement à se concentrer dans un petit nombre de mains, est incitée surnaturellement à se répartir librement et charitablement sur le plus grand nombre, pour l'avantage commun de tous. Saint Paul faisait remarquer que cela se fait sans qu'il y ait détriment pour personne, parce qu'il y a un échange de bons offices dans lequel chacun contribue dans la mesure de son pouvoir, et où chacun reçoit toujours un équivalent de ce qu'il donne :

Si enim voluntas prompta est, secundum id quod habet, accepta est ; non secundum id quod non habet.

Non enim ut aliis sit remissio, vobis autem tribulatio, sed ex æqualitate.

In præsenti tempore vestra abundantia illorum inopiam suppleat ; ut et illorum abundantia vestræ inopiæ sit supplementum ut fiat æqualitas. (Saint Paul, II ad Cor. VIII, 12, 13, 14.)

Répudiant les maximes anti-sociales des : *chacun pour soi*, de la *libre concurrence*, de *la lutte pour l'existence*, Le Play enseigne que toute propriété, toute richesse, toute science est astreinte au devoir de patronage, d'aide, de secours envers ceux qui sont indigents de propriété, de richesse, d'instruction, et que tout pouvoir n'est légitime qu'à la condition d'être protecteur selon les règles de la justice. Tel est l'ordre social providentiel : « Gardez-vous de tout ce qui est inique » (1), est-il dit au livre de l'Ecclésiastique ; et il ordonne à chacun d'eux d'avoir souci de son prochain.

Mais, en même temps, Le Play refuse à l'Etat l'omnipotence absolue en matière de législation et de réglementation, que le libéralisme contemporain lui accorde, et qui fait du pouvoir le plus épouvantable instrument d'oppression et de torture sociale. Le Play s'élève dans tous ses écrits contre l'ingérance abusive de l'Etat dans les affaires qui ne sont pas de son ressort. Il demande qu'il se renferme dans son rôle de haut protecteur de la paix sociale, de souverain arbitre entre les intérêts rivaux, et de défenseur des intérêts nationaux, sans entreprendre de se substituer à la légitime initiative des pouvoirs locaux et des particuliers dans leurs propres affaires. Ici encore son enseignement est d'accord avec celui de l'Eglise. Dans l'audience que le Souverain Pontife Léon XIII accorda, le 16 octobre 1897, aux ouvriers français venus en pèlerinage à Rome, il leur disait :

(1) *Dixit illis : attendite ab omni iniquo. Et mandavit illis unicuique de proximo suo.* (Eccli. c. XVII, v. 11 et 12.)

« L'intervention et l'action des pouvoirs publics ne sont pas d'une indispensable nécessité, quand, dans les conditions qui règlent le travail et l'exercice de l'industrie, il ne se rencontre rien qui offense la moralité, la justice, la dignité humaine, la vie domestique de l'ouvrier; mais quand l'un et l'autre de ces biens se trouve menacé ou compromis, les pouvoirs publics, en intervenant comme il convient et dans une juste mesure, feront œuvre de salut social, car à eux il appartient de protéger et sauvegarder les vrais intérêts des citoyens leurs subordonnés. »

Nous avons dit qu'il n'entrait pas dans notre plan d'aborder ici l'étude des ouvrages spéciaux d'application écrits par Le Play pour réaliser la réforme sociale : nous avons entendu nous borner à exposer les principes sur lesquels il a voulu baser cette réforme. On pourra discuter, critiquer ou rejeter telle ou telle des applications qu'il a proposées; mais nous croyons avoir démontré que les principes sociaux dont il recommande l'application sont inattaquables et conformes à la doctrine de l'Eglise.

Il est surtout un grand principe qu'il a mis en lumière et démontré irréfutablement par les faits : c'est qu'il existe une *Constitution essentielle de l'hu-*

manité, contre laquelle tout ce qui se fait est de soi nul en droit, et caduc en fait. Cette constitution est d'ordre divin, d'ordre providentiel, voulue de Dieu, et réglementée par sa loi. Elle est le droit divin des nations, le droit divin de la famille, le droit divin de l'homme créé à l'image de Dieu et dans la dépendance de Dieu.

Sans doute, en vertu de son libre arbitre, l'homme peut se révolter contre la société, contre la famille, contre Dieu, contre la constitution essentielle de l'humanité, enfin; mais Le Play a surabondamment démontré qu'il ne l'a jamais fait que pour son malheur et pour sa perte, d'où il conclut qu'il n'y a pour lui de salut social et de salut individuel que dans le retour à l'observance de la loi de Dieu.

Cette vérité élémentaire, les païens eux-mêmes ne la méconnaissaient pas : « Nous sommes nés dans la dépendance, a dit Sénèque; servir Dieu, c'est être libre : *in regno nati sumus* ; *servire Deo, libertas est*. L'un des pères de la Révolution, J.-J. Rousseau, dit dans son *Emile* : « Il importe à la société humaine et à chacun de ses membres, que tout homme connaisse et remplisse les devoirs que la loi de Dieu lui impose envers son prochain et envers soi-même » (liv. V, t. 12, p. 101).

Toute constitution politique comprend donc deux parties absolument distinctes : elle a son fondement inviolable, commun à toutes les sociétés humaines, constitué par la loi de Dieu, les droits essentiels de la famille, de l'Eglise, du pouvoir civil, de la propriété ; et en outre elle peut avoir une partie purement politique, variable selon les temps, les lieux, les aptitudes et les intérêts des nations ; mais cette seconde partie n'est légitime qu'à la condition d'être basée sur la première, et de respecter les droits d'ordre divin qui y sont consacrés. C'est ce fondement social que Le Play appelle la *Constitution essentielle de l'humanité*, parce qu'il peut suffire, à lui seul, pour constituer et rendre prospère toute société humaine, et qu'il est absolument conforme à la nature de l'homme, à tel point que, pour établir en dehors de lui une société stable et prospère, il faudrait renverser les lois immuables de l'humanité.

La publication du petit volume ayant pour titre *la Constitution essentielle de l'humanité* fut le couronnement de tous les grands travaux de Le Play. Lorsque, avant d'écrire ce livre, il nous en adressa le plan, nous lui signalâmes certains points qui ne nous paraissaient pas suffisamment éclaircis. Il nous répondit :

« Je tâcherai de rectifier ce qui vous semble obscur;
« mais je vois chaque jour plus clairement que cette
« expression « *la constitution essentielle* », est absolu-
« ment indispensable, ou tout équivalent meilleur
« pour *résumer la science sociale.* »

Ainsi, dans la pensée de Le Play, *la Constitution essentielle de l'humanité* est la synthèse des *Ouvriers européens*, et le résumé de la *Science sociale*. Rechercher les principes qui en sont la base, et en démontrer scientifiquement l'existence : telle fut la préoccupation constante de sa longue et laborieuse vie.

Le Play savait que la société est un ensemble de rapports naturels, nécessaires, providentiels. Dieu, qui est l'ordre par excellence, a tout créé avec ordre et dans l'ordre; rien ne se conserve qu'à la condition de demeurer dans l'ordre de sa création. Les désordres qui mettent l'existence même de la société en péril sont si évidents que personne ne songe à le contester; personne ne disconvient non plus qu'il faut *rétablir l'ordre* : les dissentements commencent sur la question de savoir comment on pourra rétablir l'ordre.

Le libéralisme prétend que c'est aux peuples qu'appartient le droit de se constituer eux-mêmes comme ils l'entendent, et qu'il n'y a pas de loi supérieure à la volonté de la majorité : ils veulent, les novateurs, non *pas rétablir l'ordre*, mais créer un *ordre* nouveau ; et c'est dans ce but qu'ils ont imaginé les assemblées constituantes et les plébiscites. Ils ne prennent pas garde que l'ordre ne peut pas naître d'une volonté humaine, parce que, depuis la chute originelle, la volonté humaine est de soi mobile et désordonnée.

Quand Sieyès disait (*Qu'est-ce que le Tiers?*) : « La constitution n'est pas l'œuvre du pouvoir « constitué, mais du pouvoir constituant », il signalait, à son insu, l'absurdité de la doctrine libérale ; car il n'y a pas de pouvoir constituant dans une nation qui n'est pas constituée ; et si elle est constituée, c'est qu'il y avait au-dessus d'elle et avant elle un pouvoir constituant.

Ce pouvoir antérieur et supérieur à l'humanité, c'est le Créateur. Il a *constitué* la société humaine sur des bases assez larges pour qu'elle puisse s'y mouvoir avec la liberté qu'il lui a plu de lui donner. Ces bases, ce fondement, dont elle ne peut s'écarter sans retomber dans le chaos, c'est la loi de Dieu ; et c'est là, encore une fois, ce que Le Play nomme *la Constitution essentielle de l'humanité*.

Cette constitution d'ordre divin est le seul moyen

de conservation sociale, affirme-t-il avec persistance et autorité : donc le but de la réforme sociale n'est autre que le retour à cette constitution oubliée ou méconnue. Telle est la doctrine de Le Play ; telle est l'œuvre à laquelle il a consacré sa vie ; tel est l'esprit qui a inspiré tous ses écrits.

C'est ainsi que notre éminent économiste sut mettre en pratique, pour l'étude de la science sociale, la méthode que, dès le XIIIe siècle, le moine catholique Roger Bacon avait préconisée sous le nom de *science expérimentale*, comme étant la maîtresse de toutes les autres sciences. Jusqu'alors les opinions d'Aristote faisaient loi : quand on avait dit : *Magister dixit*, la question était jugée. Bacon affirma, avec toute raison, que l'autorité de *l'expérience* devait prévaloir sur l'autorité du *maître*.

« La science expérimentale, dit-il, ne reçoit pas la vérité des autres sciences ; c'est elle qui est la maîtresse ; les autres sciences sont ses servantes. Elle doit commander à toutes, puisqu'elle seule certifie et consacre les résultats. La science expérimentale est donc la reine des sciences et le terme de toute spéculation. »

Mais il entendait que cette science d'observation

fût guidée et contrôlée par la révélation divine ; et c'est à cette condition qu'il attribuait à la science expérimentale la certitude : la révélation de Dieu, et la nature des choses, œuvre de Dieu, ne pouvant jamais être en contradiction. « Entre la théologie « appelée seule à nous révéler les causes premières, « et la science expérimentale par laquelle seule « nous pouvons pénétrer les causes secondes », il n'admettait aucune hypothèse.

Le Play ne pense pas autrement, puisqu'il donne pour base à la science sociale, la loi de Dieu révélée ; qu'il entend que l'enseignement de cette loi serve toujours de guide dans la méthode d'observation ; qu'il a protesté, en maints endroits de ses écrits, qu'il n'entendait pas que son école empiétât sur le domaine du clergé, et qu'elle n'en devait être que *l'auxiliaire respectueuse*.

« Un peu de science, dit Bacon, peut éloigner de « la religion ; beaucoup de science y ramène. »

Et Le Play : « En analysant les faits et en analysant les chiffres, la science sociale ramène toujours les vrais observateurs aux principes de la loi divine. La vérité suprême, sous toutes ses faces, dérive de cette source unique. »

Tous les deux ont affirmé et l'immuabilité des

principes et le progrès continu et indéfini de la science.

« Aristote et ses contemporains, dit Bacon, durent « ignorer une foule de vérités physiques et de pro- « priétés naturelles. Aujourd'hui même, les savants « ignorent beaucoup de choses que les moindres « écoliers sauront un jour. Ceux qui viennent après « les autres ajoutent aux œuvres de leurs devan- « ciers et redressent beaucoup d'erreurs. Il ne faut « donc pas s'en tenir à tout ce que nous entendons « et lisons ; mais examinons les opinions des an- « ciens pour ajouter là où ils se sont arrêtés cor- « riger où ils ont erré, et cela toujours avec modes- « tie et indulgence. » (Roger Bacon, *Opus majus*, c. VII, cité par César Cantu.)

C'est la folie et le malheur de nos contemporains de croire qu'ils peuvent faire violence à la nature des choses, et violer les principes impunément. J.-J. Rousseau, l'un de leurs oracles, les a pourtant avertis que la société ne cessera pas d'être agitée et tourmentée, « jusqu'à ce que *l'invincible* nature des choses ait repris son empire ».

Sainte-Beuve a dit de Le Play qu'il était « un de Bonald rajeuni » : l'association de ces deux penseurs éminents est méritée, et digne à la fois de l'un et de l'autre. Tous les deux se sont donné la même tâche : la restauration de la société sur la grande base de la loi de Dieu ; ils ont travaillé à la même œuvre, le rétablissement du règne de Dieu dans le monde. Les catholiques ne sauraient s'abstenir de les suivre sur ce terrain-là. Sans aucun doute, ni l'un ni l'autre n'ont rien ajouté aux vérités doctrinales ; tous deux ont déclaré formellement qu'ils n'en avaient jamais eu la pensée ; leur seul but a été la démonstration de ces vérités oubliées ou méconnues aujourd'hui. Si l'on a pu dire que Le Play *a rajeuni* de Bonald, c'est en cela qu'il a imaginé un procédé nouveau pour démontrer les vérités anciennes et toujours nouvelles : le procédé d'observation des faits et de démonstration par les faits.

Ce procédé, assurément, n'est pas exclusif des autres moyens de démonstration ; il ne se substitue pas à l'enseignement doctrinal. Mais il complète cet enseignement d'une manière si efficace, que Mgr Lamazou, évêque de Limoges, a pu dire : « Dans les temps actuels, un Père de l'Eglise n'aurait pas pu rendre un plus éminent service à la cause religieuse ».

N'ajoutons plus rien à ce témoignage ; il dit assez quels furent l'œuvre, la méthode, la doctrine et l'esprit de Le Play.

NOTE

Il ne faudrait pas conclure de l'épigraphe placée en tête du volume que l'œuvre de Le Play ne lui a pas survécu et ne s'est pas développée après lui. Quand il émettait cette prévision quelque peu découragée, le maître se faisait illusion à lui-même sur la durée de son œuvre. La vérité est que, toutes les institutions qu'il a fondées sont prospères : on peut tenir leur avenir comme assuré.

La *Société internationale d'économie sociale*, qui s'est constituée le 27 novembre 1856, pour remplir un vœu exprimé par l'Académie des sciences à l'occasion de l'ouvrage intitulé *les Ouvriers européens*, applique à l'étude comparée des diverses constitutions sociales la méthode d'observation dite des monographies de familles. Elle reproduit les monographies les plus remarquables dans le recueil intitulé *les Ouvriers des Deux-Mondes*, et publie le compte rendu *in extenso* de ses séances dans la revue la *Réforme sociale* qui, depuis 1886, est devenue l'organe à la fois de la *Société d'économie sociale* et des *Unions*.

Les *Unions de la paix sociale* ont pour but de propager et de mettre en pratique les doctrines de l'*Ecole de la Paix sociale*. Elles sont réparties par petits groupes en France et à l'étranger. Leur action s'exerce par l'intermédiaire de correspondants locaux.

Les membres sont invités à transmettre au secrétaire général les faits qu'ils ont pu observer autour d'eux, ou les renseignements qui sont parvenus à leur connaissance ; les communications sont, suivant leur importance, mentionnées ou reproduites dans la *Réforme sociale.*

Les Unions se composent de membres *associés* et de membres *titulaires.* Les membres *associés* versent une cotisation annuelle de 15 francs (France et étranger) qui leur donne droit à recevoir deux fois par mois la *Réforme sociale.* Les membres *titulaires* concourent plus intimement aux travaux qui servent de base à la doctrine des *Unions ;* ils paient, outre la cotisation annuelle, un droit d'entrée de 10 francs au moment de leur admission et reçoivent, en retour, pour une *valeur égale* d'ouvrages choisis dans la *Bibliothèque de la paix sociale* et livrés au prix de revient.

Cette bibliothèque continue à s'enrichir d'ouvrages nouveaux, composés dans l'esprit qui animait le fondateur de l'école. Un congrès annuel réunit à Paris les membres de la *Société d'économie sociale* et ceux des *Unions.*

La Revue *La Réforme sociale* compte plus de deux mille abonnés. La publication des *Ouvriers des Deux-Mondes* se poursuit régulièrement. Enfin, dans ces dernières années, il a été fondé un *Comité de défense et de progrès social* qui, s'inspirant des pressantes nécessités révélées par le progrès des mauvaises doctrines dans les masses populaires, cherche à les combattre au moyen de conférences faites par des orateurs de grand mérite, tels que MM. Georges Picot, Anatole Leroy-Beaulieu, Henri Joly, etc. La plupart de ces conférences sont publiées dans la *Réforme sociale.*

Mais l'œuvre par excellence demeure celle des *Unions* qui

n'ont cessé de s'accroître et qui prendraient une bien plus grande extension si elles étaient mieux connues. Pour en faire partie, il faut être présenté par un membre, ou adresser directement une demande d'admission au Secrétaire général, M. Delaire, 54, rue de Seine, à Paris. C'est à l'active et féconde impulsion de M. Delaire, à son dévouement de tous les instants que sont dus, en grande partie, les résultats énumérés ci-dessus. Pour plus amples renseignements, on consultera avec fruit la petite brochure qu'il a publiée sous ce titre : *Les Unions de la Paix sociale, leur programme d'action et leur méthode* d'enquête. 6e édit. broch. in-32, 0 fr. 15, au bureau de la *Réforme sociale*, 54, rue de Seine, Paris.

TABLE DES MATIÈRES

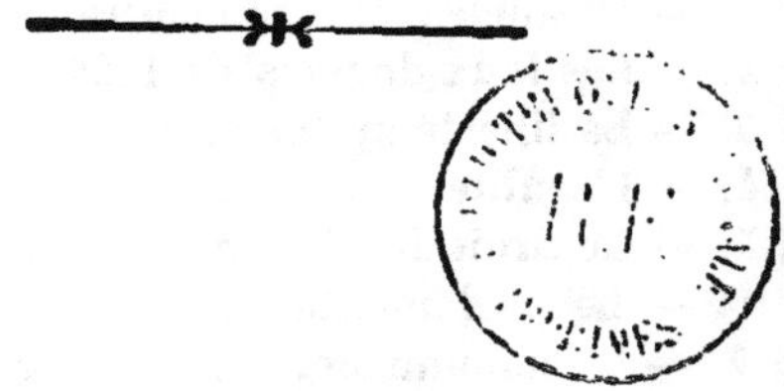

Poitiers. — Sté Franç. d'Impr. et de Libr.
Ancienne impr. Oudin et Cie.

www.ingramcontent.com/pod-product-compliance
Lightning Source LLC
Chambersburg PA
CBHW061111220326
41599CB00024B/3996

* 9 7 8 2 0 1 1 3 1 0 1 7 0 *